Python Machine Learning
by Example

Python Machine Learning by Example

예제로 배우는 머신 러닝 알고리즘

요우시 리우 지음
남궁영환 옮김

지은이 소개

요우시 리우 Yuxi(Hayden) Liu

캐나다 토론토의 다국적 온라인 미디어 회사에서 메시징 앱 최적화를 담당하고 있는 데이터 과학자다. 소셜 그래프 마이닝, 소셜 개인화, 사용자 통계 분석과 관심사 예측, 스팸 탐지, 추천 시스템과 관련된 일을 주로 하고 있다. 수년간 데이터 과학자로서 다양한 온라인 광고 회사에서 일한 경력이 있으며 광고 최적화, 클릭스루 비율과 변환 비율 예측, 클릭 위조 탐지 등에 머신 러닝 관련 전문 지식을 적극적으로 적용해왔다. 캐나다의 토론토 대학교University of Toronto에서 학위를 마쳤으며 석사 학위 과정 중 5개의 논문을 미국전기전자학회에서 발간하는 IEEE 트랜잭션스IEEE Transactions와 IEEE 콘퍼런스IEEE Conference 등에 게재했다. 웹사이트에서 데이터를 수집하고 가치 있는 인사이트를 뽑아내는 일에서 큰 즐거움을 느끼며 금융 투자에도 대단히 열정적이다.

| 기술 감수자 소개 |

알베르토 보스체티 Albrto Boschetti

신호 처리와 통계학 분야가 전문인 데이터 과학자다. 통신 공학 분야에서 박사학위를 받았으며 현재 런던에 살고 있다. 자연어 처리(NLP), 머신 러닝, 분산 처리 등에 관련된 일을 주로 한다. 대단히 열정적으로 일할 뿐 아니라 최신 기술 트렌드를 놓치지 않기 위해 데이터 과학 기술과 주요 학회, 행사에 참석하며 끊임없이 노력 중이다. 『파이썬으로 배우는 데이터 과학 2/e』(에이콘출판, 2017), 『Regression Analysis with Python』(Packt, 2016), 『파이썬으로 배우는 대규모 머신 러닝』(에이콘출판, 2017)의 저자이기도 하다.

가족과 친구들, 동료들에게 감사한다. 아울러 오픈소스 커뮤니티에도 커다란 감사의 마음을 전한다.

| 옮긴이 소개 |

남궁영환(youngnk@gmail.com)

고려대학교 컴퓨터학과(학사/석사)와 서던캘리포니아 대학교(석사)를 졸업하고, 플로리다 대학교에서 데이터 마이닝을 주제로 컴퓨터공학 박사 학위를 취득했다. 삼성SDS 연구소에서 클라우드 컴퓨팅, 빅데이터 인프라 플랫폼, 데이터 과학/분석에 관한 다양한 최신 기술을 연구하며 개발 과제를 수행했다. 클라우드 기반 빅데이터 처리와 분석에 관한 컨설팅 경험도 풍부하다. 현재는 아마존 웹 서비스Amazon Web Services에서 AI/ML 전문 솔루션즈 아키텍트AI/ML Specialist Solutions Architect로 활동 중이다.

| 옮긴이의 말 |

인공지능, 머신 러닝에 대한 관심이 날로 높아지고 있다. 이를 증명하듯 최근 인공지능과 머신 러닝과 관련된 다양한 내용의 책이 줄지어 출간되고 있고, 교육 과정의 인기도 뜨겁다. 그럼에도 현장의 목소리를 들어보면 여전히 머신 러닝이 쉽지는 않은 듯하다. 특히 비즈니스와 관련해서 머신 러닝 기술을 활용하려는 경우 높은 장벽을 실감하게 된다. 그런 이유로 실제 사례를 바탕으로 한 예제를 이용해 머신 러닝 기술을 직접 경험해볼 수 있다면 무척 유용할 것이다.

이 책은 머신 러닝에서 많이 활용되는 대표 알고리즘을 친절하게 잘 설명한다. 특히 예제 코드를 통해서 단계별로 결과를 확인해볼 수 있고, 궁극적으로는 비즈니스 시나리오의 전체 흐름도 익힐 수 있다. 데이터 분석의 두 대표 영역인 텍스트 데이터 분석과 수치 데이터 분석(시계열 분석 포함)을 실제 업무에 활용할 수 있는 예제를 이용해 설명하는 점에도 커다란 의미가 있다. 머신 러닝에 대한 모든 것을 한 권의 책으로 배우고 익히기는 어렵겠지만, 이 책으로 꾸준히 공부하고 연습한다면 충분히 좋은 결과를 얻을 것이다.

이 책이 나오기까지 많은 도움을 주신 에이콘출판사에 감사한다. 끝으로, 항상 곁에서 응원해주고 큰 버팀목이 되어 주는 소중한 우리 가족에게 큰 감사의 마음을 전한다.

남궁영환

| 차례 |

| 들어가며 |

데이터 과학과 머신 러닝은 요즘 기술 분야에서 가장 주목 받는 유행이다. 데이터 마이닝과 베이지안 분석의 꾸준한 인기에 힘입어 머신 러닝에 대한 관심도 증가하는 추세다. 이 책을 통해 머신 러닝의 세계에 첫발을 잘 디딜 수 있기를 바란다.

▌ 이 책의 구성

1장, '파이썬과 머신 러닝 시작하기' 도입부로, 파이썬을 이용해서 머신 러닝 분야를 경험할 수 있는 방법을 설명한다. 파이썬과 머신 러닝의 기본 내용을 충실히 다루고 실제 프로그램을 실행할 때 필요한 소프트웨어 설치 방법을 소개한다.

2장, '텍스트 분석 알고리즘을 이용한 20 뉴스그룹 데이터세트 분석' 데이터 수집, 피처feature, 데이터 전처리 같은 중요한 개념을 설명한다. 아울러 차원 축소화 기술, 주성분 분석PCA, KNNK-nearest neighbors 알고리즘도 다룬다.

3장, '나이브 베이즈를 이용한 스팸 메일 탐지' 분류classification의 기본 개념, 나이브 베이즈 알고리즘과 실제 코드 구현, 분류 성능 평가, 모델 선택과 튜닝, 교차 검증 등을 종합적으로 학습한다. 스팸 메일 탐지 같은 예제를 통해 실제로 어떻게 동작하는지도 살펴본다.

4장, 'SVM을 이용한 뉴스 토픽 분류' 다중 클래스 분류, 서포트 벡터 머신SVM의 기본 개념과, 이들을 토픽 분류에 적용시키는 방법을 알아본다. 아울러 커널 머신, 오버피팅, 정규화 같은 중요한 개념도 살펴본다.

5장, '트리 기반 알고리즘을 이용한 클릭스루 예측' 의사결정 트리와 랜덤 포레스트 알고리즘을 자세히 알아보고, 이를 광고 클릭스루 비율 문제에서 어떻게 활용하는지 학습한다.

6장, '로지스틱 회귀를 이용한 클릭스루 예측' 로지스틱 회귀 분류기를 자세히 설명한다. 아울러 범주형 변수 인코딩, L1 정규화, L2 정규화, 피처 셀렉션, 온라인 러닝, 스토캐스틱 그래디언트 하강SGD 같은 중요한 개념도 자세히 다룬다.

7장, '회귀 알고리즘을 이용한 주가 예측' 야후나 구글 금융 데이터를 비롯해 여러 데이터를 이용해 주식 시장의 주가 예측을 분석한다. 아울러 금융 업계에서 풀기 어려운 문제와 금융 관련 기본 개념도 간략하게 소개한다.

8장, '모범 사례' 여러분이 배우고 실제로 개발하는 데 꼭 필요한 지식과 주의 사항, 요령을 소개한다.

이 책에서 다루는 여러 가지 프로젝트를 충실히 익히고 나면 파이썬 기반의 머신 러닝 에코시스템의 전체 개념이 더욱 명확하게 정립될 것이다.

▌ 준비 사항

이 책을 학습하는 데 있어 다음과 같은 것이 필요하다(이 책이 출간된 시점 기준이므로 일부 버전이 다를 수 있으니 확인하기 바란다).

- 사이킷런scikit-learn 0.18.0
- 넘피NumPy 1.1
- 맷플롯립Matplotlib 1.5.1
- NLTK 3.2.2
- 판다스pandas 0.19.2
- 그래프비즈GraphViz
- 퀀들 파이썬Quandl Python API

이 책에서 소개하는 모든 프로그램을 실행시키려면 64비트 아키텍처, 2GHz CPU, 8GB 메모리가 필요하다. 또한 8GB 이상의 디스크(SSD 또는 HDD)도 필요하다.

▌ 이 책의 대상 독자

데이터 과학에 관심이 있는 사람 중 머신 러닝을 이용하는 누구에게나 도움이 될 것이다. 다만, 파이썬 프로그래밍의 기본 지식은 갖추고 있어야 한다.

▌ 이 책의 편집 규약

이 책에서는 독자의 이해를 돕고자 다루는 정보에 따라 다음과 같이 글꼴 형식을 다르게 적용했다. 다음은 다르게 적용된 스타일의 예제와 의미 설명이다.

문장 중에 사용된 코드 단어는 다음과 같이 표기한다.

"target_names 폴키는 뉴스그룹의 이름을 의미한다."

커맨드라인 입력과 출력은 다음과 같이 표기한다.

```
$ls -l enron1/ham/*.txt | wc -l
3672
$ls -l enron1/spam/*.txt | wc -l
1500
```

화면상에 출력된 메뉴나 대화상자 문구, 중요한 단어 등을 문장 등에 사용할 때는 다음과 같이 표기한다.

"개념을 정리하고 표현하는 방법을 **온톨로지**ontology라고 한다."

 주의해야 하거나 중요한 내용은 이와 같이 표기한다.

 참고 사항이나 요령은 이와 같이 표기한다.

▌ 독자 의견

이 책에 대한 독자의 의견은 언제나 환영이다. 좋은 점 또는 고쳐야 할 점에 대한 솔직한 의견은 앞으로 더 좋은 책을 발행하는 데 큰 도움이 된다. 독자 의견을 보낼 때는 이메일 제목란에 구입한 책 제목을 적은 후 feedback@packtpub.com으로 전송한다. 만약 독자가 특정 분야의 전문가로서 저자가 되고 싶다면 http://www.packtpub.com/authors 를 참조한다.

▌ 고객 지원

이 책을 구입한 독자라면 다음과 같은 지원을 받을 수 있다.

예제 코드 다운로드

이 책에 사용된 예제 코드는 http://www.packtpub.com의 계정을 통해 다운로드할 수 있다. http://www.packtpub.com에 등록된 계정으로 로그인한 다음에 구입한 모든 팩트 책의 예제 코드 파일을 다운로드할 수 있다. 다른 곳에서 이 책을 구입한 경우에는 http://www.packtpub.com/support를 방문해 이메일 주소를 등록하면 예제 코드 파일을 내려받는 링크를 받을 수 있다. 에이콘출판사 도서정보 페이지 http://www.acornpub.co.kr/book/python-ml-example에서도 내려받을 수 있다.

예제 코드를 다운로드하는 방법은 다음과 같다.

1. 이메일 주소와 비밀번호를 이용해 웹사이트에 로그인하거나 회원가입을 한다.
2. 맨 위의 SUPPORT 탭에 마우스 포인터를 올려 놓는다.
3. Code Downloads & Errata를 클릭한다.
4. 검색창(Search)에 책 이름을 입력한다.
5. 다운로드할 코드 파일의 책을 선택한다.

6. 팩트출판사에서 구매한 책을 드롭다운 메뉴에서 선택한다.

7. Code Download를 클릭한다.

파일을 다운로드가 완료되면 다음과 같은 최신 버전의 압축 프로그램을 사용해 압축을 풀거나 폴더를 추출하기 바란다.

- 윈도우용: WinRAR/7-Zip
- 맥용: Zipeg/iZip/UnRarX
- 리눅스용: 7-Zip/PeaZip

이 책의 코드 묶음은 https://github.com/PacktPublishing/Python-Machine-Learning-By-Example에 있는 깃허브에서도 제공된다. 또한 https://github.com/PacktPublishing/에서 다양한 도서와 비디오 카탈로그의 코드 묶음도 제공된다. 해당 사이트를 방문해 확인해보자!

오탈자

정확한 편집을 위해 세심한 주의를 기울였음에도 실수가 발생하곤 한다. 본문에서 발견한 오류 혹은 코드상 오류에 대해 보고해 주시면 매우 감사하겠다. 독자의 참여를 통해 또 다른 독자들이 느낄 불편을 최소화해주고 이 책의 후속 판을 개선하는 데 도움이 된다. 오탈자를 발견하면 http://www.packtpub.com/submiterrata에 신고해주기 바란다. 해당 서적을 선택한 후에 Errata Submission 링크를 클릭하고, 오류에 대한 자세한 내용을 기술하면 된다. 오류 내용이 확인되면 웹사이트에 그 내용이 올라가거나 해당 서적의 정오표에 내용이 추가될 것이다. https://www.packtpub.com/books/content/support로 가서 검색어 항목에 서적을 입력하면 지금까지의 정오표를 확인할 수 있다. 한국어판은 에이콘출판사 도서정보 페이지 http://www.acornpub.co.kr/book/python-ml-example에서도 찾아볼 수 있다.

저작권 침해

인터넷을 통한 저작권 침해는 모든 매체가 골머리를 앓고 있는 심각한 문제다. 팩트출판사에서는 저작권 및 라이선스 관련 문제를 매우 심각하게 생각한다. 인터넷에서 어떤 형태로든 팩트 책의 불법 복제본을 발견한다면, 적절한 조치를 취할 수 있게 주소나 웹사이트명을 즉시 알려주길 부탁드린다. 불법 복제물로 의심되는 링크를 copyright@packtpub.com으로 보내주기 바란다. 더 좋은 책을 만들기 위한 팩트출판사와 저자들의 노력을 배려하는 마음에 깊은 감사의 뜻을 전한다.

▌ 질문

이 책에 관련된 질문이 있다면 questions@packtpub.com을 통해 문의하기 바란다. 최선을 다해 질문에 답해 드리겠다. 한국어판에 관한 질문은 이 책의 옮긴이나 에이콘출판사 편집팀(editor@acornpub.co.kr)으로 문의해주기 바란다.

01

파이썬과 머신 러닝
시작하기

자, 파이썬과 머신 러닝의 학습을 시작해보자. 머신 러닝의 기본 개념을 충실히 익히는 것이 무엇보다 중요하다. 우선 머신 러닝이 무엇인지, 왜 필요한지, 지난 수십 년간 얼마나 발전해왔는지 생각해보자. 그런 다음 일반적으로 많이 알려진 머신 러닝 문제를 함께 알아본다. 아울러, 데이터와 모델을 가지고 다루는 필수 기술도 몇 가지 소개한다. 내 경험으로는 이런 방식으로 하나씩 체계적으로 쌓아나가야 머신 러닝을 가장 효과적이고 즐겁게 배울 수 있다. 마지막으로 소프트웨어와 툴의 설치 방법을 정리해놓았다.

1장에서 다루는 내용은 다음과 같다.

- 머신 러닝은 무엇이고, 왜 필요한가
- 상위 개념의 머신 러닝
- 데이터 일반화
- 오버피팅과 바이어스 분산의 트레이드오프
  - 교차 검증
  - 정규화Regularization
- 차원과 피처
- 전처리, 탐색, 피처 엔지니어링
  - 결측값
  - 레이블 인코딩
  - 원 핫 인코딩
  - 스케일링
  - 다항형 피처
  - 파워 트랜스포메이션
  - 비닝
- 모델의 조합
  - 배깅
  - 부스팅
  - 스태킹
  - 블렌딩
  - 보팅 및 평균화averaging
- 소프트웨어 설치 및 설정
- 문제 해결 및 도움 요청 방법

▌ 머신 러닝은 무엇이고, 왜 필요한가

머신 러닝은 1960년 즈음 만들어진 용어로 컴퓨터, 로봇, 그 외의 여러 기기와 관련된 '머신machine'과 (인간이 잘 하는) 활동activity 및 이벤트 패턴의 '학습learning'이라는 두 단어로 구성된다.

그러면 왜 머신 러닝이 필요할까? 또, 왜 머신이 학습을 하게 만들려는 걸까? 세상에는 엄청난 양의 데이터세트가 포함된 문제, (컴퓨터에게 모든 작업을 맡기는 것이 상식적으로 맞다고 생각되는) 계산이 복잡한 문제가 많이 있다. 물론, 컴퓨터와 로봇은 피로를 느끼지도 않고, 잠을 잘 필요도 없으며, 가격도 점점 저렴해지고 있다. 머신 러닝 모델과 인간의 노력이 잘 조화를 이루도록 역할을 하는 생각하는 학교school of thought도 등장하고 있다(예를 들면 액티브 러닝active learning, 휴먼인더루프human-in-the-loop1 등). 핵심은 "지루하고 단순히 반복되는 작업은 컴퓨터에게 더 적합하고, 창조적인 작업은 인간에게 더 적합하다"는 것이다. 이를 바탕으로, 인간이 설계한 룰이나 알고리즘을 이용하거나 또는 인간이 기대하는 반복적이고 논리적인 작업의 수행을 통해서 머신의 학습이 가능해질 수 있다.

머신 러닝은 비즈니스 룰rule을 이용하는 전통적인 프로그래밍 유형과는 관련이 없다. 가장 많이 알려진 근거 없는 속설 중 하나가 세상에 있는 코드의 대부분은 코볼Cobol로 프로그래밍된 단순한 룰을 이용해 수행할 수 있어야 한다는 것이다. 결국 고객과의 상호작용에 대한 가능한 모든 시나리오를 처리할 수 있는 룰로 구성돼야 할 것이다. 그러면 많은 소프트웨어 프로그래머를 고용하면 될텐데 왜 그렇게 못할까? 왜 새로운 룰을 계속 프로그래밍할 수 없는 걸까?

한 가지 이유를 들면 시간이 흐를수록 룰을 정의하고, 유지 관리하고, 업데이트하는 것이 점점 더 비싸진다는 것이다. 어떤 행동이나 이벤트의 패턴 개수도 엄청나게 커질 수 있다. 따라서 이 모든 경우를 나열하는 것 자체가 비현실적이게 된다. 심지어 이벤트가 점점 다이내믹해지고, 끊임없이 변화하며, 실시간으로 진화하면서 이런 식의 접근 방식은 점점 더

---

1 기계가 최적의 상태로 동작하도록 설계, 구현한 후 인간이 이를 손으로 작동시키는 방식이다. − 옮긴이

어려워지고 있다. 따라서 많은 양의 데이터 자체를 파악하고, 패턴을 학습하고 추출하도록 컴퓨터에게 시키는 학습 룰 내지는 알고리즘을 개발하는 것이 훨씬 더 쉽고 효율적이다.

또 다른 이유로는 데이터의 규모가 기하급수적으로 증가한다는 점이다. 오늘날, 텍스트 데이터, 오디오 데이터, 이미지 데이터, 비디오 데이터는 홍수처럼 늘어나 그 규모는 가늠조차 하기 어렵다. 또 최근 **사물인터넷**IoT, Internet of Things은 일상 생활 속 기기를 서로 연결하는 새로운 종류의 인터넷을 만들고 있다. IoT는 가장 먼저 가전 제품과 자율 주행 자동차로부터 데이터를 수집할 것이다. 오늘날 대다수 기업의 고객이 대부분 인간이지만 소셜 미디어 같은 회사에서는 봇 어카운트가 고객일 수 있다. 이런 경향은 계속될 것이고 더 많은 사람이 대화하는 기계를 갖게 될 것이다. 양적 측면 외에도 스토리지의 가격이 저렴해진 덕분에 사용 가능한 데이터의 질도 지난 몇 년간 꾸준히 좋아져왔다. 이런 것들이 머신 러닝 알고리즘의 진화와 데이터 주도 솔루션을 점점 더 강하게 만들고 있다.

알리바바의 마윈 회장은 어느 한 연설에서 IT^{Information Technology}는 과거 20년 간 집중했던 것이고, 앞으로 30년은 DT^{Data Technology} 시대가 될 것이라고 했다. IT 시대에는 기업이 컴퓨터 소프트웨어와 인프라 덕분에 더 크고 강하게 성장했다. 많은 기업의 비즈니스가 이미 엄청난 양의 데이터를 모아두었기 때문에, 지금 이 시점이 인사이트를 찾아내고, 패턴을 도출해내며, 새로운 비즈니스 성장을 가속화하기 위해 DT를 활용할 적절한 시점이라 하겠다. 다시 말하면 머신 러닝 기술은 비즈니스에서 고객의 행동을 더 잘 이해할 수 있게, 그리고 고객과의 계약을 더 잘할 수 있게 해준다. 뿐만 아니라 운영 관리도 최적화할 수 있게 해준다. 머신 러닝 기술 덕분에 개개인의 삶도 점점 더 편리해지고 있다.

스팸 메일 필터링은 우리가 익숙한 머신 러닝 애플리케이션이다. 광고주가 수집한 우리에 관한 정보를 바탕으로 광고가 자동으로 게재되는 온라인 광고도 있다. 2장에서 이 두 가지 문제를 해결하는 알고리즘의 개발 방법을 소개한다. 우리에게서 떼어놓을 수 없는 머신 러닝 응용 사례로는 검색 엔진이 있다. 검색 엔진에는 사용자가 찾으려는 내용과 그 관련 기록을 분석하고, 주제 관련성과 사용자의 기호를 파악해 전후 사정과 개인이 필요로 하는 내용에 맞게 페이지를 정렬해 보여주는 '정보 검색^{Information Retrieval}' 기술이 포함돼 있다. 온라인 쇼핑몰이나 미디어 회사에서는 추천 시스템을 이용해 고객이 상품, 서비스, 각종 기사 등을 더욱 빠르게 찾을 수 있게 한다. 머신 러닝의 응용 분야는 거의 모든 영역에 걸쳐 있으며, 매일 새로운 사례가 쏟아져 나오고 있다. 신용 카드 위조 탐지, 질병 진단, 대통령 선거 결과 예측, 동시 통역, 로보어드바이저[2]에 이르기까지 말이다!

1983년 만들어진 영화 '위험한 게임War Games'은 3차 세계 대전이 발발해 컴퓨터가 삶과 죽음을 결정하게 된다는 내용이다. 우리가 아는 한, 그 때 기술 수준이 그 정도는 아니었다. 하지만, 그 이후 상황은 많이 달라졌다. 1997년 딥 블루Deep Blue라는 슈퍼컴퓨터는 전 세계 체스 챔피언을 상대로 승리를 거뒀다. 2005년 스탠포드 대학교의 자율 주행 차량이 스스로 운전해 130km가 넘는 사막을 달리기도 했다. 2007년에 또 다른 팀에서 만든 자동차는 일반 교통 상황에서 50km 이상 자율 주행에 성공하기도 했다. 2011년에는 왓슨Watson 컴퓨터가 인간을 상대로 퀴즈 프로그램에서 우승을 했다. 2016년에는 알파고AlphaGo 프로그램이 전 세계 바둑 최고수를 이겼다. 컴퓨터 하드웨어가 어떤 제한 인자라고 가정하면, 우리는 미래를 추론하기 위한 시도를 할 수 있다. 미래학자 레이먼드 커즈와일Ray Kurzweil은 2029년에는 컴퓨터가 인간 수준의 지능을 지닐 것이라고 말했다. 만약 이것이 현실로 다가온다면 그다음에는 어떻게 될까?

▌ 머신 러닝의 개요

창조적인 시스템과 관련된 컴퓨터 과학 분야를 인공지능AI이라고 한다면, 인간의 지능을 흉내 낸 머신 러닝은 인공지능의 한 분야다. 소프트웨어 공학도 컴퓨터 과학의 한 분야다. 일반적으로 생각했을 때 파이썬 프로그래밍은 소프트웨어 공학으로 분류할 수 있다. 머신 러닝도 선형 대수, 확률 이론, 통계학, 최적화 이론 등과 밀접하게 연관돼 있다. 우리는 대체로 머신 러닝 모델을 통계학, 확률 이론, 선형 대수를 기반으로 만든다. 그런 다음 최적

---

2 '로봇'과 '어드바이저'의 합성어로, 금융권에서 투자 결정 및 자산 관리 등에 많이 활용되는 프로그램 또는 소프트웨어를 의미한다. 또는 소프트웨어에 포함되어 있는 핵심 알고리즘을 의미하기도 한다. – 옮긴이

화 이론을 이용해 이 모델을 최적화 한다. 이 책을 읽고 있는 사람이라면 대부분 파이썬 프로그래밍에 대한 충분한 지식을 갖고 있을 것이다. 혹시 수학 관련 배경 지식이 부족하다고 느끼는 사람이라면 앞에 나열한 과목을 배우느라 엄청 오랜 시간이 들지 않을까 살짝 불안할 수도 있다. 하지만, 걱정 마시라. 이 책은 수학을 많이 알지 못하더라도 머신 러닝을 잘 배울 수 있도록 썼다. 머신 러닝 기술과 알고리즘의 메커니즘을 이해하는 데 필요한 기초 수준의 확률 이론과 선형 대수 관련 지식만 있으면 된다. 그리고 머신 러닝을 조금 더 수월하게 익힐 수 있도록 코드는 익숙한 언어 파이썬으로 작성했고, 더불어 많이 사용되는 패키지를 통해 모델을 구현할 것이다.

> ⓘ 머신 러닝을 공부하려는 사람들은 컴퓨터 과학, 인공지능, 데이터 과학 관련 석사 과정을 이수하면 된다. 여기에는 다양한 데이터 과학 집중 교육 프로그램도 있다. 하지만 이런 프로그램이 실제 업무와 연관도가 높을수록 대체로 프로그램 선택에 있어 더 엄격하며, 프로그램 이수 기간은 4주에서 10주 정도로 짧다. 그 외에 무크(MOOC)라는 온라인 수업을 이수하는 방법이 있다. 예를 들면, 가장 인기 있는 수업 중 하나인 앤드류 응(Andrew Ng) 교수의 머신 러닝 과목 같은 것이 있겠다. 끝으로, 기업 블로그와 각종 웹사이트를 통해 최신 개발 지식에 관한 풍부한 자료를 참고할 수 있다.

> ⓘ 머신 러닝은 단순히 기술이 아닌 스포츠 경기로 생각할 수도 있다. 다양한 머신 러닝 경진 대회를 통해 경쟁할 수도 있다. 상금을 타기 위한 것이든 그냥 재미삼아 해보는 것이든 열심히 해야 하지만 말이다. 경진 대회에서 우승하려면 특정 기술을 써야 한다(비즈니스 문제를 해결하기 위한 맥락이 아닌 경진 대회를 목적으로 했을 때만 유용한 기술). 세상에 공짜는 없다.

머신 러닝 시스템에는 수치 데이터, 텍스트 데이터, 시각적 데이터, 오디오 데이터 등 다양한 입력 데이터가 제공된다. 출력 결과도 있는데, 이를테면 자율 주행 차량의 가속도처럼 부동 소수점 숫자일 수도 있고, 이미지 인식을 통해 고양이와 호랑이 같은 카테고리를 표현하는 정수일 수도 있다.

머신 러닝은 이력 데이터를 가지고 학습할 수 있는 알고리즘을 탐색하고 생성하는 작업과, 새로운 데이터를 예측하는 작업으로 구성된다. 데이터를 바탕으로 한 솔루션을 얻기 위해, 모델이 얼마나 잘 학습됐는지를 측정하는 **손실 함수**loss function 또는 **비용 함수**cost function라고 부르는 평가 함수를 정의해야 한다(알고리즘으로 정의한다). 평가 함수를 정의할 때 가장 효율적이고 효과적인 방법으로 학습 목표를 달성하는 최적화 문제가 발생한다.

머신 러닝 작업은 학습 데이터의 속성에 따라 다음과 같이 몇 개의 카테고리로 분류할 수 있다.

- **비지도 학습**Unsupervised learning: 학습 데이터에 첨부된 설명 없이 직설적으로 나타내는 신호만 있을 때, 데이터 내면에 있는 구조를 찾고 숨겨진 정보를 발견하고 데이터를 어떻게 설명할 지 결정하는 것은 순전히 우리의 몫이다. 이런 종류의 데이터를 **레이블 없는 데이터**unlabeled data라고 한다. 비지도 학습은 위조됐거나 손상된 장비 같은 이상 결과를 추적하는 데 사용될 수 있다. 또 마케팅 활동을 위해 유사한 온라인 행동 패턴을 지닌 고객을 그룹화하는 데에도 쓰인다.
- **지도 학습**Supervised learning: 학습 데이터에 직설적인 신호 외에도 설명, 대상, 기대하는 결과 등이 있을 경우, 학습 목표는 입력과 결과를 매핑시키는 룰을 찾는 것이 된다. 이런 종류의 학습 데이터를 **레이블 데이터**labeled data라고 한다. 학습된 룰은 결과를 모르는 새로운 데이터의 레이블을 찾는 데 사용된다. 데이터에 있는 레이블은 대체로 전문가 또는 이벤트 로깅 시스템을 통해 제공된다. 이 외에도 가능하다면 크라우드소싱 등을 통해 공개적으로 만들어낼 수도 있다. 지도 학습은 얼굴 인식, 음성 인식, 상품 추천, 영화 추천, 영업 실적 전망 같은 일상적인 애플리케이션에서 공통으로 사용된다.
- 지도 학습을 **회귀**regression와 **분류**classification로 조금 더 세분화할 수 있다. 회귀는 연속성을 갖는 응답 변수를 학습하고 예측하는 것인데, 예를 들면 집 값 예측 같은 것을 생각해볼 수 있다. 반면 분류는 긍정/부정 같은 감성 분석이나 채무 불이행 예측 같은 적절한 클래스 레이블을 찾는 것을 목표로 한다.

- 학습 샘플에 레이블이 일부만 있는 경우 **준지도 학습**semi-supervised learning을 수행한다. 학습 단계에서는 (소량의) 레이블 데이터와 (대량의) 레이블이 없는 데이터를 사용한다. 데이터세트 전체에 레이블을 붙이기 위해 많은 비용이 들 경우, 또는 작은 서브세트에 레이블을 붙이는 것이 더 실용적일 경우 준지도 학습을 이용한다. 예를 들어 초분광영상 원격 센싱 이미지hyperspectral remote sensing image 데이터에 레이블을 붙이려면 그에 맞는 뛰어난 전문가가 필요하다. 또 특정 지역에서 원유crude oil가 어디 있는지 찾아내는 다양한 실험 결과에 레이블을 붙이는 것도 전문가 없이는 매우 어렵다. 앞에서 설명한 두 가지 예제와 비슷한 경우 레이블이 없는 데이터는 확보하기가 상대적으로 쉽다. 즉 이런 경우 준지도 학습을 적용하기 좋다는 얘기다.
- **강화 학습**: 학습 데이터가 피드백을 제공해서 시스템이 어떤 목표를 달성하기 위해 다이내믹한 조건에 적응하도록 한다. 이 계열의 시스템은 피드백을 바탕으로 성능을 평가하고 그에 따라 반응한다. 대표적인 예로 자율 주행 차량과 알파고를 생각해볼 수 있겠다.

뭔가 너무 추상적인 개념이라 약간 혼란스러울 수도 있을 것 같다. 하지만 걱정 마시라. 뒤에서 머신 러닝의 다양한 종류와 그에 따른 구체적인 사례를 많이 다룰테니 말이다. 3장, '나이브 베이즈를 이용한 스팸 메일 탐지'과 6장 '로지스틱 회귀를 이용한 클릭스루 예측'에서 지도 학습과 분류 알고리즘을 몇 가지 살펴본다. 7장, '회귀 알고리즘을 이용한 주가 예측'에서도 계속해서 지도 학습 기법인 회귀와 관련 알고리즘을 다룬다. 2장, '텍스트 분석 알고리즘을 이용한 20 뉴스그룹 데이터세트 분석'에서는 비지도 학습이 무엇인지 알아보고 관련 기술과 알고리즘을 배운다.

머신 러닝 알고리즘의 역사

사실, 시대에 따라 인기가 많았던 머신 러닝 알고리즘은 모두 다르다. 이 알고리즘들은 크게 **로직**logic **기반 학습, 통계 기반 학습, 인공 신경망, 유전자 알고리즘**이라는 4개의 영역으로 분류할 수 있다.

로직 기반 시스템은 초창기에 많이 사용됐다. 이 시스템은 전문가를 통해 만들어진 룰을 사용했으며, 이 룰을 이용해서 시스템은 정형 로직, 배경 지식, 가설 등을 추론하는 데 중점을 두었다. 1980년대 중반, **인공 신경망**ANN이 전면에 등장했으며, 1990년대에 통계 기반 학습 시스템에 의해 밀려날 때까지 주류를 이뤘다. 이들은 입력과 출력 간의 복잡한 관계를 모델링하고, 데이터에 담긴 패턴을 찾아내는 것을 목표로 했다. 1990년대에는 **유전자 알고리즘**GA이 큰 인기를 끌었다. GA는 생물학적 진화를 흉내 낸 것으로 돌연변이mutation와 교배crossover 같은 방법을 사용해서 최적의 솔루션을 찾아간다.

요즘 가장 각광받는 기술은 뉴럴 네트워크의 한 분야에서 출발한 **딥러닝**deep learning이다. 딥러닝이라는 용어는 2006년에 처음 등장했으며 여러 레이어로 이뤄진 딥 뉴럴 네트워크 구조를 참고한 것이라고 보면 된다. 계산 속도가 엄청나게 향상된 **GPU**Graphical processing units의 통합과 활용을 통해 딥러닝은 기존 방법이 해결하지 못한 한계를 뛰어넘었다. GPU는 원래 비디오 게임의 렌더링을 위해 개발된 것으로 행렬과 벡터의 대수 연산을 병렬로 처리하는 데 매우 뛰어나다. 딥러닝은 인간이 학습하는 방법을 닮은 것으로, 언젠가는 감성을 지닌 컴퓨터가 등장할 지도 모르겠다.

아마 한 번쯤 무어의 법칙을 들어봤을 것이다. 무어의 법칙이란 컴퓨터 하드웨어가 시간에 따라 지수 형태로 성능이 향상된다는 주장이다. 이 법칙은 1965년 인텔의 창업자 고든 무어가 처음 만들었다. 이 법칙에 따르면 칩 하나에 들어갈 수 있는 트랜지스터의 개수는 2년마다 2배씩 증가한다. 다음 그래프를 보면 이 법칙이 얼마나 잘 들어맞는지 알 수 있다 (동그라미의 크기는 GPU에 담긴 트랜지스터의 평균 개수와 관련이 있다).

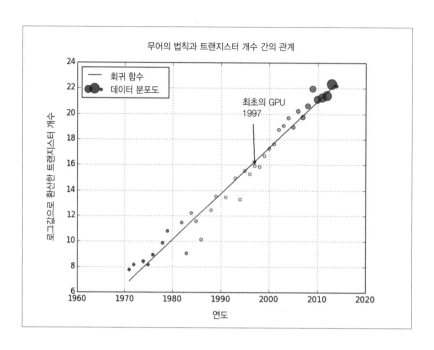

앞으로도 수십 년 동안 무어의 법칙이 유효할 것으로 보인다. 이는 2029년에 진짜 머신 인텔리전스가 완성될 것이라는 레이먼드 커즈와일의 예측에도 부합한다.

▍데이터를 이용한 일반화

데이터의 좋은 점을 꼽으라면 세상에 어마어마하게 많다는 것이다. 반면 나쁜 점은 어마어마한 데이터는 처리하기가 어렵다는 점이다. 문제는 데이터의 다양성과 노이즈로 인해 발생한다. 사람은 보통 눈과 귀를 통해서 들어오는 정보를 처리한다. 이런 입력 정보는 전기 신호 또는 화학 신호로 변환된다. 가장 기본적인 수준으로 보면 컴퓨터와 로봇은 전기 신호로 동작한다. 그런 다음 이런 전기 신호는 0과 1로 변환된다. 하지만 이 책에서는 파이썬으로 프로그래밍한다. 그리고 이 수준에서 보통 우리는 데이터를 숫자, 이미지, 텍스트로 표현한다. 실제로 이미지, 텍스트는 아주 다루기 편한 것은 아니다. 따라서 이미지와 텍스트를 숫자로 변환해야 한다.

특히 지도 학습의 시나리오는 시험 공부와 유사하다. 연습 문제도 있고 실제 시험도 있다. 질문의 답을 알지 못해도 질문에 답할 수 있다. 이걸 보통 일반화라고 한다. 즉 연습 문제를 통해 뭔가를 배우고 난 다음 이와 유사한 문제에 이 지식을 응용할 수 있기를 바라는 것이다. 머신 러닝에서는 이런 연습 문제를 학습 데이터세트 또는 학습 샘플이라고 한다. 이를 통해 모델은 패턴을 도출해낸다. 그리고 실제 시험을 테스트 데이터세트 또는 테스트 샘플이라고 한다. 이들은 결국 모델이 어디에 적용될지, 또 얼마나 호환이 되는지에 관한 것이라 하겠다. 한편 연습 문제와 실제 시험 간의 관점에서 보면 실제로 얼마나 잘 할지 평가하고 개선하는 데 도움이 되는 모의 시험도 있다. 이런 모의 시험을 머신 러닝에서는 검증 데이터세트 또는 검증 샘플이라고 한다. 이는 시뮬레이션 환경에서 모델이 얼마나 잘 동작하는지 확인하는 데 도움이 되며, 그에 따라 더 좋은 결과를 얻기 위해 모델을 파인 튜닝한다.

기존의 구식 프로그래밍 방식에서는 비즈니스 분석가나 다른 분야의 전문가와 대화한 다음 관련이 있는 값을 곱해서 얻은 특정 값을 더하는 식으로 룰을 구현한다. 예를 들어 세금 계산 규칙을 상상해보자. 머신 러닝 설정 과정에서 보통 예제 입력값과 출력값을 컴퓨터에 집어 넣는다. 또는 좀 더 야망이 있다면, 실제 세금 관련 텍스트 자료를 프로그램에 제공할 수도 있다. 또 자율 주행 차량에 사람의 입력이 별로 필요하지 않은 것과 같이 머신이 더 많은 데이터를 처리하도록 할 수도 있다.

이는 우리가 뭔가 이해를 해야 하는 세금 계산용 함수가 내부에 있다는 뜻이다. 물리학에서도 이와 유사한 상황이 있다. 이를테면 우주가 어떻게 돌아가는지 알고 싶어한다. 그리고 이에 대한 법칙을 수학적 용어를 이용해서 수식화하려고 한다. 하지만 실제 함수를 모르기 때문에 잘못된 것이 무엇인지 측정하고 이것을 최소화하는 것 외에는 딱히 할 수 있는 게 없다. 지도 학습 관점에서 보면 이는 기대치에 대한 결과가 어떻게 나왔는지 비교하는 것과 같다. 예를 들어 데이터의 클러스터를 잘 정의하고 싶다면 하나의 클러스터에 속한 데이터가 서로 얼마나 유사한지 측정할 수 있어야 한다. 마찬가지로 두 개의 클러스터를 비교했을 때 두 클러스터는 얼마나 다른지도 측정할 수 있어야 한다. 또 강화 학습을 예로 들면 이미 정의된 함수를 이용하는 체스 게임에서 매번 말을 이동시켰을 때의 현황을 프로그램으로 평가할 수 있어야 한다.

▌오버피팅, 언더피팅, 바이어스 분산 트레이드오프

오버피팅은 머신 러닝에서 대단히 중요한 개념이다. 따라서 이 책에서는 다른 내용보다 먼저 설명한다.

일반적으로 시험을 위해 연습 문제를 많이 풀다 보면 교과서로는 도저히 해결할 수 없는 문제를 (기본 개념과 원리 중심으로 푸는 게 아닌 일종의) 정답에 맞춰서 문제를 해결하는 방법을 찾으려고 하기 쉽다. 이게 무슨 얘기인지 예제를 통해 조금 더 구체적으로 살펴보자. 우선 5개의 연습 문제가 임의로 주어졌다고 가정해보자(주의: 문제의 내용은 여기서는 중요하지 않다). 이 연습 문제들 중 문제 속에 2개의 감자와 1개의 토마토가 있을 때 정답이 항상 *A*라고 하자. 또 문제에 1개의 감자와 3개의 토마토기 니다날 경우 징입은 항상 *B*라고 하사. 이럴 경우 우리는 교과목이나 정답이 감자 또는 토마토와 관련이 없을 경우에도 앞의 '(상식적으로 말도 안 되는 허황된)이론'은 항상 참이고 다른 곳에도 적용할 수 있다는 결론을 내리게 된다. 심지어 더 안 좋은 예도 있는데, 각 문제의 답을 그대로 외워버리는 것이다(이럴 경우 문제가 무엇이고 그에 관한 답이 왜 그렇게 나오는지는 전혀 중요하지 않다). 이러면 연습 문제에서는 높은 점수를 받을 수 있다. 또 실제 시험에서도 연습 문제를 풀었을 때처럼 좋은 결과를 기대할 수도 있다. 하지만 실제 시험을 치르고 나면 완전히 망한 결과가 나올 확률이 거의 99%다. 아주 가끔 기적적으로 실제 시험의 문제가 똑같을 수도 있겠지만 말이다(진짜로 신께서 도와주셨을 수도 있다).

이렇게 (원리나 패턴을 찾아내지 않고) 단순 암기를 할 경우 오버피팅이 일어난다. 학습 데이터셋에서 지나치게 많은 정보를 추출하는 경우, 모델을 데이터에 과다하게 맞추려고 하는 경우가 여기에 해당한다. 특히 모델을 지나치게 학습 데이터에 맞추는 경우를 **낮은 바이어스**low bias라고 한다. 이는 결국 데이터로부터 패턴을 찾아내는 등의 일반화에 전혀 도움이 안 된다. 결과적으로 모델은 새로운 데이터에 매우 좋지 않은 성능을 보인다. 특히 이렇게 일반화가 안 되는 상황을 머신 러닝에서는 **높은 분산**high variance이라고 한다. 예측 결과의 오차 분산이 넓다는 의미이며, 이는 결국 적중률이 매우 낮다는 얘기다. 아무데나 총을 쏘아 놓고 목표물에 명중하기를 바라는 것과 비슷하다고나 할까?

오버피팅은 데이터세트 내면에 숨겨진 관계를 파악하는 게 아닌 상대적으로 규모가 작은 데이터세트만 가지고 학습 규칙을 만들 경우 발생한다. 앞에서 설명한 감자와 토마토의 예처럼 말이다. 또 오버피팅은 모델이 지나치게 복잡해질 때 발생한다. 즉 모든 학습 샘플에 모델을 맞추게 되면서 결과적으로 앞에서 설명한 것처럼 모든 문제의 답을 그대로 외워버리는 것과 같은 일이 발생하는 것이다.

정반대의 경우도 있는데 이를 **언더피팅**underfitting이라고 한다. 모델이 언더피팅됐다는 말은 학습 데이터세트에 모델이 제대로 동작하지 않는다는 말로, 당연히 테스트 데이터세트도 마찬가지 결과가 나온다는 것을 의미한다. 이는 결국 데이터에 담긴 트렌드 내지는 패턴을 제대로 잡아내지 못했다는 얘기다. 언더피팅은 모델을 학습시킬 데이터세트가 충분하지 않을 경우 일어날 수 있다. 마치 자료를 충분히 읽고 공부하지 않았을 때 시험을 망치는 것처럼 말이다. 또 데이터에 맞지 않는 모델을 가지고 맞추려고 할 때에도 일어날 수 있다. 이것도 잘못된 접근 방법과 잘못된 방법으로 공부했을 경우 어떤 시험에서든 좋은 점수를 못 받는 것을 생각하면 쉽게 이해될 것이다. 보통 이런 경우를 머신 러닝에서는 **높은 바이어스**high bias라고 한다(예측 결과가 정답과는 거리가 멀고, 동시에 예측 결과끼리의 차이는 별로 없는 상태). 높은 바이어스의 경우(예측 결과의 오차에 대한) 분산은 낮다. 결국 학습 데이터세트와 테스트 데이터세트의 성능이 매우 낮아서 상당히 좋지 않다.

오버피팅이든 언더피팅이든 둘 다 우리에겐 별로 달가운 존재가 아니다. 바이어스는 학습 알고리즘에서 잘못된 가정으로 인해 나타나는 에러라는 점을 다시 한 번 기억해두기 바란다. 높은 바이어스는 언더피팅으로 이어진다. 분산은 모델 예측이 데이터세트에서 얼마나 다양하게, 즉 일관되지 않게 나타나는지를 측정한다. 따라서 바이어스가 높은 경우, 분산이 높은 경우 모두 다 피해야 한다. 즉 항상 바이어스와 분산 둘 다 가능한 한 낮게 만들어야 한다는 뜻이다. 하지만 실제로는 바이어스와 분산 간에 트레이드오프가 있는데 한 쪽이 내려가면 다른 한 쪽이 올라가는 식이다. 이것을 **바이어스 분산 트레이드오프**라고 한다. 감이 잘 안 올 수도 있으니 예를 통해 구체적으로 알아보자.

전화 여론 조사 데이터를 바탕으로 차기 대통령이 누가 될지 후보별 확률을 예측하는 모델을 만들어야 한다고 가정해보자. 여론 조사는 우편 번호를 기준으로 진행된다. 자, 임의로 선정한 우편 번호의 지역에서 샘플을 무작위로 선택해서 조사한 결과 특정 후보가 선거에서 이길 확률이 61%인 것으로 나왔다. 하지만 최종 선거 결과에서 이 후보는 당선되지 못했다. 이런 상황이 실제로 일어났다면 우리가 만든 모델에서 어디가 잘못된 것일까 생각해봐야 한다. 우선 우편 번호 하나만 대상으로 했으니 샘플의 크기가 작을 수밖에 없다. 이러면 데이터 소스가 높은 바이어스에 해당된다. 왜냐하면 특정 지역에 있는 사람들은 비슷한 성향을 보이기 때문이다. 하지만 이는 결국 추정치 결과가 낮은 분산의 형태를 보이게 된다. 그러면 단순히 우편 번호 여러 개를 사용해서 샘플을 추출하는 것으로 이 문제를 해결할 수 있을까? 물론이다. 하지만 아직 안심하기엔 이르다. 왜냐하면 이와 동시에 추정치의 분산이 커질 가능성이 있기 때문이다. 따라서 가장 낮은 바이어스와 낮은 분산을 보일 수 있도록 최적의 우편 번호 개수와, 석설한 샘플 크기를 찾아야 한다. 학습 샘플 데이터 $x_1, x_2, \cdots, x_n$과 결과 $y_1, y_2, \cdots, y_n$이 주어졌을 때 가능한 한 실제 값 $y(x)$에 가장 가까운 추정치를 만들어내는 회귀 함수 $\hat{y}(x)$를 찾아야 한다. 즉 얼마나 회귀 모델이 좋은지를 평가하기 위해 MSE^{Mean Squared Error}를 이용해서 추정치의 오차를 측정한다.

$$MSE = E\left[\left(y(x) - \hat{y}(x)\right)^2\right]$$

여기서 E는 기대값(평균)이다. 이 오차는 바이어스와 분산으로 세분화할 수 있다. 다음과 같이 식을 유도하면 된다(약간의 확률 이론에 대한 이해가 필요하다).

$$
\begin{aligned}
MSE &= E[(y - \hat{y})^2] \\
&= E[(y - E[\hat{y}] + E[\hat{y}] - \hat{y})^2] \\
&= E[(y - E[\hat{y}])^2] + E[(E[\hat{y}] - \hat{y})^2] + E[2(y - E[\hat{y}])(E[\hat{y}] - \hat{y})] \\
&= E[(y - E[\hat{y}])^2] + E[(E[\hat{y}] - \hat{y})^2] + 2(y - E[\hat{y}])(E[\hat{y}] - E[\hat{y}]) \\
&= (E[\hat{y} - y])^2 + E[\hat{y}^2] - E[\hat{y}]^2 = Bias[\hat{y}]^2 + Variance[\hat{y}]
\end{aligned}
$$

$Err = Bias[\hat{y}]^2 + Variance[\hat{y}] + Irreducible\ Error$

바이어스 항은 추정치의 오차를 측정하고 분산 항은 추정치 $\hat{y}(x)$가 평균값 주변에 얼마나 많이 분포하는지를 나타낸다. 학습 모델 $\hat{y}(x)$가 복잡할수록, 또 학습 샘플의 규모가 커질수록, 바이어스는 점점 더 작아진다. 하지만 이는 새로운 데이터에 모델이 더 잘 맞춰지도록 모델이 더 많이 움직일 수 있다. 결과적으로 분산이 더 커진다.

바이어스와 분산 간에 가장 적절한 균형을 이루면서 동시에 오버피팅을 최소화하기 위해 보통 교차 검증 기술이 많이 활용된다.

마지막 항은 '줄일 수 없는 오차irreducible error'를 나타낸다(예: 노이즈noise).

교차 검증을 이용한 오버피팅 방지

앞에서 설명한 연습 문제와 실제 시험 간의 관계를 생각해보자. 우리가 실제로 얼마나 시험을 잘 볼 수 있는지 평가할 수 있는 모의 시험이 있고 필요한 수정 작업도 했다. 머신 러닝에서 검증 과정은 모델이 얼마나 다른 것에 의존하지 않고 새로운 데이터에도 잘 동작하는지를 평가하는 데 아주 유용하다. 보통 검증 단계에서는 원본 데이터를 3개의 서브세트로 나눈다. 60%는 학습 데이터세트로, 20%는 검증 데이터세트로, 그리고 나머지 20%는 테스트 데이터세트로 말이다. 이렇게 하면 학습 데이터세트도 충분하고 실험 단계에서 성능을 측정하기만 해도 된다. 만약 다른 방법을 원한다면 교차 검증을 사용하는 것이 좋다.

교차 검증을 이용할 경우 1단계에서는 데이터 원본은 학습용과 테스트용(또는 검증용) 두 개의 서브세트로 나눈다. 그런 다음 모델을 돌려서 얻은 테스트 성능을 기록해둔다. 마찬가지로 교차 검증의 매 단계에서 다른 파티션을 가지고 앞에서 했던 작업을 수행한다. 모델의 최종 예측 성능 추정치는 매 단계에서 얻은 테스트 결과를 모두 모아서 평균을 계산한다. 교차 검증은 모델의 변동성을 줄여주며 따라서 오버피팅 같은 문제의 발생을 막아주는 역할을 한다.

교차 검증 기법은 데이터를 모두 사용했는지 여부에 따라 두 가지로 구분할 수 있다. 첫 번째 경우에서는 매 시행 단계의 테스트 샘플을 고정시켜 놓는다. 그리고 나머지 데이터 전체를 학습용으로 사용한다. 이 과정을 샘플 데이터에서 만들 수 있는 가능한 모든 서브세트들이 테스트용으로 한 번씩 사용될 때까지 반복 시행한다. 이를테면 LOOCV^{Leave-one-out-cross-validation3}을 적용할 수도 있고, 데이터 샘플 각각을 테스트세트로 한 번씩 사용할 수도 있다. 데이터 크기가 n이면, LOOCV는 n번의 교차 검증을 수행하게 될 것이다. n 값이 클 경우 당연히 시간이 오래 걸린다.

반면, 두 번째 교차 검증 방법에서는 가능한 모든 샘플 데이터 파티션을 가지고 검증을 수행하지 않는다. 이와 관련해서 가장 많이 사용되는 기법 중 하나로 k 폴드^{k-fold} 교차 검증이 있다. 원본 데이터를 우선 무작위로 k개의 동일한 크기의 폴드로 나눈다. 각 시행 단계에서, 이 폴드를 데이터세트로 사용하고 나머지는 학습 데이터세트가 된다. 이렇게 각 폴드를 테스트세트로 한 번씩 이용해서 이 과정을 k번 반복 시행한다. 최종적으로 이렇게 해서 얻은 결과의 평균을 구한다. 보통 k 값으로 3, 5, 10이 많이 사용된다. 다음 표는 k가 5일 때 어떻게 시행되는지를 보여준다.

반복 시행	폴드 1	폴드 2	폴드 3	폴드 4	폴드 5
1	테스트	학습	학습	학습	학습
2	학습	테스트	학습	학습	학습
3	학습	학습	테스트	학습	학습
4	학습	학습	학습	테스트	학습
5	학습	학습	학습	학습	테스트

3　샘플 데이터를 n개의 서브세트로 분할했을 때, n개 중 1개를 테스트용으로 남겨두고 나머지 n-1개를 이용해 학습을 수행하는 방식이다. - 옮긴이

무작위로 데이터를 학습용과 테스트용으로 나눠서 여러 번 설정할 수도 있다. 보통 이런 방법을 **홀드아웃**holdout이라고 한다. 이 알고리즘의 문제점은 일부 데이터 샘플이 테스트 데이터세트에 한 번도 사용되지 않은 채 끝날 수도 있고, 테스트 데이터세트에 일부 샘플이 여러 번 선택될 수도 있다는 점이다. 끝으로 **중첩된 교차 검증**nested cross-validation이라는 것도 있는데, 이는 여러 개의 교차 검증을 조합한 것으로 다음 두 단계로 구성된다.

- **내부 교차 검증**: 가장 잘 맞는 것을 찾기 위해 수행되는 것으로 k 폴드 교차 검증으로 구현할 수 있다.
- **외부 교차 검증**: 성능 평가 및 통계 분석용으로 사용된다.

3장과 7장에서 교차 검증을 집중적으로 다룬다. 그러기 전에 이해하기 쉽게 관련 용어를 통해 교차 검증을 좀 더 알아보자.

데이터 과학자가 업무를 위해 차를 이용하려고 한다. 그의 목표는 매일 아침 9시 전에 도착하는 것이다. 또 출발 시간과 어느 경로를 이용할지도 결정해야 한다. 매주 월요일, 화요일, 수요일에 앞의 두 가지 파라미터(출발 시간, 경로)의 여러 가지 조합을 시도해본다. 또 각 조합을 시도한 결과 도착 시간을 기록한다. 그런 다음 이를 바탕으로 가장 좋은 스케줄을 찾아서 매일 적용한다. 하지만 생각한대로 잘 되질 않는다. 이는 처음 3일 동안 수집한 데이터로 스케줄링 모델을 만들었기 때문에 오버피팅이 발생한 것이다. 따라서 목요일과 금요일에는 잘 맞지 않는다는 것을 보여준다. 이보다 더 나은 해결 방법으로 월요일부터 수요일에서 얻어낸 가장 좋은 파라미터 조합을 목요일과 금요일에 적용시켜 테스트한다. 또 일주일 동안 학습용 요일과 테스트용 요일을 다르게 만들어서 이 작업을 반복한다. 이렇게 하면 교차 검증을 통해서 선정한 스케줄이 1주일 동안은 잘 맞을 거라고 확신할 수 있다.

요약하면, 데이터의 여러 서브세트에 대해 예측 성능의 측정치 조합을 통해 교차 검증은 모델의 성능을 더 정확히 평가한다. 이 기술은 분산을 낮추고 오버피팅이 일어나지 않게 해주며, 새로운 데이터에 대해서도 모델이 예측, 추론 등을 잘할 수 있게 해준다.

정규화를 이용한 오버피팅 방지

오버피팅을 방지하는 또 다른 방법으로 **정규화**가 있다. 다시 한 번 강조하지만 모델이 불필요하게 복잡하면 오버피팅이 일어날 수 있다. 아울러 오버피팅을 막기 위한 보편적인 기술로 교차 검증cross-validation이 있다. 정규화는 모델이 복잡할 경우 불이익을 받도록, 즉 성능이 더 안 좋아지도록 에러 함수를 파라미터로 추가한 것이다. 결국 모델의 성능이 좋아지려면 이 에러 함수를 최소화시켜야 한다.

오컴의 면도날Occam's Razor 원리에 따르면 방법은 단순할수록 좋다. 윌리엄 오컴William Occam 은 1320년대의 철학자로, 데이터에 적합한 가설은 가장 단순한 것이 좋다는 아이디어를 처음으로 소개했다. 왜 그런지 이유를 들자면 우선 복잡한 모델보다는 단순한 모델을 더 적게 만들 수 있다는 것이다. 예를 들면 우리는 선형 모델보다는 고차원의 다항식 모델이 훨씬 더 많다는 것을 직관적으로 알고 있다. 왜냐하면 직선 ($y = ax + b$)는 두 개의 매개변수, 즉 절편 b와 기울기 a에 의해 결정되기 때문이다. 결국 직선의 계수는 2차원 공간 상에 걸쳐 있다. 이차 다항식의 이차항에 계수를 추가하면 우리는 이 계수를 이용해서 3차원 공간으로 확장할 수 있다. 이 모델이 표현될 수 있는 공간(이를 '서치스페이스search space'라고 한다)이 선형 모델의 서치스페이스보다 훨씬 크기 때문에 고차 다항식 함수를 사용해 학습 데이터세트 전체를 완벽하게 커버하는 모델을 찾는 것이 훨씬 쉬워진다. 그러나 쉽게 얻을 수 있는 이런 모델은 선형 모델보다 새로운 데이터에 더 안 좋은 성능을 나타내며, 이는 결국 오버피팅이 일어나기 쉽다는 것을 의미한다. 그리고 단순한 모델이 좋다는 것은 계산 시간이 더 적게 걸리기 때문이다. 다음 그림을 통해 선형 함수와 고차 다항식 함수가 각각 어떻게 데이터에 맞추는지 알아보자.

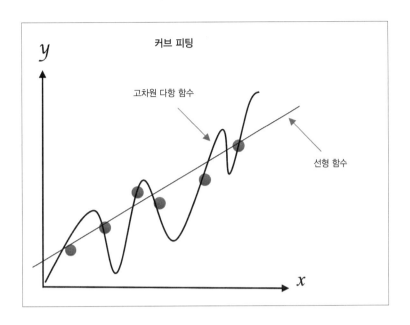

선형 모델이 훨씬 더 좋아 보인다. 왜냐하면 주어진 데이터 포인트에 다 끼워 맞추기 위해 (과다하게 복잡한 통계 분포를 따르는) 모델보다 훨씬 더 좋은 예측치를 낼 수 있기 때문이다. 정규화 기법을 이용하면 고차원 다항 모델에 페널티를 줘서 다항 모델의 고차항이 줄 수 있는 영향력을 감소시킬 수 있다. 이를 통해 복잡성을 줄일 수 있을 것이다. 비록 학습 데이터세트를 통해 얻은 결과가 덜 정확하고 덜 엄격한 규칙이긴 하겠지만 말이다.

정규화는 6장부터 본격적으로 다룬다. 여기서는 이 개념을 조금 더 잘 이해할 수 있도록 예제를 통해서 설명한다.

어느 데이터 과학자가 자신이 갖고 있는 로봇 경비견이 낯선 사람과 과학자의 친구들을 구분할 수 있는 능력을 갖추게 하고 싶어한다고 가정해보자. 이를 위해 다음과 같은 학습용 샘플을 쓴다.

성별	연령	키	안경 착용 여부	머리색	친구 여부
여자	중년	보통	안경 미착용	검은색	낯선 사람
남자	청소년	작음	안경 착용	백발	친구
남자	장년	작음	안경 미착용	검은색	낯선 사람
여자	청소년	보통	안경 착용	백발	친구
남자	청소년	작음	안경 미착용	붉게 염색	친구

로봇은 다음과 같은 규칙을 빨리 학습할 수도 있다. 이를테면 안경을 안 쓰고 검은색 옷을 입은 평균 키의 중년 여성은 모르는 사람이다. 또, 안경을 안 쓰고 검은색 옷을 입은 키가 작은 나이든 남성은 모르는 사람이다. 그 외에 모든 사람은 친구다. 여기에 나열한 세 가지 규칙은 학습 데이터에는 완벽하게 들어 맞지만, 너무 복잡할 뿐더러 새로 방문한 사람들에게는 잘 맞을 것 같지 않다. 이렇게 하는 대신, 데이터 과학자가 학습에 약간 제약을 가했다고 가정해보자. 즉 앞으로 새로 방문할 수백 명에 대해서도 잘 작동할 수 있게 '까만 옷을 입고 안경을 쓰지 않은 사람은 처음 보는 낯선 사람이다.'처럼 규칙을 느슨하게 만들 수 있다.

정규화를 위해 모델이 복잡해지는 것에 불이익을 주는 것 외에도, 학습을 조기에 중단시키는 방법도 있다. 모델 학습을 위해 소요되는 시간에 제약을 둘 수도 있고, 내부적으로 학습 중단 조건을 설정하는 방법도 있다. 이를 통해 더 단순한 모델을 만들 수 있다. 이런 방식으로 모델의 복잡성을 제어해서 오버피팅의 발생 확률을 낮출 수 있다. 머신 러닝에서는 이를 **조기 중단**early stopping이라고 한다.

마지막으로, 정규화는 적절한 수준을 유지해야 한다. 더 정확하게 말하면 가장 최적의 수준에 맞게 파인튜닝 상태를 유지해야 한다는 점이다. 정규화 파라미터는 값이 너무 작을 경우 거의 영향력이 없다. 반대로 정규화 파라미터가 너무 클 경우 언더피팅을 초래할 수 있다. 왜냐하면 모델의 예측값이 실제 결과와 판이하게 달라질 수 있기 때문이다. 최적의 정규화 파라미터를 구하는 방법은 6장과 7장에서 자세히 다룬다.

▌피처 선택과 차원 축소화를 통한 오버피팅 방지

일반적으로 데이터는 행렬 같은 숫자의 그리드로 표현한다. 각 열^{column}은 일종의 변수를 나타내는데 머신 러닝에서 이를 피처^{feature}라고 한다. 지도 학습에서는 특히 여러 변수 중 특정 변수가 하나 있는데 이는 피처라기보다는 예측하려고 하는 레이블에 해당한다. 지도 학습에서 각 행은 학습, 테스트에 사용할 수 있는 데이터 샘플이다. 피처의 개수는 데이터의 차원과 관련이 있는데 피처의 개수와 데이터 샘플의 개수에 따라 사용하는 머신 러닝 기법이 다 다르다. 예를 들어 테스트 데이터 및 이미지 데이터는 차원이 매우 높은 반면 주식 시장 데이터는 상대적으로 차원이 낮다(즉 피처 개수가 적다). 고차원 데이터에 맞는 모델을 만들기 위해서는 계산 비용도 많이 들뿐더러 매우 복잡해져서 오버피팅이 발생할 가능성이 있다. 특히 고차원은 시각화가 불가능하기 때문에 단순한 진단 방법을 사용할 수 없다.

또 모든 피처가 쓸모 있는 것도 아니다. 오히려 결과를 더 불확실하게 만들 수 있다. 따라서 좋은 피처를 선택하는 것이 무엇보다 중요하다. 이처럼 더 나은 모델을 만드는 데에 사용하기 위해 중요한 피처의 서브세트를 선택하는 프로세스를 피처 셀렉션$^{feature\ selection}$이라고 한다. 실제로 데이터세트의 모든 피처가 데이터 샘플을 구분하는 데에 유용한 정보를 가져다 주지는 않는다. 일부 피처는 중복되거나 부적절하므로 버리더라도 정보의 손실이 거의 없을 수 있다.

원칙적으로 피처 셀렉션은 해당 피처를 포함시킬지 여부를 판단하는 여러 개의 이진 결정으로 이어져 있다. 피처 개수가 n일 경우 가능한 피처 세트는 2^n개다. 얼핏 봐도 피처 개수에 비해 엄청나게 크다. 예를 들어, 피처가 10개면 1,024개의 피처 세트가 만들어질 수 있다(예: 옷을 뭘 입을지 결정할 때 온도가 얼마나 되는지, 비는 오는지, 일기 예보, 목적지 등). 이걸 단순 무식하게 전부 비교하려고 한다면 당연히 상식적으로 말도 안 될 것이다. 이에 관한 더 나은 방법은 6장에서 자세히 소개하겠지만, 다음 두 가지 방법이 가장 많이 사용된다. 첫 번째는 피처 전체를 가지고 시작해서 반복 시행 단계마다 피처를 제거해 나가는 방법이다. 두 번째 방법은 반대로 가장 최소한의 피처 세트로 시작해서 반복 시행 과정에서 피처를 추가하는 것이다. 그런 다음 각 시행 단계에서 가장 좋은 피처 세트를 가져와서 이들을 비교한다.

차원 축소화와 관련된 접근법으로 고차원 데이터를 저차원 공간으로 변환하는 것이 있다. 이렇게 변환하면 정보 손실이 일어나긴 하지만 손실을 최소 한도로 유지할 수 있다. 이에 관해서는 뒤에서 더 자세히 설명한다.

▍ 전처리, 탐색 작업, 피처 엔지니어링

데이터 마이닝은 1990년대에 유행했던 용어로 현재 데이터 과학의 전신이라고 할 수 있다. 데이터 마이닝 커뮤니티에서 가장 인기 있는 방법론 중 하나로 **CRISP DM**^{cross industry} standard process for data mining이 있다. CRISP DM은 1996년에 처음 소개된 이후 지금까지도 계속 사용되고 있다. 나는 CRISP DM을 지지하지는 않지만 CRISP DM의 범용 프레임워크는 좋아한다. CRISP DM은 다음과 같은 여러 단계로 구성돼 있으며 이들은 서로 중복되지 않아서 병렬로 발생할 수 있다.

- **비즈니스 이해**: 이 단계는 특정 도메인 전문가가 많이 다룬다. 보통 어떤 상품의 유닛을 판매하는 것처럼 비즈니스 인력에게 비즈니스 문제를 정형화하게 한다.
- **데이터 이해**: 이 단계도 도메인 전문가의 지식이나 정보가 필요할 수 있다. 하지만 비즈니스 이해 단계에 비해 기술 전문가가 더 필요할 수 있다. 도메인 전문가는 스프레드시트 프로그램에는 익숙할 수 있지만 복잡한 데이터를 다루기엔 무리가 있기 때문이다. 이 책에서는 이 단계를 '**탐색**' 단계라고 하겠다.
- **데이터 준비**: 이 단계에서도 엑셀에 대한 노하우만 있는 도메인 전문가 여러분에게 도움이 되지 않는다. 이 단계에서는 학습 데이터세트와 테스트 데이터세트를 만든다. 이 책에서는 이 단계를 '**전처리**'라고 부르겠다.
- **모델링**: 이 단계에서 대부분의 사람은 머신 러닝과 관련 있다. 이 단계에서는 모델을 만들고 이를 데이터에 맞춘다.

- **평가**: 이 단계에서는 비즈니스 문제를 해결할 수 있는지 여부를 확인하기 위해 앞에서 만든 모델과 데이터를 평가한다.
- **배포**: 이 단계에서는 프로덕션 환경에 시스템을 설정한다(프로덕션 시스템을 분리하는 것이 좋다). 보통 배포는 특정 팀이 한다.

학습을 할 때는 잘 정제된 높은 품질의 학습 자료가 필요하다. 아무렇게나 되어 있는 것에서는 아무것도 배울 수 없으로 상식적이지 않은 것은 그냥 무시한다. 머신 러닝 시스템은 이렇게 아무렇게나 되어 있는 것을 통해서는 인식이 불가능하므로 입력 데이터를 정리해줘야 한다. 심지어 데이터 정제 작업이 머신 러닝의 중요 요소라고 주장하는 사람들도 있다. 간혹 이미 정제 작업이 완료됐다고 해도 이걸 그대로 맹신해서는 안 된다. 데이터를 어떻게 정제할지 결정하려면 데이터를 충분히 숙지하고 있어야 한다. 자동으로 데이터를 탐색하는 작업, 보고서 작성처럼 뭔가 지능적인 작업을 수행하는 프로젝트도 있다. 하지만 안타깝게도 아직은 확실한 해결책이 없기 때문에 거의 대부분 수작업으로 해야 한다.

이 단계에서 해야 할 작업으로 크게 두 가지가 있다. 첫 번째는 데이터를 스캔하는 것이고, 두 번째는 데이터를 시각화하는 것이다. 이들 역시도 숫자 행렬, 이미지, 오디오, 텍스트 등 우리가 처리하는 데이터 타입에 달려 있다. 결국은 숫자 행렬이 가장 편리한 형태인데, 왜냐하면 우리는 항상 수치형 피처를 가지고 작업할 것이기 때문이다. 이 절에서는 숫자 행렬을 이용하려고 한다.

피처에 결측값이 있는지, 데이터 값이 어떻게 분포돼 있는지, 피처가 어떤 타입인지 등을 알고자 한다. 이를테면 다음과 같은 식이다. (1) 데이터 값은 정규 분포, 이항 분포, 포아송 분포로 표현될 수 있다. (2) 피처가 예/아니오, 양수/음수처럼 이진 형태를 띨 수도 있다. (3) 피처는 범주형일 수 있다(예: 대륙(아프리카, 아시아, 유럽, 라틴 아메리카, 북미 등)). (4) 정렬 가능한 범주형 변수일 수 있다(예: 높음, 보통, 낮음). (5) 피처는 정량적인 데이터 값으로 구성됐을 수도 있다(예: 온도(도) 또는 가격(달러)).

피처 엔지니어링feature engineering은 피처를 생성하고 개선하는 프로세스다. 이는 과학이라기보다는 일종의 다크아트dark art와 같다. 피처는 보통 상식, 도메인 지식, 과거 경험을 바탕으로 만들어진다. 피처를 생성하는 일종의 공통 기술이 있긴 하지만 새롭게 만든 피처가 결과를 더 좋게 만들어줄 것이란 보장은 없다. 때때로 비지도 학습을 통해 발견한 클러스터를 '추가할 피처'로 이용할 수 있다. 딥 뉴럴 네트워크는 피처를 자동으로 만들어낼 수 있다.

결측값 처리

피처의 결측값은 꽤 자주 나타나는데 여기에는 여러 가지 이유가 있다. 불편할 수도 있고, 비용이 많이 들 수도 있고, 심지어 값을 구하는 것 자체가 불가능할 수도 있다. 예전에는 일부 정량적인 측정치를 구할 수 없었다. 왜냐하면 적절한 장비가 없거나, 피처가 적절하지 않았기 때문이다. 그러나 과거의 결측값은 여전히 남아 있다. 때때로 결측값을 쉽게 알아낼 수 있다. 이를테면 데이터를 스캐닝하거나 피처 값의 개수를 세고 데이터 샘플 개수를 바탕으로 예상되는 값의 수와 비교하는 방법을 이용해서 말이다. 특정 시스템은 결측값을 999999와 같은 값으로 인코딩한다. 이 경우 실제값이 999999보다 훨씬 작으면 문제가 없다. 운이 좋으면 데이터 딕셔너리 또는 메타데이터 같은 형태로 데이터를 작성한 사람을 통해 제공된 피처의 정보를 갖게 된다.

결측값이 있다는 것을 알게 되면 그 문제를 다루는 방법에 의문이 생길 수밖에 없다. 가장 간단한 대답은 일단 무시하는 것이다. 그러나 일부 알고리즘은 결측값을 처리할 수 없고, 프로그램은 계속 이것을 처리하지 않으려고 한다. 한편, 결측값을 무시할 경우 부정확한 결과가 발생할 수도 있다. 한편, 결측값을 고정된 값으로 대체하는 방법도 있는데 이를 결측값 **대체**imputing라고 한다.

특정 피처를 가능한 값의 산술적 평균값, 중앙값, 최빈값으로 대체할 수 있다. 이상적으로 보면, 뭔가 신뢰할 만한 피처 간의 관계 또는 변수와 변수 사이의 관계가 있다. 예를 들면 특정 지역의 계절 평균 온도를 알 수 있으며 날짜가 지정된 온도 값이 누락됐다고 추측할 수 있다.

레이블 인코딩

인간은 데이터 값을 다양한 유형으로 처리할 수 있다. 일부 예외의 머신 러닝 알고리즘에는 수치형 값이 필요하다. 만약 Ivan 같은 문자열이 있을 때 여기에 관련된 특정 소프트웨어를 사용하지 않으면 뭘 하자는 건지 알 수 없을 것이다. 이 예제 같은 경우 이름^{name}이라는 범주형 피처로 처리하며 특정 값을 클래스 레이블로 고려해볼 수 있다. 이 예제에서는 Ivan와 ivan을 같은 것으로 볼지도 결정해야 한다. 그런 다음 정수 레이블 인코딩을 이용해서 각 레이블을 변환한다. 하지만 이렇게 하면 문제가 발생할 수도 있는데 학습기가 각 레이블이 순서가 있다고 생각해버릴 수도 있기 때문이다.

원 핫 인코딩

원 핫 인코딩(또는 one-of-K라고도 하는) 기법은 범주형 피처의 인코딩에 더미 변수^{dummy} ^{variable}를 이용한다. 원래 이 기법은 디지털 회로에 적용됐던 것이다. 더미 변수는 비트^{bit}처럼 이진수로 구성된다. 따라서 0과 1 중 하나(또는 True 또는 False 중 하나)만 할당된다. 예를 들어 대륙(contient)이라는 변수를 인코딩한다고 하면 더미 변수로 is_asia 같은 것을 생각해볼 수 있다. 당연하겠지만 is_asia는 대륙이 아시아면 맞음(True)을, 아니면 틀림(False)이라는 값이 할당된다. 보통 더미 변수는 레이블의 종류보다 하나 작은 수 만큼을 필요로 한다. 더미 변수를 이용하면 레이블 중 하나를 자동으로 결정할 수가 있는데, 이유는 더미 변수가 서로 중복되지 않기 때문이다. 만약 더미 변수가 모두 틀림(False)이라는 값을 갖게 되면, 우리가 파악하지 못한 더미 변수에 해당하는 레이블이 있다는 의미다. 다음 표를 통해서 대륙을 어떻게 원 핫 인코딩했는지 알아보자.

	Is_africa	Is_asia	Is_europe	Is_south_america	Is_north_america
Africa	맞음	틀림	틀림	틀림	틀림
Asia	틀림	맞음	틀림	틀림	틀림
Europe	틀림	틀림	맞음	틀림	틀림
South America	틀림	틀림	틀림	맞음	틀림
North America	틀림	틀림	틀림	틀림	맞음
Other	틀림	틀림	틀림	틀림	틀림

인코딩 작업 후 보통 0이 엄청나게 많고 1은 매우 적은 행렬을 결과로 얻게 되는데 이를 **희소 행렬**(희박 행렬)^{sparse matrix}이라고 한다. 희소 행렬은 사이파이^{SciPy} 패키지에서 아주 잘 처리하기 때문에, 특별히 문제될 것은 없다. 사이파이 패키지에 대해서는 이 장 뒷부분을 참고하기 바란다.

스케일링

여러 가지 피처 값이 강도에 따라 어떤 순서를 나타낼 수도 있다. 보통 이런 경우 큰 값이 작은 값보다 훨씬 더 높은 강도를 나타낸다고 본다. 이는 우리가 사용할 알고리즘에 따라 다르다. 따라서 특정 알고리즘의 데이터 단위를 재조정할 필요가 있다. 보통 이를 위해 다음과 같은 방법을 사용한다.

- **표준 정규화**^{Standardization}: 해당 데이터 값에서 대해 피처의 평균을 빼고 표준 편차로 나누는 과정을 거친다. 피처의 값이 표준 정규 분포상에 있을 경우 평균은 0, 분산은 1인 가우시안 분포를 따르는 결과를 얻는다.
- 피처 값이 정규 분포상에 있지 않을 경우 중앙값^{median}을 빼고 분위수 간의 범위로 나누기도 한다. 보통 분위수는 1분위수(25%)와 3분위수(75%) 사이의 범위로 설정한다.

46

- **스케일링**Scaling: 이 경우는 특정 범위에 있는 피처의 스케일을 0과 1 사이의 범위로 재조정하는 방법이 가장 많이 사용된다.

다항형 피처

두 개의 피처 a와 b가 있을 때 우리는 보통 $a^2 + ab + b^2$처럼 다항 연산식이 있을 것이라고 추측한다. 이 식의 각 항을 피처로 본다면 총 3개의 피처가 있다고 얘기할 수 있다. 특히 가운데에 있는 ab 항을 **인터랙션**interaction이라고 한다. 인터랙션은 꼭 곱하기 형태로 만들 필요는 없으며 더하기, 빼기, 나누기 형태로도 만들 수 있다. 하지만 곱하기 형태가 가장 일반적이기는 하다. 0으로 나누는 불상사를 막기 위해서 분모에 작은 상수를 추가하기도 한다. 피처의 개수, 다항 함수의 차수 등에 제약은 없다. 하지만 오컴의 면도날 원리에서도 배웠던 것처럼 고차원 다항 함수나 너무 많은 피처로 인터랙션 항을 만들지 않도록 한다. 실제로 복잡한 다항 함수의 경우 계산이 어려워지고 많은 값을 추가하는 것도 쉽지 않다. 하지만 좋은 결과를 얻기 위해 꼭 필요하다면 본인의 의지대로 하는 것이 좋다.

파워 변환

파워 변환power transformation은 수치형 피처를 더욱 편리한 형태로 변형시키는 데 사용할 수 있는 함수다. 이를 테면 정규 분포가 더 편한 것처럼 말이다. 값의 크기에 따라 변환 방법은 제각각일 수 있지만 일반적으로는 로그log를 취한다. 로그는 0보다 작거나 같은 값에 대해 정의되어 있지 않으므로 로그 변환을 하기 전에 관련 피처의 모든 값에 상수를 더해 주어야 할 수도 있다. 또한 0보다 큰 값에 대해 제곱근을 취하거나, 값을 제곱하거나, 또는 우리가 원하는 다른 모든 파워 변환으로 계산할 수 있다.

파워 변환 기법 중 하나로 Box−Cox 변환이 있다. Box−Cox 변환은 원본 데이터를 정규 분포에 가깝게 변환하는 가장 좋은 파워를 찾아내는 것을 목표로 한다. 변환 함수는 다음과 같이 정의한다.

$$y_i^{(\lambda)} = \begin{cases} \dfrac{y_i^{\lambda} - 1}{\lambda} & \text{if } \lambda \neq 0, \\[3mm] \ln(y_i) & \text{if } \lambda = 0, \end{cases}$$

비닝

가끔은 피처의 값들을 여러 개의 빈bin에 할당해서 분리시켜 놓는 것이 효과적일 때가 있다. 예를 들어, 특정 요일에 비가 왔는지 여부에만 관심이 있을 경우를 생각해볼 수 있다. 강수량 데이터가 주어졌을 때, 이를 이진 값으로 변환해서 강수량이 0보다 크면 예(True)로, 그렇지 않으면 아니오(False)로 할당할 수 있다. 또 데이터 값을 높음, 낮음, 중간 3개의 빈에 할당하기 위한 통계량을 이용할 수도 있다.

비닝 방법을 이용할 경우 정보의 손실이 불가피하게 일어날 수밖에 없다. 하지만, 분석의 목적에서 별 문제가 되지 않는다면 실제로 오버피팅이 일어날 가능성을 많이 줄여준다. 또 계산 속도, 메모리와 스토리지 사용량 등에 있어 매우 효율적이다.

▌ 모델의 조합

보통 고등학교 때까지 우리는 다른 학생과 함께 자리에 앉아서 공부를 한다. 하지만 시험은 각자 치른다. 이것은 선생님이 우리가 무엇을 공부했는지 제대로 알기 위한 것이다. 시험에서 다른 친구의 답을 베끼기만 하면 우리에게 남는 것은 아무것도 없을 것이다. 하지만 살아가는 데 있어 협업과 팀워크가 중요하다는 것을 알게 된다. 이 책을 예로 들면 저자한 사람이 아닌 팀 전체, 또는 여러 팀이 합심해서 만들어낸 결과라 할 수 있다.

확실히 팀이라는 것은 개인보다 훨씬 더 좋은 결과를 만들어 낼 수 있다. 하지만 이는 오컴의 면도날 원리와는 정반대다. 왜냐하면 팀보다는 한 사람 개인이 더 단순하고 간단한 이론을 만들어내기 때문이다. 하지만 머신 러닝에서는 여러 모델을 함께 사용해서 장점을 취하는 방법을 더 선호한다. 예를 들면 다음과 같은 것들이 있다.

- 배깅Bagging
- 부스팅Boosting
- 스태킹Stacking
- 블렌딩Blending
- 보팅Voting 및 평균화

배깅

배깅bagging **알고리즘**은 **부트스트랩 집계**Bootstrap aggregating라고도 하며, (전 버클리 대학교 교수이자 통계학 분야의 석학 중 한 사람이었던) 브레이먼Leo Breiman에 의해 1994년 머신 러닝 문제에 부트스트래핑을 적용하면서 처음 소개됐다. 여기서 말하는 부트스트래핑이란 통계적 기법 중 하나인데, 계산 과정에서 샘플링 기법을 적용하는 방법을 의미한다. 즉, 기존 데이터로부터 무작위로 샘플 데이터를 추출해서 데이터세트를 만들어 내는 과정이라고 보면 된다. 부트스트래핑은 산술 평균, 분산, 그 외 다른 정량적 측정치를 계산할 수 있는 데이터를 분석할 때 사용할 수 있다.

이 알고리즘은 다음 단계를 수행해서 오버피팅 발생 가능성을 낮추는 데 주 목적이 있다.

1. 교환 방법을 이용하는 샘플링을 통해서 학습 원본 데이터에서 새로운 학습 데이터세트를 만든다.
2. 앞에서 만든 학습 데이터세트 각각에 모델을 학습시킨다.
3. 평균화 또는 최다 득표 보팅 결과를 바탕으로 모델의 결과를 조합한다.

부스팅

지도 학습 관점에서, 약한 학습기를 베이스라인보다는 약간 좋은 정도의 학습기로 정의한다. 예를 들면 클래스 할당을 무작위로 했다든지, 또는 평균값을 이용하는 방식보다는 조금 나은 수준으로 말이다. 약한 학습기는 이를테면 개미처럼 개별적으로 봤을 때는 약하지만, 개미 군단이 되었을 때처럼 놀라운 결과를 만들어낼 수도 있다. 이를 위해 가중치를 사용해서 개별 학습기의 강도를 잘 조절하는 데 보통 이런 기법을 **부스팅**boosting이라고 한다. 부스팅 알고리즘에는 여러 가지가 있는데 주로 가중치를 어떻게 적용하느냐에 따라 다르다. 예를 들어 시험을 위해 공부를 한다고 하면, 잘 안 풀리는 연습 문제를 따로 구분하고 더불어 난이도가 높은 문제에 집중하는 식으로 이와 유사한 기술을 적용했을 수 있다.

이미지에서 얼굴을 추적하는 기술은 특정 프레임워크를 기반으로 하며, 이 역시 부스팅을 이용한다. 이미지 또는 비디오 영상에서 얼굴을 추적하는 것은 전형적인 지도 학습 기법 중 하나다. 우선 얼굴이 포함된 영역을 예제로써 학습기에 제공한다. 일부 불균형이 나타날 수 있는데 이는 보통 얼굴이 없는 영역이 훨씬 더 크기 때문이다. 분류기가 연쇄적으로 매 단계에서 이미지 내에서 얼굴이 없는 부분을 제거해 나간다. 각 단계에서 분류기는 더 작은 이미지 윈도우상에서 더 많은 피처를 사용하게 된다. 이런 방법을 이용하면 얼굴이 포함된 이미지 영역에 대부분의 시간을 사용하게 된다. 같은 맥락에서 부스팅은 피처를 선정하고 결과를 조합하는 데 사용된다고 말할 수 있다.

스태킹

스태킹Stacking은 머신 러닝 추정기 결과를 다른 알고리즘의 입력으로 활용하는 기법이다. 물론 더 상위 개념의 알고리즘의 결과를 다른 예측기에 반영시킬 수도 있다. 알고리즘을 어떻게 쌓아 올릴지는 임의로 설정할 수 있지만 실제로는 오컴의 면도날 원리에 따라 가급적 단순한 형태로 구축하는 것이 좋다.

블렌딩

블렌딩Blending 기법은 100만 달러의 넷플릭스상 우승자를 통해 처음 소개됐다. 넷플릭스는 사용자에게 영화를 추천할 수 있는 가장 좋은 모델을 찾고자 이 대회를 열었다. 넷플릭스 사용자는 별 1개에서 5개까지 등급을 매겨서 영화를 추천할 수 있다. 모든 사용자가 모든 영화를 평가할 수가 없기 때문에 사용자-영화 매트릭스는 (거의 대부분 값이 없는) 엄청나게 희박한 상태가 될 수밖에 없다. 넷플릭스는 익명으로 처리한 학습 데이터세트와 테스트 데이터세트를 공개했다. 이후 넷플릭스 데이터가 IMDB 데이터와 연관짓는 방법을 찾아냈다. 개인 정보 보호를 위해 넷플릭스 데이터는 현재는 더 이상 사용할 수 없다. 2008년 한 팀이 모델을 조합하는 방법을 통해서 이 대회의 우승을 차지했다. 블렌딩은 스태킹의 한 형태라고 보면 된다. 하지만 블렌딩의 최종 추정기는 학습 데이터세트의 아주 작은 부분만 가지고 학습을 수행한다.

보팅과 평균화

과반수 보팅 또는 평균화 기법을 이용해서 최종 답을 얻을 수도 있다. 앙상블 기법에서 각 모델에 다른 가중치를 할당할 수도 있다. 평균화 기법에서, 산술 평균 대신 기하 평균 또는 조화 평균을 사용할 수도 있다. 보통은 상호 연관성이 높은 모델의 결과를 결합시키더라도 성능이 놀라울 정도로 향상되지는 않는다. 어떤 면에서는 피처를 다르게 사용하거나 알고리즘을 다르게 사용하는 식으로 모델을 다양화하는 것이 훨씬 나을 수 있다. 예를 들어, 두 모델이 서로 상관 관계가 강할 경우 앙상블에서 둘 중 하나를 제외시키고 다른 모델의 가중치를 비율에 맞게 증가시키도록 할 수도 있다.

▌ 소프트웨어 설치와 설정

이 책에서 다루는 대부분 프로젝트에서 사이킷런^{scikit-learn}(http://scikit-learn.org/stable/install.html)과 맷플롯립^{matplotlib}(http://matplotlib.org/users/installing.html)을 사용한다. 사이킷런과 맷플롯립을 설치하려면 넘파이^{NumPy} 패키지부터 설치해야 한다. 여기에는 앞에서 설명했던 희박 행렬^{sparse matrix}을 위해 사이파이^{SciPy}도 설치한다. 사이킷런 라이브러리는 머신 러닝 패키지 중 하나로 코드 대부분이 C 코드 만큼 빠르게 실행될 수 있도록 성능면에서 최적화되어 있다. 넘파이와 사이파이도 마찬가지로 최적화돼 있다. 코드의 실행 속도를 높이는 방법은 많이 있지만, 이 책의 범위를 벗어나므로 여기서는 따로 설명하지 않겠다. 더 궁금한 사람들은 관련 문서를 찾아보기 바란다.

맷플롯립은 결과를 그래프로 그리고 시각화하는 패키지다. 이 책에서는 시각화 용도로 시본^{seaborn} 패키지도 함께 사용한다. 시본 패키지는 내부적으로 맷플롯립을 사용한다. 이 외에도 다양한 용도에 맞게 여러 가지 파이썬 시각화 패키지가 있다. 넘파이 패키지는 ndarray 클래스와 여러 가지 유용한 배열 함수를 제공한다. ndarray 클래스는 1차원 또는 다차원으로 배열을 정의할 수 있다. 이 클래스에는 행렬, 마스킹된 배열, 여러 가지 데이터 타입의 레코드로 구성된 배열 등을 표현하는 몇 가지 서브 클래스가 있다. 머신 러닝에서 우리는 피처 벡터를 저장하거나 피처 벡터로 구성된 행렬을 저장하는 데에 주로 넘파이의 배열을 사용한다. 사이파이도 넘파이 배열을 사용한다. 특히 사이파이는 다양한 과학 계산, 수학 계산용 함수를 제공한다. 또 데이터 랭글링^{data wrangling}(원 데이터를 다른 형태로 변환하거나 매핑하는 작업)을 위해 판다스^{pandas} 라이브러리가 필요하다.

이 책에서는 파이썬 3 버전을 사용한다. 알다시피, 파이썬 2.x 버전은 2020년 이후 더 이상 지원되지 않으니 파이썬 3.x로 꼭 바꾸기 바란다. 현재 파이썬 2.x를 사용하고 있다면 아직은 예제 코드를 수정할 수 있을 것이다. 개인적으로는 아나콘다 파이썬 3.x^{Anaconda Python 3} 배포판이 가장 좋다고 생각한다. 아나콘다는 데이터 분석, 과학 계산에 맞춰진 파이썬 무료 배포판이다. 아나콘다에 포함된 패키지 매니저를 콘다^{conda}라고 한다. 배포판에는 사용하기 매우 편리하게 해주는 200개 이상의 패키지가 포함돼 있다. 일부 사용자의 경우, 미니콘다^{Miniconda} 배포판이 더 좋을 수도 있다. 미니콘다에는 콘다 패키지 매니저와 파이썬이 담겨 있다.

아나콘다와 미니콘다의 설치 과정은 크게 다르지 않다. 아나콘다가 디스크 용량을 조금 더 많이 필요로 한다. 아나콘다 웹사이트인 http://conda.pydata.org/docs/install/quick. html에 있는 가이드를 참고하기 바란다. 우선 적절한 운영체제와 파이썬 버전에 맞는 설치 파일을 다운받는다. GUI를 통해서 또는 터미널에서 직접 명령어를 입력해서 다운받을 수 있다. 내 시스템에는 파이썬 2.7이 설치돼 있지만, 파이썬 3 설치 파일을 이용했다. 이게 가능한 이유는 아나콘다가 파이썬을 포함하고 있기 때문이다. 내가 아나콘다를 이용해 설치한 결과 anaconda라는 디렉터리가 생성됐고, 약 900MB의 용량이 사용됐다. 미니콘다 설치 파일은 miniconda라는 디렉터리에 패키지를 설치한다. 넘피의 설치는 다음 URL을 참고한다.

http://docs.scipy.org/doc/numpy/user/install.html

한편, 다음과 같이 pip 명령어를 이용해 넘피를 설치할 수도 있다.

```
$ [sudo] pip install numpy
```

아나콘다 사용자는 다음과 같이 한다.

```
$ conda install numpy
```

디펜던시가 걸려 있는 패키지를 설치하려면 위의 명령어에서 넘피를 적절한 패키지명으로 바꿔서 실행하면 된다. 운영체제에 따라 설치한 옵션이 약간씩 다를 수 있으니 관련 문서를 잘 읽어보기 바란다. 판다스 설치 문서는 다음 URL을 참고한다.

http://pandas.pydata.org/pandas-docs/dev/install.html

▌ 문제 해결과 도움 요청 방법

현재 가장 좋은 포럼은 http://stackoverflow.com이다. 아울러 IRC 챗chat 또는 메일링 리스트를 사용하는 것도 좋다. 다음 메일링 리스트를 참고한다.

- 사이킷런

  https://lists.sourceforge.net/lists/listinfo/scikit-learn/general
- 넘피, 사이파이 메일링 리스트

  https://www.scipy.org/scipylib/mailing-lists.html

IRC 채널은 다음과 같다.

- #scikit-learn@freenode
- #scipy@freenode

▌ 요약

우리는 방금 파이썬과 머신 러닝의 긴 여정에서 첫 중간 기점에 도달했다! 이 장을 통해서, 머신 러닝의 기본 개념을 충분히 익혔으리라 믿는다. 머신 러닝이 무엇인지, 왜 중요한지, 그간의 역사와 더불어 최근에는 어떻게 발전했는지 살펴봤다. 또, 일반적인 머신 러닝 문제는 어떤 것들이 있는지도 배웠다. 이 외에 데이터를 다루고, 모델을 다루려면 꼭 필요한 기술에 대해서도 자세히 알아봤다. 이제 기본적인 머신 러닝의 지식도 갖추고 소프트웨어, 툴도 설치했으니, 본격적으로 실제 활용 가능한 머신 러닝 예제들을 공부해보기로 하자.

02

텍스트 분석 알고리즘을 이용한 20 뉴스그룹 데이터세트 분석

1장에서는 머신 러닝의 기본 개념을 자세히 배웠다. 시험을 준비할 때 어떻게 공부하는지, 운전할 때 운행 계획을 어떻게 짜는지 등 나름 재미있는 방법과 연관 지어서 생각해보았다. 이 장에서는 전체 학습 목표의 2단계로서 몇 가지 중요한 머신 러닝 알고리즘과 기술에 대해 알아본다. 앞서 소개한 예제들 외에, 실제 업무에서 접할 수 있는 문제를 다뤄보려고 한다. 우선 자연어 처리NLP, Natural Language Processing 문제에서 소위 고전이라고 할 수 있는 뉴스그룹 토픽 모델링newsgroup topic modeling에 대해 설명한다. 이를 통해 텍스트 데이터를 실제로 다루는 경험을 얻을 수 있을 것이다. 또 단어와 구문을 머신이 읽을 수 있는 값으로 바꾸는 방법도 알 수 있을 것이다. 이 장에서는 k 평균 클러스터링, 비음수 행렬 인수분해 NMF, Non-negative Matrix Factorization 같은 비지도 학습 기법을 주로 다룬다.

2장에서 다루는 내용은 다음과 같다.

- 자연어 처리[NLP]는 무엇이고, 애플리케이션에는 어떤 것이 있는가
- 파이썬 NLP 라이브러리
- NLTK와 NLP 관련 공통 작업들
- newsgroup 데이터
- 데이터 확보
- 피처에 대해 생각해보기
- 데이터 시각화
- 데이터 전처리: 토큰화, 어간 추출[stemming], 표제어 원형 복원[lemmatization]
- 클러스터링과 비지도 학습
- k 평균 클러스터링
- 비음수 행렬 인수분해[NMF]
- 토픽 모델링

▌ NLP란

20 newsgroup 데이터세트는 이름에서 알 수 있듯이 뉴스 기사에서 발췌한 텍스트로 구성되어 있다. 켄 랭[Ken Lang]을 통해 처음 수집됐다. 지금은 머신 러닝 기술, 특히 자연어 처리 기술의 텍스트 애플리케이션에서 실험용으로 널리 사용되고 있다.

자연어 처리[NLP, Natural Language Processing]는 머신 러닝에서 매우 중요한 분야 중 하나로, 머신(컴퓨터)과 인간(자연) 언어 사이의 상호작용을 처리하는 역할을 한다. 여기서 말하는 자연어에는 연설[speech]에서 대화에 이르는 모든 것이 포함된다. 예를 들면, 문장이나 수화 같은 것들도 모두 자연어라고 할 수 있다. 소셜 미디어 포스팅의 텍스트, 웹 페이지, 병원 처방전, 음성 메일의 오디오 데이터, 제어 시스템의 명령어, 음악, 영화 등 NLP 데이터의 형

태는 매우 다양하다고 할 수 있다. 오늘날 NLP는 일상 생활에 깊숙이 녹아 있다. 예를 들면 기계 번역machine translation 없이 산다는 건 불가능해졌고, 날씨 예보가 자동으로 생성되며, 음성으로 편리하게 검색할 수 있고, 똑똑한 질의 응답 시스템 덕분에 궁금한 것을 물어보면 빠르게 답을 얻을 수 있고(예: 캐나다의 인구 수는?), STTSpeech-To-Text 기술은 장애 학생에게 도움을 준다.

머신이 사람처럼 언어를 이해할 수 있다면 머신이 지능적이라고 생각해볼 수 있다. 1950년 수학자 앨런 튜링Alan Turing은 「Computing Machinery and Intelligence」라는 글에서 머신 인텔리전스Machine Intelligence의 영역을 판단하는 일종의 테스트를 제안했는데 이를 **튜링 테스트**Turing test라고 한다. 튜링 테스트의 목적은 컴퓨터가 언어를 적절하게 이해할 수 있는지를 측정하는 것인데, 달리 말하면 사람이 봤을 때 컴퓨터가 아닌 인간이라고 생각하도록 속일 수 있을 정도여야 한다는 것이다. 아직 어떤 컴퓨터도 튜링 테스트를 통과하지 못했다는 건 어쩌면 당연하게 생각될 수도 있다. 하지만 중요한 것은 1950년대 NLP의 역사가 시작됐다는 것이다.

언어를 이해하기는 어려울 수 있지만, 한 언어에서 다른 언어로 텍스트를 자동으로 번역하는 건 조금 쉽지 않을까? 예전에 처음 프로그래밍 수업을 들을 때 랩lab 수업에서 조금은 어설픈 기계 번역 알고리즘을 배웠었다. 단순하게 생각해보면 기계 번역 알고리즘에 사전dictionary을 찾아보는 기능, 새 텍스트를 생성하는 기능 등이 필요했다. 하지만 조금 더 현실적으로 접근해보면 사람이 이미 번역해놓은 텍스트를 수집하고, 이 텍스트를 대상으로 컴퓨터를 학습train시킬 수도 있을 것이다. 1954년 조지타운 IBM 연구소 과학자들은 약 3년에서 5년 내에 기계 번역 문제가 해결될 것이라고 예상했다.

하지만 안타깝게도, 번역가를 능가하는 기계 번역 시스템은 아직 없다. 한 가지 좋은 소식이라면 딥러닝이 소개되면서 기계 번역이 빠른 속도로 발전하고 있다는 점이다.

대화형 에이전트 Conversational agents 또는 챗봇은 NLP의 최근 높은 관심을 받고 있는 또 다른 영역 중 하나다. 컴퓨터가 인간과 대화할 수 있다는 사실은 비즈니스 방식 자체를 바꿔버렸다. 2016년 마이크로소프트는 AI 챗봇 테이Tay를 공개했다. 테이는 10대 소녀를 흉내 내고, 실시간으로 트위터상의 사용자와 대화를 했다. 테이는 사람들이 트위터에 포스팅한 내용, 댓글 등을 통해 어떻게 말하면 되는지 학습했다. 하지만, 테이는 악의적인 사용자로부터 세뇌 당하고, 나쁜 행동도 자동으로 배우며, 피드에 부적절한 것들을 올리기 시작했다. 결국 24시간도 안 돼서 운영이 중단됐다.

지식과 개념을 정리하기 위해 시도하는 작업이 있는데, 이렇게 하면 컴퓨터 프로그램으로 다루기가 훨씬 쉬워진다. 개념을 정리하고 표현하는 방법을 **온톨로지**^{ontology}라고 한다. 온톨로지는 개념을 정의하고, 개념 간의 관계도 정의한다. 예를 들어, '파이썬은 언어다^{Python is a language}'처럼 두 개념 사이의 관계를 표현하는 일종의 3부로 구성된다(즉, Python – is – language 같은 형태).

앞의 경우와는 반대로 아주 낮은 상세 수준에서 봤을 때 NLP에서 중요한 유스케이스 중 하나로 스피치 태깅^{tagging}이 있다. **품사**^{POS, part of speech}는 명사, 동사처럼 문법상의 단어를 말한다. 품사 태깅은 하나의 문장 또는 긴 문서에 있는 각 단어에 적절한 태그를 붙이는 작업이다. 영어 품사를 예로 들면 다음 표와 같다.

품사	예제
명사(Noun)	David, machine
대명사(Pronoun)	them, her
형용사(Adjective)	awesome, amazing
동사(Verb)	read,write
부사(Adverb)	very, quite
전치사(Preposition)	out, at
접속사(Conjunction)	and, but
감탄사(Interjection)	unfortunately, luckily
관사(Article)	a, the

파이썬 NLP 라이브러리

NLP 관련 실제 애플리케이션들을 봤으니, 파이썬 NLP 라이브러리의 필수 구성 요소 스택을 알아보자. 이 패키지는 앞에서 설명한 내용 외에도 감성 분석^{sentiment analysis}, 텍스트 분류^{text classification}, NER^{named entity recognition} 등 여러 영역에서 NLP 관련 작업을 다룬다.

가장 널리 알려진 파이썬 NLP 라이브러리로 NLTK^{Natural Language Toolkit}, Gensim, TextBlob 등이 있다. 사이킷런 라이브러리에도 NLP 관련 기능이 있다. NLTK(http://www.nltk.org/) 는 원래 교육용으로 개발된 것인데 현재는 기업에서도 폭넓게 사용된다. NLTK 없이 NLP 를 얘기할 수 없을 정도로 말이다. 가장 유명하고, 파이썬 기반의 NLP 애플리케이션을 구축하는 플랫폼의 중심이라 하겠다. NLTK 설치는 터미널에서 sudo pip install —U nltk 명령어만 실행시키면 된다.

NLTK는 크고 잘 정리된 텍스트 데이터세트를 50개 정도 가지고 있는데 이를 NLP에서는 코퍼스^{corpus}(말뭉치)라고 한다. 코퍼스는 단어의 출현 횟수를 계산하는 사전으로도 사용된다. 또 모델의 학습과 검증을 위한 학습 풀^{training pool}로도 사용 가능하다. 몇 가지 유용한 코퍼스를 예로 들면 웹 텍스트 코퍼스, 트위터 샘플, 셰익스피어 코퍼스 샘플, 감성의 양극성^{sentiment polarity}, Names 코퍼스(많이 인용되는 네임의 목록으로 이 책에서는 간단히 살펴본다), 워드넷^{Wordnet}, 로이터^{Reuter} 벤치마크 코퍼스 등이 있다. 코퍼스 전체 목록은 http://www. nltk.org/nltk_data에서 확인하기 바란다. 코퍼스를 사용하기에 앞서, 파이썬 인터프리터에서 다음 스크립트를 실행시켜서 다운받아야 한다.

```
>>> import nltk
>>> nltk.download()
```

새 윈도우가 열리고 어떤 패키지와 코퍼스를 다운받을 것인지 물어볼 것이다.

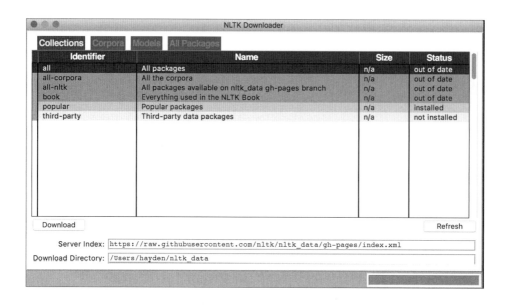

패키지를 모두 설치해놓으면 이 책을 공부할 때뿐만 아니라 앞으로 연구나 업무에 필요한 모든 중요 코퍼스를 번거롭게 설치하지 않아도 된다. 그러므로 웬만하면 전체 패키지를 설치하기 바란다. 패키지 설치를 끝낸 다음, Names 코퍼스를 살펴보자.

```
>>> from nltk.corpus import names
```

목록 중 처음 10개의 네임을 화면에 다음과 같이 표시할 수 있다.

```
>>> print names.words()[:10]
[u'Abagael', u'Abagail', u'Abbe', u'Abbey', u'Abbi', u'Abbie',
u'Abby', u'Abigael', u'Abigail', u'Abigale']
```

총 7,944개의 네임이 있다.

```
>>> print len(names.words)
7944
```

다른 코퍼스도 이런 식으로 이것저것 재미있게 알아보기 바란다.

쉽게 사용할 수 있고, 풍부한 코퍼스 풀 외에도 NLTK는 많은 NLP 작업 및 텍스트 분석 작업을 하는데 필요하다는 점에서 매우 중요하다. 대표적인 작업을 정리하면 다음과 같다.

- **토큰화**Tokenization: 텍스트 시퀀스가 주어졌을 때, 토큰화는 이를 공백 문자whitespace로 구분해 조각으로 나누는 작업이다. 한편, 구두점punctuation, 숫자digit, 이모티콘emoticon 등 특정 문자들은 일반적으로 삭제한다. 이렇게 나눈 조각을 **토큰**token이라고 하며 이후 처리 작업에서 사용된다. 아울러, 하나의 단어로 구성된 토큰을 전산 언어학computational linguistics에서는 **유니그램**unigrams이라고 한다. **바이그램**bigrams은 2개의 연속된 단어로 구성된 토큰을 말하며 **트라이그램**trigrams은 3개의 연속된 단어로 구성된 토큰을 지칭한다. 마찬가지로 n개의 연속된 단어로 구성된 토큰은 **n-그램**n-grams이라고 한다. 다음 그림을 통해 토큰화 예제를 살펴보자.

입력:	Machine learning is awesome, right?				
유니그램:	Machine	learning	is	awesome	right
바이그램:	Machine learning	learning is	is awesome	awesome right	

- **품사 태깅**POS tagging: 태깅 작업을 각자에게 맞추기 위해 규격화된 태거tagger를 적용할 수도 있고 여러 가지 NLTK 태거를 조합할 수도 있다. 예를 들어 pos_tag(input_tokens)처럼 라이브러리에서 제공하는 태깅 함수인 pos_tag를 바로 사용하면 된다. 하지만, 이는 사전에 만들어놓은 지도 학습 모델로부터 예측을 하는 것임을 알아두기 바란다. 이 모델은 정확하게 태깅된 단어로 구성된 대량의 코퍼스를 기반으로 학습된 것이다.

- NER^{Name entity recognition} : 텍스트 시퀀스가 주어졌을 때, NER 작업은 단어 또는 구문을 사람 이름, 회사 이름, 지역 이름처럼 명확한 카테고리에 지정하고 식별하는 작업을 말한다. NER은 3장에서 자세히 설명한다.

- **어간 추출**^{stemming}, **표제어 원형 복원**^{lemmatization} : 어간 추출은 어근에서 변화되거나 파생된 단어를 원형으로 되돌리는 작업을 말한다. 예를 들어 machine은 machines 의 어간^{stem}이다. 또 learning이나 learned는 learn으로부터 파생된 것이다. 원형 복원은 어간 추출보다 조금 더 좁은 의미의 작업이라고 볼 수 있다. 이 두 가지 텍스트 전처리 기술은 뒤에서 더 자세히 다룬다. 여기서는 NLTK에서 이 기술이 어떻게 구현돼 있는지 알아보자.

먼저, 라이브러리에 구현돼 있는 3개의 어간 추출 알고리즘 중 하나인 PorterStemmer를 임포트하고 어간 추출 함수를 초기화한다(나머지 2개의 어간 추출 알고리즘으로 LancasterStemmer 와 SnowballStemmer가 있다).

```
>>> from nltk.stem.porter import PorterStemmer
>>> porter_stemmer = PorterStemmer()
```

machines, learning의 어간을 추출한다.

```
>>> porter_stemmer.stem('machines')
u'machin'
>>> porter_stemmer.stem('learning')
u'learn'
```

machin처럼 어간 추출 과정에서 필요할 경우 일부 글자가 잘려나갈 수 있으니 잘 기억해 두기 바란다.

라이브러리에 구축돼 있는 워드넷^{Wordnet} 코퍼스에 기반한 원형 복원 알고리즘을 임포트하고 원형 복원 함수를 초기화한다.

```
>>> from nltk.stem import WordNetLemmatizer
>>> lemmatizer = WordNetLemmatizer()
```

앞에서 했던 것처럼 machines, learning의 원형을 복원한다.

```
>>> lemmatizer.lemmatize('machines')
u'machine'
>>> lemmatizer.lemmatize('learning')
u'learning'
```

왜 learning은 그대로일까? 이 알고리즘은 기본값으로 명사의 원형만 복원하기 때문에 그렇다.

라딤 레후레크^{Radim Řehůřek}가 개발한 Gensim(https://radimrehurek.com/gensim/)은 최근 많은 관심을 얻고 있다. 이 라이브러리는 주어진 글과 유사한 글의 목록을 만들어내기 위해 2008년도에 처음 설계됐으며 라이브러리 이름도 여기서 유래했다(generate similar에서 Gensim으로). 이후 라딤 레후레크에 의해 효율성과 확장성 측면에서 엄청나게 성능을 향상됐다. 라이브러리는 터미널에서 pip install --upgrade gensim 명령어를 실행시켜서 pip를 통해 설치하면 된다. 넘피와 사이파이가 이미 설치돼 있는지 디펜던시를 확인하기만 하면 된다.

Gensim에는 아주 뛰어난 시맨틱 모델링 알고리즘과 토픽 모델링 알고리즘이 탑재돼 있다. 토픽 모델링은 문서에 담겨 있는 의미상의 구조를 찾아내는 전형적인 텍스트 마이닝 작업이다. 영어에서 의미상의 구조는 단어의 출현 분포를 의미하는데 이는 딱 봐도 비지도 학습 작업이다. 이를 위해 일반 텍스트를 입력으로 넣고, 모델이 추상화된 토픽을 찾아내게끔 하기만 하면 된다.

일관성 있는 결과를 내는 시맨틱 모델링 기법에 더해 Gensim은 다음과 같은 기능도 제공한다.

- **유사도 쿼리**^{Similarity Querying}: 주어진 쿼리 객체와 유사한 객체를 검색하는 기능
- **단어 벡터화**^{Word vectorization}: 단어의 동시 출현^{co-occurrence} 피처를 유지하면서 단어를 표현하는 혁신적인 방법
- **분산 컴퓨팅**^{Distributed computing}: 수백만 개의 문서를 효과적으로 학습할 수 있도록 해주는 기능

텍스트블랍^{TextBlob}(https://textblob.readthedocs.io/en/dev/)은 NLTK를 기반으로 구축된 라이브러리다. 텍스트블랍은 NLP와 텍스트 분석을 간단하게 할 수 있도록 사용하기 쉬운 내장 함수와 메소드, 공통 태스크의 래퍼^{wrapper}를 제공한다. 텍스트블랍은 터미널에서 `pip install -U textblob` 명령어를 실행시켜서 설치할 수 있다.

아울러, 텍스트블랍은 NLTK에서는 제공하지 않는 몇 가지 유용한 기능을 지니고 있는데, 이를테면 맞춤법 확인 및 교정, 언어 감지, 번역 기능 등이다.

끝으로 1장에서 설명한 것처럼 이 책에서는 거의 모든 부분에서 사이킷런 패키지를 사용한다. 다행히도 사이킷런에서는 전체적인 머신 러닝 기능 외에도 토큰화^{tokenization} 같은 우리가 필요한 모든 텍스트 처리 기능을 제공한다. 여기에 20 newsgroup 데이터세트를 불러오는 내장 함수도 들어 있다.

이제 툴도 설치했고 사용 가능한 상태가 됐으니, 데이터에 대해 알아보자.

❙ newsgroups 데이터

사이킷런에 있는 20 newsgroup 데이터세트를 이용해서 첫 번재 프로젝트를 시작해보자. 20 newsgroup 데이터세트에는 20개의 온라인 뉴스그룹을 대상으로 20,000개의 뉴스 데이터가 담겨 있다. 여기서 말하는 뉴스그룹은 특정 토픽에 대해 질문을 할 수 있고 질문에 답도 할 수 있는 일종의 인터넷 공간이다. 이 데이터는 학습 데이터세트와 테스트 데이터세트로 나뉘어 있다. 컷오프 포인트는 특정 날짜로 되어 있다. 원본 데이터는 http://

qwone.com/~jason/20Newsgroups/에서 확인할 수 있으며 20개의 뉴스그룹 목록은
다음과 같다.

- comp.graphics
- comp.os.ms-windows.misc
- comp.sys.ibm.pc.hardware
- comp.sys.mac.hardware
- comp.windows.x
- rec.autos
- rec.motorcycles
- rec.sport.baseball
- rec.sport.hockey
- sci.crypt
- sci.electronics
- sci.med
- sci.space
- misc.forsale
- talk.politics.misc
- talk.politics.guns
- talk.politics.mideast
- talk.religion.misc
- alt.atheism
- soc.religion.christian

이 데이터세트의 모든 문서는 영어로 되어 있으며, 뉴스그룹의 이름으로 토픽을 도출할
수 있다.

몇몇 뉴스그룹은 서로 밀접하게 관련이 있기도 하고 심지어 겹치기도 한다. 이를테면 다음 5개의 컴퓨터 뉴스그룹 `comp.graphics`, `comp.os.ms-windows.misc`, `comp.sys.ibm.pc.hardware`, `comp.sys.mac.hardware`, `comp.windows.x`처럼 말이다. 반면, 기독교인 (`soc.religion.christian`)과 야구(`rec.sport.baseball`) 같이 몇몇 뉴스그룹은 관련도가 매우 낮다. 데이터세트에는 레이블이 있고, 각 문서는 텍스트 데이터와 그룹 레이블로 구성된다. 한마디로 텍스트 분류 같은 지도 학습에 딱 맞는 데이터라 하겠다. 텍스트 분류는 4장에서 자세히 다룬다. 여기서는 일단 비지도 학습에 집중하고, 데이터부터 확보해보자.

▌ 데이터 확보

웹사이트나 대다수의 온라인 저장소에서 데이터를 수동으로 다운받을 수도 있다. 데이터세트는 여러 버전이 있는데, 정제 작업을 거친 데이터일 수도 있고 수집된 상태 그대로일 수도 있다. 헷갈리지 않도록 일관성 있게 확보하는 기법을 사용하는 것이 가장 좋다. 사이킷런 라이브러리는 데이터세트를 불러오기 위한 유틸리티 함수를 제공한다.

데이터세트를 다운받으면 자동으로 캐시된다. 따라서 같은 데이터세트를 두 번 다운받을 필요가 없다. 대부분의 경우, 특히 상대적으로 작은 데이터에 대해 캐싱은 아주 유용하다. 다른 여러 가지 파이썬 라이브러리에서도 다운로드 유틸리티를 지원하지만 이들 모두에 자동 캐싱 기능이 구현돼 있지는 않다. 이런 점에서 사이킷런은 확실히 매력적이라 하겠다

데이터를 불러오기 위해 다음과 같이 20 newsgroups 데이터를 불러오는 함수를 임포트한다.

```
>>> from sklearn.datasets import fetch_20newsgroups
```

그런 다음 기본 파라미터 값을 이용해 데이터세트를 다운받는다.

```
>>> groups = fetch_20newsgroups()
Downloading dataset from
  http://people.csail.mit.edu/jrennie/20Newsgroups/20news
    bydate.tar.gz (14 MB)
```

하나 이상의 토픽과 특정 단계(학습, 테스트, 또는 둘 다를 의미하는)도 명시할 수 있다. 또, 프로그램에서 데이터세트의 서브세트만 불러올 수도 있다. 데이터 적재용 함수에 대한 파라미터와 옵션을 표로 정리했다.

파라미터	기본값	예	설명
subset	train	train, test, all	적재할 데이터(train, test, 또는 둘 다)
data_home	~/scikit_learn_data	~/myfiles	파일을 저장할 디렉터리
categories	None	alt.atheism, sci.space	적재할 뉴스그룹 목록. 기본값은 뉴스그룹 목록 전체를 적재함
shuffle	True	True, False	데이터 셔플링 여부 판단용 불린 값
random_state	42	7,43	데이터 셔플링에 사용할 초기값
remove	()	headers, footers, quotes	어느 부분을 무시할지 나타내는 튜플. 기본값은 모든 값을 유지한다.
download_if_missing	True	True,False	로컬 저장소에 없을 경우 데이터 다운로드 여부를 나타내는 불린 파라미터

▌ 피처에 대해 생각해보자

어떤 것을 선호하든 20 newsgroups를 다운받았다면 groups라는 데이터 객체를 프로그램에서 사용할 수 있다. 데이터 객체는 키/값^{Key-Value} 딕셔너리 형태로 되어 있다. 키는 다음과 같다.

```
>>> groups.keys()
dict_keys(['description', 'target_names', 'target', 'filenames',
  'DESCR', 'data'])
```

target_names 키는 뉴스그룹의 이름을 값으로 갖고 있다.

```
>>> groups['target_names']
['alt.atheism', 'comp.graphics', 'comp.os.ms-windows.misc',
 'comp.sys.ibm.pc.hardware', 'comp.sys.mac.hardware', 'comp.windows.x',
 'misc.forsale', 'rec.autos', 'rec.motorcycles', 'rec.sport.baseball',
 'rec.sport.hockey', 'sci.crypt', 'sci.electronics', 'sci.med',
 'sci.space', 'soc.religion.christian', 'talk.politics.guns',
 'talk.politics.mideast', 'talk.politics.misc', 'talk.religion.misc']
```

target 키는 뉴스그룹과 관련이 있지만 정수값으로 인코딩돼 있다.

```
>>> groups.target
array([7, 4, 4, ..., 3, 1, 8])
```

그러면 이 정수들이 중복되지 않게 정리된 결과를 얻으려면 어떻게 해야 할까? 넘피의 unique 함수를 사용하면 된다.

```
>>> import numpy as np
>>> np.unique(groups.target)
array([ 0,  1,  2,  3,  4,  5,  6,  7,  8,  9, 10, 11, 12, 13, 14, 15, 16,
       17, 18, 19])
```

0에서 19까지 숫자가 나열되어 있다. 이는 즉 20개의 토픽을 의미한다. 이제 첫 번째 문서와 토픽 번호, 토픽 이름을 알아보자.

```
>>> groups.data[0]
"From: lerxst@wam.umd.edu (where's my thing)\nSubject: WHAT car is
this!?\nNntp-Posting-Host: rac3.wam.umd.edu\nOrganization: University of
Maryland, College Park\nLines: 15\n\n I was wondering if anyone out there
could enlighten me on this car I saw\nthe other day. It was a 2-door sports
car, looked to be from the late 60s/\nearly 70s. It was called a Bricklin.
The doors were really small. In addition,\nthe front bumper was separate
from the rest of the body. This is \nall I know. If anyone can tellme a
model name, engine specs, years\nof production, where this car is made,
history, or whatever info you\nhave on this funky looking car, please e-
mail.\n\nThanks,\n- IL\n    ---- brought to you by your neighborhood Lerxst
----\n\n\n\n\n"
>>> groups.target[0]
7
>>> groups.target_names[groups.target[0]]
'rec.autos'
```

자, 첫 번째 문서는 7번 뉴스그룹인 rec.autos에서 나왔다. 이 게시글을 읽어보면, 이것이 자동차에 대한 글이라는 것을 쉽게 알 수 있다. car라는 단어가 실제로 문서 내에서 여러 번 등장한다. bumper 같은 단어도 자동차와 밀접한 관련이 있는 것처럼 보인다. 하지만, doors 같은 단어는 자동차에 꼭 필요하지 않을 수도 있다. 오히려 주택 수리 또는 다른 주제와 관련이 있을 듯 하다. 한 가지 더, doors, door 또는 대소문자를 다르게 쓴 동일한 단어(예: Doors)는 다르다고 구분하지 않는다. 대문자가 중요한 경우는 거의 없다. 굳이 예를 들자면 문서가 The Doors(1965년 미국 로스앤젤레스에서 결성된 미국의 유명 록 밴드)인지 또는 그냥 일반적인 (나무로 된) doors에 대한 것인지 밝혀내는 경우 정도일 듯 하다.

만약 문서가 rec.autos 뉴스그룹에 있는지 알고 싶으면 car, doors, bumper 같은 단어가 있는지 여부가 매우 유용한 피처가 될 수 있다는 결론을 얻을 수 있다. 예를 들어, car가 문서에서 여러 번 나타난다고 하자. 이런 단어가 여러 번 문서에서 발견될 수록, 이 문서는 자동차에 대한 무언가를 담고 있을 가능성이 높아진다. 한편 길이가 제각각인 여러 문서에서 특정 단어가 여러 번 등장한다고 생각해보자. 예상했겠지만 문서의 길이가 길수록 더 많은 단어가 담기게 되므로 이를 보정하는 작업을 해야 한다. 예를 들어 처음 2개의 문서가 길이를 보면 다음과 같은 차이가 있다.

```
>>> len(groups.data[0])
721
>>> len(groups.data[1])
858
```

그러면 문서의 길이를 고려해야 할까? 개인적으로는, 이 책에서는 페이지 개수가 다른지 여부는 파이썬과 머신 러닝에 대한 것과 별 차이가 없을 것이다. 따라서 문서의 길이는 좋은 피처는 아니라고 볼 수 있다.

그러면 단어의 순서는 어떨까? 예를 들어 front bumper, sports car, engine specs가 있다고 하자. 주제가 자동차인 문서를 강하게 나타내는 것처럼 보인다. 하지만 car라는 단어는 sports car와 상당히 거리가 있다. 아울러 문서에 바이그램의 개수는 유니그램의 개수와 비교하면 엄청나게 크다. 그리고 this car와 looking car 같은 바이그램 단어는 뉴스그룹 분류 맥락에서 보면 동일한 정보를 지니고 있다. 당연히 정보가 거의 없는 단어도 몇 개 있다. 특히 a, the, are처럼 모든 문서에서 자주 등장하는 단어를 소위 **불용어**stop words라고 하는데, 이런 것들은 무시한다. 우리의 관심사는 특정 단어의 출현 여부, 출현 횟수, 관련 측정값이지 단어의 순서가 아니다. 따라서 문서를 일종의 단어 집합a bag of words이라고 볼 수 있다. 이를 **백 오브 워즈**bag of words **모델**이라고 한다. 백 오브 워즈는 가장 기본적인 모델이지만, 실제로 상당히 잘 동작한다. 단어의 순서와 스피치 태그를 고려해 더 복잡한 모델을 정의할 수도 있다. 하지만 이런 모델은 계산량이 복잡하고 프로그래밍이 어렵다. 또한 많은 경우에 있어 백 오브 워즈 모델로도 충분하다. 믿기지 않는가? 유니그램이 얼마나 분산돼 있는지 시각화해볼 수 있고 백 오브 워즈 모델이 합당한지 여부를 확인할 수 있다.

시각화

데이터가 얼마나 잘 구조화돼 있는지, 예상되는 이슈가 무엇인지, 이와 관련해 처리해야 할 비정상적인 것이 있는지 파악하려면 데이터를 시각화하는 것이 좋다.

다양한 주제와 카테고리 관점에서 토픽이 어떻게 분포돼 있는지 아는 것은 매우 중요하다. 유니폼 클래스 분포가 가장 다루기 쉬운데, 약하게 표현되거나 강하게 표현되는 카테고리 없이 카테고리가 전체적으로 비슷하게 나타나기 때문이다. 하지만, 종종 하나 이상의 주요 카테고리로 왜곡된 분포를 가질 수 있다. 따라서 카테고리의 히스토그램을 계산하기 위해 시본 패키지(https://seaborn.pydata.org/)를 사용한다. 그리고 그래프 표현을 위해 맷플롯립 패키지(https://matplotlib.org/)를 활용한다. 2개의 패키지 모두 pip를 통해 설치할 수 있다(맷플롯립은 pip install --upgrade matplotlib으로, 시본은 pip install --upgrade seaborn을 이용해 설치한다). 이제 다음과 같이 클래스의 분포를 화면에 표시해보자.

```
>>> import seaborn as sns
>>> sns.distplot(groups.target)
<matplotlib.axes._subplots.AxesSubplot object at 0x108ada6a0>
>>> import matplotlib.pyplot as plt
>>> plt.show()
```

실행 결과는 다음 그래프를 참고한다.

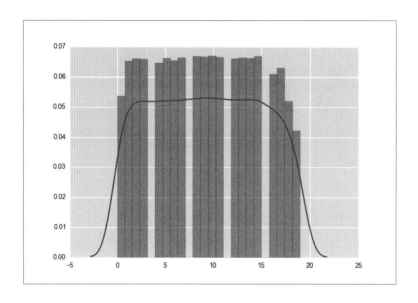

보다시피, 분포가 대략 균등하므로 걱정거리 하나는 덜었다.

20 newsgroup 데이터세트에서 우리가 처리할 텍스트 데이터는 차원이 매우 높다. 각 피처는 차원이 더 필요하다. 피처로 단어 개수를 사용하면, 재미있는 피처 만큼 많은 차원이 생긴다. 유니그램 단위의 단어 개수에 대해, 다음 표에서 설명할 CountVectorizer 클래스를 사용할 것이다.

생성자 파라미터	기본값	예	설명
ngram_range	(1,1)	(1,2), (2,2)	입력 텍스트에서 추출할 n 그램의 하한선과 상한선
stop_words	None	english, [a,the,of], None	사용할 불용어 목록. None이면, 불용어를 필터링하지 않는다.
lowercase	True	True, False	소문자 변환 사용 여부
max_features	None	None, 500	None이 아니면, 제한을 둔 피처의 개수만 고려한다.
binary	False	True, False	True이면, non-zero counts를 1로 설정한다.

다음 코드는 상위 500개의 단어 개수 히스토그램을 보여준다.

```
>>> from sklearn.feature_extraction.text import CountVectorizer
>>> import numpy as np
>>> import matplotlib.pyplot as plt
>>> import seaborn as sns
>>> from sklearn.datasets import fetch_20newsgroups

>>> cv = CountVectorizer(stop_words="english", max_features=500)
>>> groups = fetch_20newsgroups()
>>> transformed = cv.fit_transform(groups.data)
>>> print(cv.get_feature_names())

>>> sns.distplot(np.log(transformed.toarray().sum(axis=0)))
>>> plt.xlabel('Log Count')
>>> plt.ylabel('Frequency')
>>> plt.title('Distribution Plot of 500 Word Counts')
>>> plt.show()
```

최종 결과는 다음 그림과 같다.

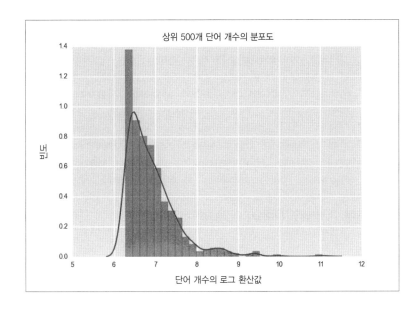

상위 500개 빈출 단어 목록은 다음과 같다.

```
['00', '000', '0d', '0t', '10', '100', '11', '12', '13', '14', '145',
'15', '16', '17', '18', '19', '1993', '1d9', '20', '21', '22', '23', '24',
'25', '26', '27', '28', '29', '30', '31', '32', '33', '34', '34u', '35',
'40', '45', '50', '55', '80', '92', '93', '__', '___', 'a86', 'able', 'ac',
'access', 'actually', 'address', 'ago', 'agree', 'al', 'american',
'andrew', 'answer', 'anybody', 'apple', 'application', 'apr', 'april',
'area', 'argument', 'armenian', 'armenians', 'article', 'ask', 'asked',
'att', 'au', 'available', 'away', 'ax', 'b8f', 'bad', 'based', 'believe',
'berkeley', 'best', 'better', 'bible', 'big', 'bike', 'bit', 'black',
'board', 'body', 'book', 'box', 'buy', 'ca', 'california', 'called',
'came', 'canada', 'car', 'card', 'care', 'case', 'cause', 'cc', 'center',
'certain', 'certainly', 'change', 'check', 'children', 'chip', 'christ',
'christian', 'christians', 'church', 'city', 'claim', 'clinton', 'clipper',
'cmu', 'code', 'college', 'color', 'colorado', 'columbia', 'com', 'come',
'comes', 'company', 'computer', 'consider', 'contact', 'control', 'copy',
'correct', 'cost', 'country', 'couple', 'course', 'cs', 'current', 'cwru',
'data', 'dave', 'david', 'day', 'days', 'db', 'deal', 'death',
'department', 'dept', 'did', 'didn', 'difference', 'different', 'disk',
'display', 'distribution', 'division', 'dod', 'does', 'doesn', 'doing',
'don', 'dos', 'drive', 'driver', 'drivers', 'earth', 'edu', 'email',
'encryption', 'end', 'engineering', 'especially', 'evidence', 'exactly',
'example', 'experience', 'fact', 'faith', 'faq', 'far', 'fast', 'fax',
'feel', 'file', 'files', 'following', 'free', 'ftp', 'g9v', 'game',
'games', 'general', 'getting', 'given', 'gmt', 'god', 'going', 'good',
'got', 'gov', 'government', 'graphics', 'great', 'group', 'groups',
'guess', 'gun', 'guns', 'hand', 'hard', 'hardware', 'having', 'health',
'heard', 'hell', 'help', 'hi', 'high', 'history', 'hockey', 'home', 'hope',
'host', 'house', 'hp', 'human', 'ibm', 'idea', 'image', 'important',
'include', 'including', 'info', 'information', 'instead', 'institute',
'interested', 'internet', 'isn', 'israel', 'israeli', 'issue', 'james',
'jesus', 'jewish', 'jews', 'jim', 'john', 'just', 'keith', 'key', 'keys',
'keywords', 'kind', 'know', 'known', 'large', 'later', 'law', 'left',
'let', 'level', 'life', 'like', 'likely', 'line', 'lines', 'list',
'little', 'live', 'll', 'local', 'long', 'look', 'looking', 'lot', 'love',
'low', 'ma', 'mac', 'machine', 'mail', 'major', 'make', 'makes', 'making',
'man', 'mark', 'matter', 'max', 'maybe', 'mean', 'means', 'memory', 'men',
```

```
'message', 'michael', 'mike', 'mind', 'mit', 'money', 'mr', 'ms', 'na',
'nasa', 'national', 'need', 'net', 'netcom', 'network', 'new', 'news',
'newsreader', 'nice', 'nntp', 'non', 'note', 'number', 'numbers', 'office',
'oh', 'ohio', 'old', 'open', 'opinions', 'order', 'org', 'organization',
'original', 'output', 'package', 'paul', 'pay', 'pc', 'people', 'period',
'person', 'phone', 'pitt', 'pl', 'place', 'play', 'players', 'point',
'points', 'police', 'possible', 'post', 'posting', 'power', 'president',
'press', 'pretty', 'price', 'private', 'probably', 'problem', 'problems',
'program', 'programs', 'provide', 'pub', 'public', 'question', 'questions',
'quite', 'read', 'reading', 'real', 'really', 'reason', 'religion',
'remember', 'reply', 'research', 'right', 'rights', 'robert', 'run',
'running', 'said', 'sale', 'san', 'saw', 'say', 'saying', 'says', 'school',
'science', 'screen', 'scsi', 'season', 'second', 'security', 'seen',
'send', 'sense', 'server', 'service', 'services', 'set', 'similar',
'simple', 'simply', 'single', 'size', 'small', 'software', 'sorry',
'sort',
'sound', 'source', 'space', 'speed', 'st', 'standard', 'start', 'started',
'state', 'states', 'steve', 'stop', 'stuff', 'subject', 'summary', 'sun',
'support', 'sure', 'systems', 'talk', 'talking', 'team', 'technology',
'tell', 'test', 'text', 'thanks', 'thing', 'things', 'think', 'thought',
'time', 'times', 'today', 'told', 'took', 'toronto', 'tried', 'true',
'truth', 'try', 'trying', 'turkish', 'type', 'uiuc', 'uk', 'understand',
'university', 'unix', 'unless', 'usa', 'use', 'used', 'user', 'using',
'usually', 'uucp', 've', 'version', 'video', 'view', 'virginia', 'vs',
'want', 'wanted', 'war', 'washington', 'way', 'went', 'white', 'win',
'window', 'windows', 'won', 'word', 'words', 'work', 'working', 'works',
'world', 'wouldn', 'write', 'writes', 'wrong', 'wrote', 'year', 'years',
'yes', 'york']
```

가장 의미 있는 피처의 목표에 맞는 상위 500개의 빈출 단어 목록을 확보한 첫 번째 결과라 하겠다. 하지만, 뭔가 깔끔하지가 않다. 결과를 조금 더 낫게 할 수 있을까? 다음 절에서 데이터 전처리 기술을 이용해보자.

데이터 전처리

위 결과를 보면 00, 000처럼 단어가 아니라고 확신할 수 있는 것들이 보인다. 이렇게 숫자로만 구성된 결과는 무시해야 한다. 하지만, 0d, 0t도 단어로 보긴 어렵다. ___같은 것도 마찬가지다. 따라서 문자로만 구성된 단어들을 결과에 포함시켜야 한다. 포스팅 결과에는 andrew 같은 이름이 포함돼 있다. 방금 작업했던 NLTK의 Names 코퍼스를 이용해 이름을 필터링할 수 있다. 물론 모든 필터를 적용할 경우 정보가 손실되지 않도록 해야 한다. 끝으로 try와 trying, word와 words처럼 비슷한 단어에 주의한다.

동일한 어근을 지닌 단어를 처리하기 위해서는 어간 **추출**stemming과 표제어 원형 **복원** lemmatization이라는 두 가지 전략을 사용할 수 있다. 어간 추출은 처리 속도는 빠르지만 결과는 약간 지저분할 수 있는 방법이다. 필요할 경우 단어 뒷부분을 잘라내는데, 예를 들면 'words'가 어간 추출 과정을 거치면 'word'가 된다. 어간 추출의 결과는 형태가 제대로인 단어일 필요는 없다. 반면, 표제어 원형 복원은 처리 시간이 조금 오래 걸리지만 정확도는 더 높다. 표제어 복원 추출은 단어가 유효하지 않은 형태로 시작되지 않았다면 사전을 찾아서 유효한 단어를 결과로 리턴한다. 앞 절에서 NLTK를 이용해 어간 추출과 표제어 원형 복원을 구현한 결과를 다시 확인해보기 바란다.

이번에는 앞 절에서 본 상위 500개 빈출 단어를 추출한 코드를 다시 사용하되, 필터링을 적용해보기로 하자.[1]

```
>>> from sklearn.feature_extraction.text import CountVectorizer
>>> from sklearn.datasets import fetch_20newsgorups
>>> from nltk.corpus import names
>>> from nltk.stem import WordNetLemmatizer

>>> def letters_only(astr):
        return astr.isalpha()
```

---

1 확인 차원에서 NLTK의 설치 여부를 점검하고, 설치가 안돼 있으면 '파이썬 NLP 라이브러리' 절을 참고해 NLTK의 관련 패키지 설치를 완료하기 바란다. - 옮긴이

```
>>> cv = CountVectorizer(stop_words="english", max_features=500)
>>> groups = fetch_20newsgroups()
>>> cleaned = []
>>> all_names = set(names.words())
>>> lemmatizer = WordNetLemmatizer()

>>> for post in groups.data:
        cleaned.append(' '.join([lemmatizer.lemmatize(word.lower())
for word in post.split() if letters_only(word) and word not in
all_names]))

>>> transformed = cv.fit_transform(cleaned)
>>> print(cv.get_feature_names())
```

결과는 다음과 같다.

```
['able', 'accept', 'access', 'according', 'act', 'action', 'actually',
'add', 'address', 'ago', 'agree', 'algorithm', 'allow', 'american',
'anonymous', 'answer', 'anybody', 'apple', 'application', 'apr', 'arab',
'area', 'argument', 'armenian', 'article', 'ask', 'asked', 'assume',
'atheist', 'attack', 'attempt', 'available', 'away', 'bad', 'based',
'basic', 'belief', 'believe', 'best', 'better', 'bible', 'big', 'bike',
'bit', 'black', 'board', 'body', 'book', 'box', 'build', 'bus', 'business',
'buy', 'ca', 'california', 'called', 'came', 'car', 'card', 'care',
'carry', 'case', 'cause', 'center', 'certain', 'certainly', 'chance',
'change', 'check', 'child', 'chip', 'christian', 'church', 'city', 'claim',
'clear', 'clipper', 'code', 'college', 'color', 'come', 'coming',
'command', 'comment', 'common', 'communication', 'company', 'computer',
'computing', 'consider', 'considered', 'contact', 'control', 'controller',
'copy', 'correct', 'cost', 'country', 'couple', 'course', 'cover',
'create', 'crime', 'current', 'cut', 'data', 'day', 'db', 'deal', 'death',
'department', 'design', 'device', 'did', 'difference', 'different',
'discussion', 'disk', 'display', 'division', 'dod', 'doe', 'doing',
'drive', 'driver', 'drug', 'early', 'earth', 'easy', 'effect', 'email',
'encryption', 'end', 'engineering', 'entry', 'error', 'especially',
'event', 'evidence', 'exactly', 'example', 'expect', 'experience',
```

'explain', 'face', 'fact', 'faq', 'far', 'fast', 'federal', 'feel',
'figure', 'file', 'final', 'following', 'food', 'force', 'form', 'free',
'friend', 'ftp', 'function', 'game', 'general', 'getting', 'given', 'gmt',
'goal', 'god', 'going', 'good', 'got', 'government', 'graphic', 'great',
'greek', 'ground', 'group', 'guess', 'gun', 'guy', 'ha', 'hand', 'hard',
'hardware', 'having', 'head', 'health', 'hear', 'heard', 'hell', 'help',
'high', 'history', 'hit', 'hockey', 'hold', 'home', 'hope', 'house',
'human', 'ibm', 'idea', 'image', 'important', 'include', 'includes',
'including', 'individual', 'info', 'information', 'instead', 'institute',
'interested', 'interesting', 'international', 'internet', 'israeli',
'issue', 'jew', 'jewish', 'job', 'just', 'key', 'kill', 'killed', 'kind',
'know', 'known', 'la', 'large', 'later', 'law', 'le', 'lead', 'league',
'left', 'let', 'level', 'life', 'light', 'like', 'likely', 'line', 'list',
'little', 'live', 'local', 'long', 'longer', 'look', 'looking', 'lost',
'lot', 'love', 'low', 'machine', 'mail', 'main', 'major', 'make', 'making',
'man', 'manager', 'matter', 'maybe', 'mean', 'medical', 'member', 'memory',
'men', 'message', 'method', 'military', 'million', 'mind', 'mode', 'model',
'money', 'monitor', 'month', 'moral', 'mouse', 'muslim', 'na', 'nasa',
'national', 'near', 'need', 'needed', 'network', 'new', 'news', 'nice',
'north', 'note', 'number', 'offer', 'office', 'old', 'open', 'opinion',
'order', 'original', 'output', 'package', 'particular', 'past', 'pay',
'pc', 'people', 'period', 'person', 'personal', 'phone', 'place', 'play',
'player', 'point', 'police', 'policy', 'political', 'position', 'possible',
'post', 'posted', 'posting', 'power', 'president', 'press', 'pretty',
'previous', 'price', 'private', 'probably', 'problem', 'product',
'program', 'project', 'provide', 'public', 'purpose', 'question', 'quite',
'radio', 'rate', 'read', 'reading', 'real', 'really', 'reason', 'recently',
'reference', 'religion', 'religious', 'remember', 'reply', 'report',
'research', 'response', 'rest', 'result', 'return', 'right', 'road',
'rule', 'run', 'running', 'russian', 'said', 'sale', 'san', 'save', 'saw',
'say', 'saying', 'school', 'science', 'screen', 'scsi', 'second',
'section', 'security', 'seen', 'sell', 'send', 'sense', 'sent', 'serial',
'server', 'service', 'set', 'shall', 'short', 'shot', 'similar', 'simple',
'simply', 'single', 'site', 'situation', 'size', 'small', 'software',
'sort', 'sound', 'source', 'space', 'special', 'specific', 'speed',
'standard', 'start', 'started', 'state', 'statement', 'stop', 'strong',
'study', 'stuff', 'subject', 'sun', 'support', 'sure', 'taken', 'taking',
'talk', 'talking', 'tape', 'tax', 'team', 'technical', 'technology',
'tell', 'term', 'test', 'texas', 'text', 'thanks', 'thing', 'think',

```
'thinking', 'thought', 'time', 'tin', 'today', 'told', 'took', 'total',
'tried', 'true', 'truth', 'try', 'trying', 'turkish', 'turn', 'type',
'understand', 'unit', 'united', 'university', 'unix', 'unless', 'usa',
'use', 'used', 'user', 'using', 'usually', 'value', 'various', 'version',
'video', 'view', 'wa', 'want', 'wanted', 'war', 'water', 'way', 'weapon',
'week', 'went', 'western', 'white', 'widget', 'willing', 'win', 'window',
'woman', 'word', 'work', 'working', 'world', 'write', 'written', 'wrong',
'year', 'york', 'young']
```

이 결과는 앞의 결과보다 훨씬 깔끔해 보인다. 다른 방법으로 명사 또는 기타 형태소만 이용하게 할 수도 있다.

▌ 클러스터링

클러스터링은 데이터세트를 몇 개의 클러스터로 나누는 것을 말한다. 보통 데이터에 레이블이 없기 때문에 이를 비지도 학습이라고 한다. 현실 세계에서는 계산이 너무 복잡해져서 최적의 클러스터를 찾는 것은 거의 불가능하다. 하지만, 보통 괜찮은 수준의 근사치approximation는 찾을 수 있다. 클러스터링 분석 작업에는 데이터가 서로 얼마나 가까운지를 나타내는 거리 함수distance function가 필요하다. 가장 보편적으로 알려진 거리 함수는 유클리디언 거리Euclidean distance로, 이를테면 새가 날아간 거리를 생각하면 된다. 많이 사용되는 거리 함수 중 하나로 택시 거리taxicab distacne도 있는데, 이는 도시 클럭의 개수를 세어 거리를 측정한다(맨하탄 거리Manhattan distance라고도 한다). 클러스터링은 1930년대에 컴퓨터도 없었던 사회 과학을 연구하는 사람들이 처음 사용했다.

클러스터링은 크게 하드 클러스터링hard clustering과 소프트 클러스터링soft clustering으로 나눌 수 있다. 하드 클러스터링의 경우, 각 데이터는 하나의 클러스터에만 할당된다. 반면에 소프트 클러스터링에서는 데이터가 다양한 확률값을 가지고 여러 개의 클러스터에 할당될 수 있다. 이 책에서는 하드 클러스터링 기법만 사용한다.

모든 클러스터에 할당되지 않는 데이터도 있다. 이런 데이터를 보통 이상치^{outlier} 또는 노이즈^{noise} 데이터라고 한다. 한편 어떤 클러스터가 상위 수준의 다른 클러스터에 하나의 데이터가 될 수도 있는데, 이럴 경우 클러스터를 다른 클러스터의 일부로 볼 수도 있다. 클러스터가 어떤 계층^{hierarchy}을 지녔을 경우 이를 계층형 클러스터링^{hierarchical clustering}이라고 한다. 현재까지 약 100개 이상의 클러스터링 알고리즘이 발명됐으며, 이 중 가장 많이 사용되는 것은 K-means 클러스터링 알고리즘이다. K-means 클러스터링의 목표는 데이터를 k개의 클러스터에 할당하는 것이다. 클러스터링 문제는 바로 풀리지는 않지만, 적절한 결과를 얻기 위해 휴리스틱 기법을 활용할 수는 있다. 이를테면, 클러스터 개수에 해당하는 수는 알고 있다고 가정한다든지, 여러 차례 시행 착오를 통해서 이를 찾아나가는 식이다. 여기서는 클러스터링 결과를 평가하기 위해 WSSSE^{Within Set Sum of Squared Error}(클러스터 내부에 있는 데이터 간의 거리를 모두 합한 값) 기법을 사용한다. WSSSE는 WCSS^{Within Cluster Sum of Squares}라고도 한다. 이 식은 각 데이터 포인트와 (해당 데이터 포인트가 할당된) 클러스터의 중심(센트로이드^{centroid}라고 한다) 간의 거리에 대해 제곱 오차의 합^{sum of squared error}을 계산한다. K-means 알고리즘은 다음 두 단계를 반복해서 수행한다. 이에 앞서 k-센트로이드의 초기화가 필요하다(보통 임의로 생성함).

1. 가장 짧은 거리를 지닌 클러스터에 데이터 포인트를 할당한다.
2. 클러스터에 속한 데이터의 좌표값 평균으로 클러스터 중심을 다시 계산한다.

알고리즘은 클러스터 할당이 안정된 상태, 즉 더 이상 변동이 없는 상태가 되면 실행을 멈춘다.

여기서는 다음 표에서 설명하는 것처럼 사이킷런의 KMeans 클래스를 사용할 것이다.

생성자 파라미터	기본값	예	설명
n_clusters	8	3, 36	클러스터 개수
max_iter	300	200, 37	알고리즘 실행 시 반복 수행 횟수
n_init	10	8, 10	다른 초기값으로 알고리즘을 재실행하는 횟수
tol	1e-4	1e-3, 1e-2	실행 중지 조건 규정값

평균 복잡도는 $O(k\,n\,T)$이다. 여기서 k는 클러스터 개수, n은 샘플 개수, T는 반복 횟수를 의미한다. 다음 코드를 이용해 클러스터링을 수행하고 실제 레이블과 클러스터 레이블의 분포도를 화면에 표시해보자.

```
>>> from sklearn.feature_extraction.text import CountVectorizer
>>> from sklearn.datasets import fetch_20newsgorups
>>> from nltk.corpus import names
>>> from nltk.stem import WordNetLemmatizer
>>> from sklearn.cluster import KMeans
>>> import matplotlib.pyplot as plt

>>> def letters_only(astr):
        return astr.isalpha()

>>> cv = CountVectorizer(stop_words="english", max_features=500)
>>> groups = fetch_20newsgroups()
>>> cleaned = []
>>> all_names = set(names.words())
>>> lemmatizer = WordNetLemmatizer()

>>> for post in groups.data:
        cleaned.append(' '.join([lemmatizer.lemmatize(word.lower())
                        for word in post.split()
                        if letters_only(word)
                        and word not in all_names]))
```

```
>>> transformed = cv.fit_transform(cleaned)
>>> km = KMeans(n_clusters=20)
>>> km.fit(transformed)
>>> labels = groups.target
>>> plt.scatter(labels, km.labels_)
>>> plt.xlabel('Newsgroup')
>>> plt.ylabel('Cluster')
>>> plt.show()
```

최종 결과는 다음 그림을 참고한다.

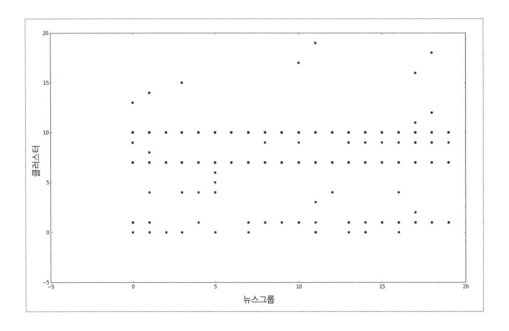

토픽 모델링

자연어 처리에서 토픽은 사전적인 정의와는 약간 다를 수 있으며 불투명하고 통계적인 개념에 더 가까울 수 있다. 알다시피, 토픽 모델과 토픽에 연계된 단어의 확률 분포에 대해 얘기해보려고 한다. 텍스트를 읽을 때 보통 문서의 의미를 잡아내기 위해 제목 내지는 본문에서 나타나는 특정 단어를 예상하게 된다. 파이썬 프로그래밍 관련 글에는 class (클래스)와 function(함수) 같은 단어가 있을 것이고, 반면 뱀snake 관련 글에서는 eggs(알), afraid(두려운) 같은 단어가 나타날 것이다(참고: '파이썬'의 사전적인 뜻은 고대 신화 속의 파르나수스Parnassus 산의 동굴에 살던 큰 뱀이라고 한다). 하나의 문서는 대체로 여러 개의 토픽에 걸쳐 있다. 이는 뒤에서 다룰 토픽 모델과 비음수 행렬 인수분해NMF의 기본 재료라고 볼 수 있다. 따라서 토픽마다 다른 가중치를 할당해서 토픽을 위한 가법 모델additive model을 정의할 수 있다.

토픽 모델링 알고리즘 중 하나로 **비음수 행렬 인수분해**NMF, non-negative matrix factorization가 있다. 이 알고리즘은 1개의 행렬을 2개의 작은 행렬로 분해해서 총 3개의 0이 아닌 값으로 구성된 행렬을 만든다. 대체로 행렬 분해 결과는 수치상으로는 근사치로 계산할 수 있으며, 이에 따라 다항 시간polynomial time의 시간 복잡도time complexity를 갖는다. 사이킷런의 NMF 클래스는 이 알고리즘을 구현한 것으로, 다음 표도 함께 참고하기 바란다.

생성자 파라미터	기본값	예	설명
n_components	–	5, None	컴포넌트 개수. 이 예에서는 토픽의 개수와 관련이 있다.
max_iter	200	300, 10	반복 실행 횟수
alpha	0	10, 2.85	정규화를 위해 곱해주는 요소
tol	1e-4	1e-3, 1e-2	실행 중지 조건 규정값

다음 코드에서도 볼 수 있듯이 NMF는 문서 클러스터링, 신호 처리^{signal processing}에도 적용할 수 있다.

```
>>> from sklearn.feature_extraction.text import CountVectorizer
>>> from sklearn.datasets import fetch_20newsgorups
>>> from nltk.corpus import names
>>> from nltk.stem import WordNetLemmatizer
>>> from sklearn.decomposition import NMF
>>> def letters_only(astr):
        return astr.isalpha()
>>> cv = CountVectorizer(stop_words="english", max_features=500)
>>> groups = fetch_20newsgroups()
>>> cleaned = []
>>> all_names = set(names.words())
>>> lemmatizer = WordNetLemmatizer()
>>> for post in groups.data:
        cleaned.append(' '.join([lemmatizer.lemmatize(word.lower())
        for word in post.split()
            if letters_only(word)
                and word not in all_names]))
>>> transformed = cv.fit_transform(cleaned)
>>> nmf = NMF(n_components=100, random_state=43).fit(transformed)
>>> for topic_idx, topic in enumerate(nmf.components_):
        label = '{}: '.format(topic_idx)
        print(label, " ".join([cv.get_feature_names()[i]
            for i in topic.argsort()[:-9:-1]]))
```

이 코드를 실행하면 다음과 같이 100개의 토픽을 결과로 얻는다.[2]

```
0:  wa thought later took left order seen taken
1:  db bit data place stuff add time line
2:  server using display screen support code mouse application
3:  file section information write source change entry number
```

---

2 여러분의 실행 결과가 책의 결과와 약간 다를 수도 있으니 당황하지 말기 바란다. 그것보다는 데이터세트 원본과 위의 코드 실행 결과 사이의 연관 관계 파악에 중점을 두고 면밀히 분석해보기 바란다. – 옮긴이

```
 4:  disk drive hard controller support card board head
 5:  entry rule program source number info email build
 6:  new york sale change service result study early
 7:  image software user package using display include support
 8:  window manager application using offer user information course
 9:  gun united control house american second national issue
10:  hockey league team game division player list san
11:  turkish government sent war study came american world
12:  program change technology display information version application rate
13:  space nasa technology service national international small communication
14:  government political federal sure free private local country
15:  output line open write read return build section
16:  people country doing tell live killed lot saying
17:  widget application value set type return function list
18:  child case rate le report area research group
19:  jew jewish world war history help research arab
20:  armenian russian muslim turkish world city road today
21:  president said group tax press working package job
22:  ground box usually power code current house white
23:  russian president american support food money important private
24:  ibm color week memory hardware monitor software standard
25:  anonymous posting service server user group message post
26:  la win san went list year radio near
27:  work job young school lot private create business
28:  encryption technology access device policy security government data
29:  tape driver work memory using cause note following
30:  war military world attack way united russian force
31:  god bible shall man come life hell love
32:  atheist religious religion belief god sort feel idea
33:  data available information user research set model based
34:  center research medical institute national study test north
35:  think lot try trying talk kind agree certainly
36:  water city division list public similar north high
37:  section military shall weapon person division application mean
38:  good cover great pretty probably bad issue life
39:  drive head single mode set using model type
40:  israeli arab attack policy true apr fact stop
41:  use note using usually similar available standard work
42:  know tell way come sure understand let saw
```

43: car speed driver change high buy different design
44: internet email address information anonymous user network mail
45: like look sound long little guy pretty having
46: going come way mean kind sure working got
47: state united public national political federal member local
48: dod bike member computer list started live email
49: greek killed act word western muslim turkish talk
50: computer information public internet list issue network communication
51: law act federal specific issue clear order moral
52: book read reference list copy second study offer
53: argument form true evidence event truth particular known
54: make sense difference little sure making end tell
55: scsi hard pc drive device bus different data
56: time long having able lot order light response
57: gun rate crime city death study control difference
58: right second free shall security mean left american
59: went came said told started saw took woman
60: power period second san special le play goal
61: used using product way function version note single
62: problem work having using help apple running error
63: available version widget server includes sun set support
64: question answer ask asked science reason claim post
65: san information police said group league political including
66: number serial large men report following million le
67: year ago old best sale hit long project
68: want help let life reason trying copy tell
69: point way different line algorithm exactly idea view
70: run running home version start hit win speed
71: got shot play took goal went hit lead
72: thing saw sure got trying kind seen asked
73: graphic send mail message package server various computer
74: university science department general computer thanks engineering texas
75: just maybe start thought big probably look getting
76: key message public security algorithm standard method attack
77: doe mean anybody actually different ask reading difference
78: game win sound play left second lead great
79: ha able called taken given past exactly looking
80: believe belief christian truth evidence claim mean different
81: drug study information war group reason usa evidence

```
82:  need help phone able needed kind thanks bike
83:  did death let money fact man wanted body
84:  chip clipper serial algorithm phone communication encryption key
85:  card driver video support mode mouse board bus
86:  church christian member group true bible different view
87:  ftp available anonymous general nasa package source version
88:  better player best play probably hit maybe big
89:  human life person moral kill claim reason world
90:  bit using let change mode attack size quite
91:  say mean word act clear said read simply
92:  health medical public national care study service user
93:  article post usa read world discussion opinion gmt
94:  team player win play city look bad great
95:  day come word christian said tell little way
96:  really lot sure look fact idea actually feel
97:  unit disk size serial total national got return
98:  image color version free available display current better
99:  woman men muslim religion way man great world
```

▌요약

이 장에서는 머신 러닝의 중요한 분야 중 하나인 NLP의 기본 개념에 대해 알아봤다. 토큰화, 어간 추출, 표제어 원형 복원, 형태소 분석에 대해서도 살펴봤다. 또한 강력한 NLP 패키지 세 개와 NLTK를 이용해 실제로 할 수 있는 작업도 배웠다. 이를 바탕으로 뉴스그룹의 토픽 모델링 프로젝트를 수행했다. 우선 토큰화 기술, 어간 추출, 표제어 원형 복원을 이용해 피처를 추출했다. 그런 다음 클러스터링 알고리즘에 관한 상세 지식과 함께 K-means 클러스터링이 어떻게 구현돼 있는지, 토픽 모델링을 위한 비음수 행렬 인수분해는 무엇인지도 자세히 알아봤다. 텍스트 데이터를 가지고 실제로 작업해보고, 지도 학습 기법을 통해 토픽 모델링 문제를 다뤘다. NLTK에서 사용할 수 있는 코퍼스 리소스에 대해서도 간략하게 알아봤다. 코퍼스에 대해 배운 것을 응용하는 데 아주 좋은 참고 사항이 될 것이다. 흠… 셰익스피어 코퍼스에서 어떤 토픽을 추출해낼 수 있을까?

03

나이브 베이즈를 이용한
스팸 메일 탐지

이 장에서는 스팸 메일 탐지를 이용해 머신 러닝의 분류classification에 대해 알아본다. 실제 적용 가능한 사례를 통해 분류를 살펴본다면 매우 효과적일 것이다. 이메일 서비스는 우리가 사용하고 있어서 바로 테스트가 가능하다. 우선 분류에 관한 기본 지식과 중요 개념부터 공부해보자. 그런 다음 단순하면서도 강력한 성능을 갖춘 나이브 베이즈 알고리즘을 이용해 스팸 메일을 탐지하는 방법을 알아보자.

3장에서 다루는 내용은 다음과 같다.

- 분류란 무엇인가
- 분류의 유형
- 텍스트 분류 예제
- 나이브 베이즈 분류기

- 나이브 베이즈의 메커니즘
- 나이브 베이즈 구현
- 나이브 베이즈를 이용한 스팸 메일 탐지
- 분류 성능 평가
- 교차 검증cross-validation
- 분류기 튜닝

▎ 분류란 무엇인가

스팸 메일 탐지는 전형적인 머신 러닝 분류machine leaerning classification 문제 중 하나라고 볼 수 있다. 여기서 머신 러닝 분류 알고리즘에 대한 중요한 개념을 배워보기로 한다. 분류는 머신 러닝에서 지도 학습의 대표적인 분야 중 하나다. 관측값이 포함된 학습 데이터세트와 이 데이터에 연관된 카테고리 결과가 주어졌을 때, 분류의 목표는 (피처라는) 관측값을 적절한 카테고리에 올바르게 매핑시키는 룰rule을 학습하는 것이다. 바꿔 말하면, 학습된 분류 모델은 학습 샘플의 피처와 타겟으로부터 학습을 통해 만들어진 것이다. 이를 통해 새로운 데이터 또는 이전에 접하지 못했던 데이터가 주어졌을 때 적절한 멤버십(클래스 레이블)을 결정할 수 있다. 클래스 정보는 학습 분류 모델을 이용해 이미 우리가 알고 있는 입력 피처를 기반으로 예측된다. 다음 그림을 참고하기 바란다.

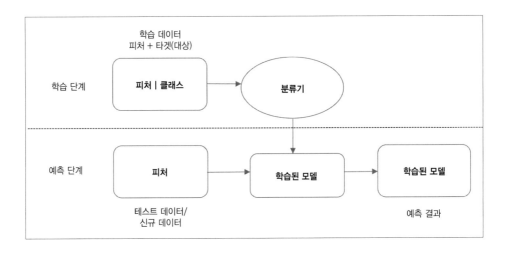

▌ 분류의 유형

클래스 분류 결과의 가능성을 바탕으로, 머신 러닝 분류 알고리즘은 이진 클래스 분류, 다중 클래스 분류, 그리고 다중 레이블 분류로 구분할 수 있다.

이진 클래스 분류 Binary classification는 관측값을 두 개의 클래스 중 하나에 할당하는 문제를 말한다. 자주 사용되는 응용 사례로 이메일(입력 또는 관측값)을 스팸 메일 또는 정상 메일(결과 또는 클래스)로 판별하는 '스팸 메일 필터링'이 있다. 고객 이탈(서비스 해지) 예측 역시 이진 클래스 분류를 사용하는 전형적인 사례다. 고객의 서비스 해지 예측에서는 CRM 시스템으로부터 고객을 세분화한 데이터와 고객의 활동 내역 데이터를 받아서 어떤 고객이 서비스를 해지할 가능성이 있는지를 판단한다. 기업의 마케팅과 광고 분야에서 또 다른 예로 온라인 광고 클릭스루click-through 예측이 있다. 이는 사용자의 쿠키 정보와 브라우저 사용 이력을 바탕으로 해당 광고를 클릭할지 여부를 판단하는 것이다.

이 외에도, 이진 클래스 분류는 바이오 의료 분야에서도 많이 활용된다. 예를 들면 MRI 이미지를 이용해 환자의 위험 상태를 분류하는 조기 암 진단 기법 등을 생각해볼 수 있다.

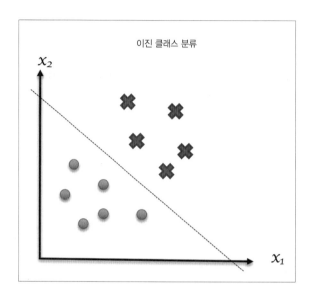

다중 클래스 분류^{Multiclass classification}는 다변량 분류^{Multinomial classification}라고도 하는데, 이진 클래스 분류에서 클래스를 2개만 다룬 것과는 달리 2개 이상의 클래스를 허용한다. 손으로 쓴 숫자 인식 문제는 1900년대 초부터 오랜 연구와 개발의 역사를 지닌 대표적인 사례다. 이를테면, 분류 시스템은 우편 봉투가 자동으로 정렬되도록 손으로 쓴 우편 번호(대부분의 국가가 0~9 사이의 숫자로 구성된다)를 읽고 이해할 수 있게끔 학습 과정을 거친다. 손으로 쓴 숫자 인식 문제는 머신 러닝을 배울 때 일종의 'Hello World' 같은 예제가 됐다. 그리고 NMIST^{Modified National Institute of Standards and Technology}에서 만들어진 스캔한 문서 데이터세트는 다중 클래스 분류 모델을 테스트하고 평가할 때 자주 사용된다.

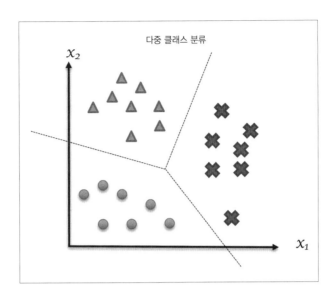

MNIST의 손으로 쓴 숫자 인식 데이터의 예는 다음과 같다.

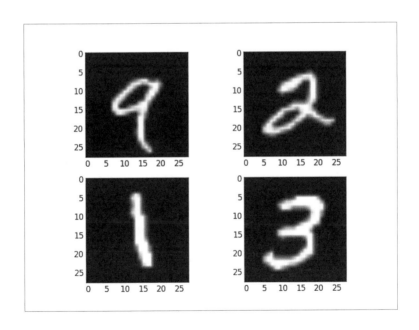

다중 클래스 레이블 분류 Multi-label classification는 앞의 두 가지 분류 알고리즘과는 성격이 다르다. 앞의 두 분류 알고리즘은 타겟 클래스가 서로 중첩되지 않기 때문이다. 이 분야에 대한 연구는 꾸준히 주목을 받고 있는데 이유는 요즘 많은 애플리케이션의 경우 다방면의 카테고리를 지닌 속성 때문이라 하겠다. 예를 들어, 어떤 이미지를 개나 고양이 둘 중 하나로만 분류하는 경우가 있고, 오렌지, 사과, 바나나 중에서 과일 하나를 분류하는 다중 클래스 분류에 해당되는 경우가 있다. 반면, 바다와 석양을 찍은 사진은 (둘 중 하나가 아닌) 양쪽 피처 모두에 해당된다고 분류할 수 있는 풍경으로 볼 수 있다. 마찬가지로 어드벤처 영화는 종종 판타지, 공상 과학, 공포/스릴러, 드라마 같은 장르와 혼합돼 있다. 또 다른 예로 단백질 기능 분류가 있다. 단백질은 하나 이상의 기능을 지니고 있는데 이를 테면 저장 단백질storage protein, 항체 단백질antibody protein, (생물학적 구조의 지지체support 역할을 하는) 구조 단백질structural protein, 운반 단백질transport protein 같은 것들이 있다. 이렇게 n개의 클래스 레이블 분류 문제는 n개의 이진 클래스 분류 문제로 바꿔서 해결하는 방법을 생각해볼 수 있다. 이렇게 하면 다음 그림처럼 각각을 이진 클래스 분류기 형태로 다룰 수 있다.

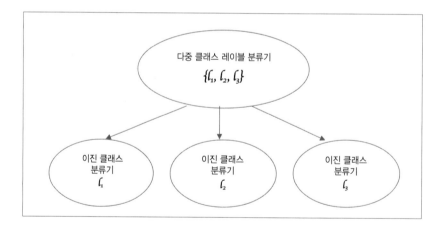

▌텍스트 분류 애플리케이션

2장에서는 클러스터링, 토픽 모델링 같은 비지도 학습을 어떻게 뉴스 데이터에 적용시키는지 설명했다(기억이 나시는지?). 3장에서는 머신 러닝에서 많이 활용되는 다른 분야인 지도 학습, 구체적으로 말하면 분류^{classification}에 대해 알아본다.

사실, 분류는 텍스트 분석과 뉴스 분석에서 폭넓게 사용돼 왔다. 예를 들어 분류 알고리즘을 뉴스의 성향을 판별하는 데 사용하기도 한다. 이진 클래스 분류를 이용해 긍정적, 부정적으로 구분하거나, 다중 클래스 분류를 이용해 긍정적, 중립적, 부정적으로 분류하는 방식이다. 뉴스를 대하는 독자의 감정은 주식 시장의 유가 증권 거래에 중요한 신호를 제공하기도 한다.

쉽게 생각해볼 수 있는 예제로 뉴스 토픽 분류도 있다. 뉴스 토픽을 분류할 때는 클래스가 서로 중첩될 수도 있다. 앞에서 다뤘던 뉴스그룹 예제는 클래스가 컴퓨터 그래픽스, 모터사이클, 야구, 하키, 우주, 종교처럼 서로 중첩되지 않았다. 머신 러닝 알고리즘을 이용해 다중 분류 문제를 해결하는 방법은 4장에서 설명한다. 때때로 뉴스 기사는 여러 카테고리로 분류하는 것이 효과적이다. 조금 더 적절하게 표현한다면 다중 클래스보다는 다중 클래스 레이블 분류라고 하는 게 나을 것 같다. 예를 들어 올림픽 게임에 예상치 못한 정치적 개입이 있었다는 내용을 다루는 기사라면 스포츠와 정치 두 클래스 레이블을 할당할 수 있을 것이다.

끝으로, 텍스트 분류 애플리케이션에서 어려운 것 중 하나로 NER^{Named-entity recognition}이 있다. 네임드 엔티티는 사람 이름, 회사명, 지역 위치, 날짜/시간, 수량, 금전적 가치 같은 네임을 명확한 카테고리를 나타내는 문구라고 보면 된다. NER은 엔티티를 찾아내고 식별하는 등 정보 추출에 있어 매우 중요한 분야 중 하나다. 예를 들어, 다음은 로이터 뉴스의 한 문단에서 NER을 추출한 결과다.

The California[**Location**]-based company, owned and operated by technology entrepreneur Elon Musk[**Person**], has proposed an orbiting digital communications array that would eventually consist of 4,425[**Quantity**] satellites, the documents filed on Tuesday[**Date**] show.

이 문제의 해결을 위해 연구자들은 여러 가지 강력한 분류 알고리즘을 개발했는데, 대표적인 것으로 **나이브 베이즈**^{NB, Naïve Bayes}와 **서포트 벡터 머신**^{SVM, Support Vector Machine}이 있으며 텍스트 분류에서 자주 사용된다. 다음 절에서는, 나이브 베이즈의 메카니즘과 함께 어떻게 코드로 구현하는지 알아본다. 아울러 분류기 튜닝에 대한 중요한 개념과 분류 알고리즘 성능 평가에 대해서도 설명한다.

▌ 나이브 베이즈란

나이브 베이즈 분류기는 확률 기반 분류기 중 하나다. 확률 기반 분류기는 데이터가 각 클래스에 속할 예측 피처 확률을 계산한다. 이는 모든 클래스를 대상으로 확률 분포를 예측하기 위해서다. 한편 데이터 샘플은 관련도가 가장 높은 클래스에 할당돼야 한다. 특히 알고리즘의 이름이 특히 눈에 띄는데, 각각을 설명하면 다음과 같다.

- **베이즈**^{Bayes}: 관찰한 입력 피처가 클래스 전체의 확률 분포 대비 특정 클래스에 속할 확률을 베이즈 정리를 기반으로 계산한다. 다음 절에서 예제를 통해 베이즈 정리를 설명한다.
- **나이브**^{Naïve}: 예측한 피처가 상호 독립적^{mutually independent}이라는 가정을 바탕으로 확률 계산을 단순화한다.

예제를 통한 베이즈 정리의 이해

분류기에 대해 알아보기에 앞서 베이즈 정리를 이해하는 것이 무엇보다도 중요하다. 우선 2개의 사건을 A와 B로 놓자. 여기서 말하는 사건은 예를 들면 이런 것들이다. (1) 내일 비가 올 것이다. (2) 포커 카드 1팩(52장)에서 2장을 뽑았는데 둘 다 킹^{King}인 경우. (3) 어떤 사람이 암에 걸린 경우. 베이즈 정리에서 $P(A|B)$는 사건 B가 주어졌을 때 사건 A가 일어날 확률을 다음과 같이 계산한다.

$$P(A|B) = \frac{P(B|A)P(A)}{P(B)}$$

여기서 $P(B|A)$는 사건 A가 주어졌을 때 사건 B가 발생할 확률이다. 또 $P(A)$와 $P(B)$는 각각 사건 A와 B가 발생할 확률을 의미한다. 설명이 너무 이론적이고 추상적이라 감이 잘 안 오는가? 예제를 통해 구체적으로 알아보자.

예제 1: 두 개의 동전이 있다고 가정하자. 이 중 첫 번째 동전은 던져서 앞면^{head}이 나올 확률이 90%, 뒷면^{tail}이 나올 확률이 10%이다. 두 번째 동전은 앞면과 뒷면이 나올 확률이 같다. 동전을 임의로 선택해서 던졌을 때 결과가 앞면이 나왔다면 이 동전이 첫 번째 동전일 확률은?

우선 첫 번째 동전을 선택한 사건을 U로 표시(앞면, 뒷면이 공평하게 나오지 않으므로 'unfair'의 맨 앞 글자를 따왔음)하고, 앞면이 나오는 사건을 H로 표현하자. 앞면이 나왔다고 가정했을 때 첫 번째 동전이 선택될 확률 $P(U|H)$는 다음과 같이 계산할 수 있다.

$$P(U|H) = \frac{P(H|U)P(U)}{P(H)}$$

여기서 $P(H|U)$는 90%이고, $P(U)$는 동전 2개 중 하나를 선택한 것이므로 0.5다. 하지만, 동전의 앞면이 나올 확률 $P(H)$는 바로 얻을 수가 없다. 왜냐하면 다음 두 이벤트를 통해 이 값을 얻을 수 있기 때문이다. (1) 두 번째 동전이 선택되는 경우(두 번째 동전은 앞면, 뒷

면이 공평하게 나오므로 'F'로 표시), (2) 첫 번째 동전이 선택되는 경우 U. 이를 종합하면 최종 결과는 다음과 같다.

$$P(U|H) = \frac{P(H|U)P(U)}{P(H)} = \frac{P(H|U)P(U)}{P(H|U)P(U) + P(H|F)P(F)} = \frac{0.9 * 0.5}{0.9 * 0.5 + 0.5 * 0.5}$$
$$= 0.64$$

예제 2: 내과 의사가 10,000명의 사람을 대상으로 다음과 같은 암 진단 테스트 결과를 작성했다.

	암	정상	총합
양성 결과	80	900	980
음성 결과	20	9000	9020
총합	100	9900	10000

위의 예를 보면 100명의 암 환자 중 80명이 올바르게 진단됐고, 나머지 20명은 진단이 잘 못됐다. 건강한 사람 9,900명 중 900명의 진단을 잘못 내린 것이다. 이제 새로운 사람 1명의 암 진단 테스트 결과가 양성으로 나왔다면 이 사람이 실제로 암에 걸렸을 확률은 얼마나 될까? (우리 모두 건강하게 삽시다!)

우선 암에 걸렸을 경우를 C, 테스트 결과가 양성으로 나왔을 경우를 Pos로 표시하자. 그리고 베이즈 정리를 적용해 $P(C|Pos)$를 계산한다.

$$P(C|Pos) = \frac{P(Pos|C)P(C)}{P(Pos)} = \frac{\frac{80}{100} * \frac{100}{10000}}{\frac{980}{10000}} = 8.16\%$$

양성 테스트 결과가 주어졌을 때, 이 사람이 실제로 암에 걸렸을 확률은 8.16%다. 이것은 진단 테스트를 하지 않은 일반적인 가정($\frac{100}{10000} = 1\%$)에 비해 훨씬 높은 수치다.

예제 3: 어느 공장의 A, B, C 세 대의 기계가 전체 전구 생산량의 35%, 20%, 45%씩을 만들어내고 있다. 각 기계에서 생산된 전구의 불량률은 A가 1.5%, B가 1%, C가 2%다. 이 공장에서 생산된 전구에서 불량품이 발견됐다고 하자(이 사건을 D로 표현한다). 각각의 기계 A, B, C가 이 전구를 생산했을 확률을 계산하면 얼마씩일까?

베이즈 정리에 따라 다음과 같이 차근차근 계산하면 된다.

$$P(A|D) = \frac{P(D|A)P(A)}{P(D)} = \frac{P(D|A)P(A)}{P(D|A)P(A) + P(D|B)P(B) + P(D|C)P(C)}$$
$$= \frac{0.015 * 0.35}{0.015 * 0.35 + 0.01 * 0.2 + 0.02 * 0.45} = 0.323$$

$$P(B|D) = \frac{P(D|B)P(B)}{P(D)} = \frac{P(D|B)P(B)}{P(D|A)P(A) + P(D|B)P(B) + P(D|C)P(C)}$$
$$= \frac{0.01 * 0.2}{0.015 * 0.35 + 0.01 * 0.2 + 0.02 * 0.45} = 0.123$$

$$P(C|D) = \frac{P(D|C)P(C)}{P(D)} = \frac{P(D|C)P(C)}{P(D|A)P(A) + P(D|B)P(B) + P(D|C)P(C)}$$
$$= \frac{0.02 * 0.45}{0.015 * 0.35 + 0.01 * 0.2 + 0.02 * 0.45} = 0.554$$

한편, 우리가 다음 사항들을 이미 알고 있으므로 $P(D)$는 계산할 필요도 없다.

$$P(A|D) : P(B|D) : P(C|D) = P(D|A)P(A) : P(D|B)P(B) : P(D|C)P(C) = 21 : 8 : 36$$

그리고 $P(A|D) + P(B|D) + P(C|D) = 1$

따라서 $P(A|D) = \frac{21}{21+8+36} = 0.323$, $P(B|D) = \frac{8}{21+8+36} = 0.123$이다.

나이브 베이즈의 핵심이 되는 베이즈 정리를 잘 생각해보면, 분류 문제 자체를 쉽게 풀 수 있다.

▌ 나이브 베이즈의 메커니즘

나이브 베이즈가 어떻게 동작하는지 알고리즘 속에 숨겨진 원리를 이해해보자. n개의 피처를 지닌 샘플 데이터 x가 주어졌을 때(피처 각각은 $x_1, x_2, \cdots, x_n$으로 표현한다. 여기서 x는 피처 벡터를 나타내며 $x = (x1, x2, \cdots, xn)$이다), 나이브 베이즈의 목표는 이 샘플 데이터가 K개의 클래스 $y1, y2, \cdots, yK$ 중 하나에 속할 확률을 결정하는 것이다. 이것을 수식으로 표현하면 $P(y_k | x)$ 또는 $P(y_k | x_1, x_2, \cdots, x_n)$가 된다($k = 1, \cdots, K$). 이것은 우리가 앞에서 계산한 것과 별 차이가 없다. 즉, x(또는 $x_1, x_2, \cdots, x_n$)가 결합 이벤트라는 점, 이와 관련된 샘플 데이터는 x_1, $x_2, \cdots, x_n$의 값을 지닌 피처로 구성된다는 점, 그리고 y_k는 샘플 데이터가 클래스 k에 속하는 사건을 나타낸다는 점이다. 결과적으로 베이즈 정리를 바로 적용할 수 있다는 얘기다.

$$P(y_k | x) = \frac{P(x | y_k) P(y_k)}{P(x)}$$

$P(y_k)$는 관측값의 피처에 대해 추가 지식이 없이 클래스가 어떻게 분포돼 있는지를 나타낸다. 따라서, 베이지안 확률 용어에서는 이를 사전 확률prior이라고 한다. 사전 확률은 사전에 결정될 수도 있고(각 클래스가 동일한 확률을 갖는 균등 방법을 이용해서), 학습 샘플 데이터세트로 학습을 시킬 수도 있다. 반면, $P(y_k | x)$는 관측값에 대해 외부 지식을 이용한 사후 확률posterior이라고 보면 된다.

$P(x | y_k)$ 또는 $P(x_1, x_2, \cdots, x_n | y_k)$는 클래스 y_k에 속한 샘플 데이터가 주어졌을 때 n개의 피처에 대한 결합 분포joint distribution를 나타낸다. 바꿔 말하면 이런 값을 지닌 피처들이 얼마나 동시에 발생하는지를 의미한다. 베이지안 용어로 이를 '유사가능도likelihood'라고 한다. 얼핏 봐도 알 수 있듯이, 피처의 개수가 많아질수록 계산이 점점 어려워진다. 하지만 나이브 베이즈에서는, 피처 간의 관계가 독립이라는 가정이 있어서 이 문제의 해결이 가능하다. n개의 피처에 대한 결합 조건부 분포는 피처 각각의 조건부 분포들을 곱한 식으로 표현할 수 있다. 다음과 같이 말이다.

$$P(x | y_k) = P(x_1 | y_k) * P(x_2 | y_k) * \ldots * P(x_n | y_k)$$

그리고 나이브 베이즈는 학습 데이터 샘플을 통해 효율적으로 학습할 수 있다.

$P(x)$는 증거^{evidence}라고도 하는데 특정 클래스에 속하지 않은 피처의 전반적인 분포에 따라 값이 계산되므로 일종의 상수로 보면 된다. 앞의 결과를 종합하면, 사후 확률은 다음과 같이 사전 확률과 유사 가능도에 비례하는 식으로 계산할 수 있다.

$$P(y_k|x) \propto P(x|y_k)P(y_k) = P(x_1|y_k) * P(x_2|y_k) * \ldots * P(x_n|y_k) * P(y_k)$$

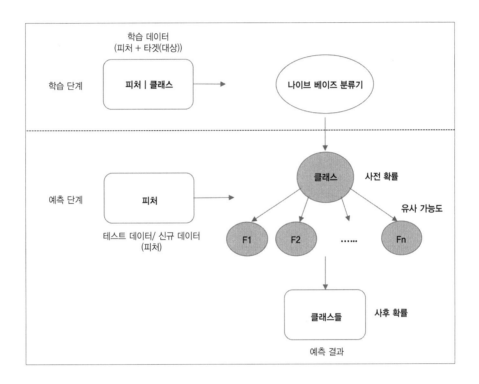

코드 구현으로 넘어가기 전에 예제를 통해 나이브 베이즈 분류기가 어떻게 적용되는지 알아보자. 4개의 이메일이 다음과 같이 주어졌을 때 새로운 이메일이 스팸인지를 예측해보자.

	ID	이메일에서 나온 문구, 단어	스팸 메일 여부
데이터 학습	1	Click win prize	Yes
	2	Click meeting setup meeting	No
	3	Prize free prize	Yes
	4	Click prize free	Yes
테스트 사례	5	Free setup meeting free	?

우선 스팸 메일은 S, 정상 메일은 NS로 정의한다. 학습 데이터세트에서 다음 결과를 쉽게 계산할 수 있다.

$$P(S) = 3/4$$

$$P(NS) = 1/4$$

또는 $P(S) = 1\%$라는 사전 확률 가정을 사용할 수도 있다.

$x = (free, setup, meeting, free)$인 $P(S|x)$를 계산하려면 학습 데이터세트를 바탕으로 $P(free|S)$, $P(setup|S)$, $P(meeting|S)$를 계산해야 한다. 이는 S 클래스에 있는 모든 용어 대비 해당 용어의 출현 비율을 의미한다. 하지만, free라는 용어는 NS 클래스 학습 데이터세트에서 나타나지 않았으므로 $P(free|NS)$는 0이 될 것이다. 마찬가지로 $P(x|NS)$, $P(NS|x)$도 그렇다. 결국 스팸 메일이 아닌데 스팸 메일로 잘못 예측하게 된다. 이렇게 0을 곱해서 발생하는 문제를 없애기 위해, 발견되지 않은 용어는 보통 용어 출현 빈도(term frequency라고 한다)를 1로 초기화한다. 이는 용어의 출현 횟수 계산을 1부터 시작하겠다는 의미를 담고 있으며 이런 방법을 **라플라스 스무딩**Laplace smoothing이라고 한다. 이렇게 보완하고 나면, 결과는 다음과 같다.

$$P(free|S) = \frac{2+1}{9+6} = \frac{3}{15}$$

$$P(free|NS) = \frac{0+1}{4+6} = \frac{1}{10}$$

여기서 9는 S 클래스에서 나타난 용어의 전체 출현 횟수(=3+3+3)를 의미한다. 4는 NS 클래스에서 나타난 용어의 전체 출현 횟수다. 또 6은 (click, win, prize, meeting, setup, free)라는 용어별로 1번 이상 출현한 것을 의미한다. 따라서 다음 결과를 얻을 수 있다.

$$P(setup|S) = \frac{0+1}{9+6} = \frac{1}{15}$$

$$P(setup|NS) = \frac{1+1}{4+6} = \frac{2}{10}$$

$$P(meeting|S) = \frac{0+1}{9+6} = \frac{1}{15}$$

$$P(meeting|NS) = \frac{2+1}{4+6} = \frac{3}{10}$$

$$\frac{P(S|\boldsymbol{x})}{P(NS|\boldsymbol{x})} = \frac{P(free|S)*P(setup|S)*P(meeting|S)*P(free|S)*P(S)}{P(free|NS)*P(setup|NS)*P(meeting|NS)*P(free|NS)*P(NS)}$$

$$= 8/9$$

여기서 앞에서 본 이 수식을 이용한다. $P(S|\boldsymbol{x}) + P(NS|\boldsymbol{x}) = 1$

최종적으로, $P(S|\boldsymbol{x}) = \frac{8}{8+9} = 47.1\%$이다.

새 이메일이 스팸 메일일 확률은 47.1%다.

▌나이브 베이즈의 구현

손으로 계산한 스팸 메일 탐지 예제를 봤으니 약속한 대로 Enron 이메일 데이터세트에서 얻을 수 있는 정제된 데이터세트를 이용해 코드로 구현해보자(http://www.aueb.gr/users/ion/data/enron-spam/). http://www.aueb.gr/users/ion/data/enron-spam/preprocessed/enron1.tar.gz에서 파일을 직접 다운받을 수도 있다.[1] 터미널에서 tar -xvz enron1.tar.gz 명령어를 실행하거나 압축 소프트웨어를 이용해 압축 파일을 푼다. 압축을 풀고 나면 다음과 같이 enron1이라는 폴더가 하나 만들어진다. 이 안에는 정상 메일 텍스트 파일이 담긴 폴더와 스팸 메일이 담긴 폴더가 포함돼 있고, 데이터베이스의 요약 정보를 설명하는 텍스트 파일도 함께 담겨 있다.

```
  enron1/
ham/
  0001.1999-12-10.farmer.ham.txt
  0002.1999-12-13.farmer.ham.txt
  ......
  ......
  5172.2002-01-11.farmer.ham.txt
spam/
  0006.2003-12-18.GP.spam.txt
  0008.2003-12-18.GP.spam.txt
  ......
  ......
  5171.2005-09-06.GP.spam.txt
Summary.txt
```

분류 문제를 위한 데이터세트가 주어졌을 때 (일관성 차원에서) 머신 러닝 기술을 적용하기에 앞서 클래스당 샘플의 개수와 각 클래스별 샘플의 비율을 유지하는 것이 좋다. Summary.txt 파일에 나와 있듯이 3,672개의 정상 메일과 1,500개의 스팸 메일이 있다. 따라서 스

---

[1] 운영체제가 리눅스인 터미널을 사용 중이라면 wget 명령어를 이용해서 파일을 다운받는다. – 옮긴이

팸 메일과 정상 메일의 비율이 약 1:2정도 된다. 이 정보가 없을 경우 다음 명령어를 실행시켜서 비율을 얻을 수 있다.

```
ls -l enron1/ham/*.txt | wc -l
3672
ls -l enron1/spam/*.txt | wc -l
1500
```

우선 압축을 푼 폴더로 가서 다음 스크립트를 실행시킨다. 그런 다음 정상인지 스팸 메일인지 확인해보자.

```
>>> file_path = 'enron1/ham/0007.1999-12-14.farmer.ham.txt'
>>> with open(file_path, 'r') as infile:
...     ham_sample = infile.read()
...
>>> print(ham_sample)
Subject: mcmullen gas for 11 / 99
jackie ,
since the inlet to 3 river plant is shut in on 10 / 19 / 99 ( the
last day of flow ) :
at what meter is the mcmullen gas being diverted to ?
at what meter is hpl buying the residue gas ? ( this is the gas
from teco ,vastar , vintage , tejones , and swift )
i still see active deals at meter 3405 in path manager for teco ,
vastar ,vintage , tejones , and swift
i also see gas scheduled in pops at meter 3404 and 3405 .
please advice . we need to resolve this as soon as possible so
settlement can send out payments .
thanks
>>> file_path = 'enron1/spam/0058.2003-12-21.GP.spam.txt'
>>> with open(file_path, 'r') as infile:
...     spam_sample = infile.read()
...
>>> print(spam_sample)
Subject: stacey automated system generating 8 k per week parallelogram
```

```
people are
getting rich using this system ! now it ' s your
turn !
we ' ve
cracked the code and will show you . . . .
this is the
only system that does everything for you , so you can make
money
. . . . . . . .
because your
success is . . . completely automated !
let me show
you how !
click
here
to opt out click here % random _ text
```

다음으로, 이메일 텍스트 파일을 모두 읽어 들여서 레이블 변수에 스팸 메일은 1, 정상 메일은 0으로 표시된 정상 메일/스팸 메일 분류 정보를 유지한다.

우선 .txt 이메일 파일을 모두 찾는다. 이를 위해 필요한 모듈인 glob과 os를 임포트하고 텍스트 데이터와 레이블을 포함한 변수들을 초기화한다.

```
>>> import glob
>>> import os
>>> emails, lables = []. []
Then to load the spam e-mail files:
>>> file_path = 'enron1/spam/'
>>> filenames = glob.glob(os.path.join(file_path, '*.txt'))
>>> filenames.sort()
>>> for filename in filenames:
...     with open(filename, 'r', encoding="ISO-8859-1") as infile:
...         emails.append(infile.read())
...     labels.append(1)
```

정상 메일 파일에 다음 작업을 수행한다.

```
>>> file_path = 'enron1/ham/'
>>> filenames = glob.glob(os.path.join(file_path, '*.txt'))
>>> filenames.sort()
>>> for filename in filenames:
...     with open(filename, 'r', encoding="ISO-8859-1") as infile:
...         emails.append(infile.read())
...     labels.append(0)
>>> len(emails)
5172
>>> len(labels)
5172
```

다음 단계로 원본 텍스트 데이터를 전처리하고 정제한다. 간단히 설명하면 다음과 같다.

- 숫자와 구두점 표기 제거
- 사람 이름 제거(옵션)
- 불용어stop word 제거
- 표제어 원형 복원

2장에서 만든 코드를 다시 사용한다.

```
>>> from nltk.corpus import names
>>> from nltk.stem import WordNetLemmatizer
>>> def letters_only(astr):
...     return astr.isalpha()
>>> all_names = set(names.words())
>>> lemmatizer = WordNetLemmatizer()
```

텍스트 정제를 수행하는 함수를 다음과 같이 작성하고 실행한다.

```
>>> def clean_text(docs):
...     cleaned_docs = []
...     for doc in docs:
...         cleaned_docs.append(
...             ' '.join([lemmatizer.lemmatize(word.lower())
...             for word in doc.split()
...             if letters_only(word)
...             and word not in all_names]))
...     return cleaned_docs
>>> cleaned_emails = clean_text(emails)
>>> cleaned_emails[0]
'dobmeos with hgh my energy level ha gone up stukm introducing doctor
formulated hgh human growth hormone also called hgh is referred to in
medical science a the master hormone it is very plentiful when we are young
but near the age of twenty one our body begin to produce le of it by the
time we are forty nearly everyone is deficient in hgh and at eighty our
production ha normally diminished at least advantage of hgh increased
muscle strength loss in body fat increased bone density lower blood
pressure quickens wound healing reduces cellulite improved vision wrinkle
disappearance increased skin thickness texture increased energy level
improved sleep and emotional stability improved memory and mental alertness
increased sexual potency resistance to common illness strengthened heart
muscle controlled cholesterol controlled mood swing new hair growth and
color restore read more at this website unsubscribe'
```

이제 불용어를 제거한다. 아울러 정제된 텍스트 데이터에서 단어 출현 빈도를 나타내는 피처를 추출하기 위해 다음 코드를 실행한다.

```
>>> from sklearn.feature_extraction.text import CountVectorizer
>>> cv = CountVectorizer(stop_words="english", max_features=500)
```

여기서 max_features 파라미터는 500으로 설정돼 있다. 이것은 가장 출현 빈도가 높은 상위 500개의 단어만 고려하겠다는 의미다. 물론 정확도를 더 높이기 위해 나중에 이 파라미터 값을 변경할 수 있다.

벡터화^{vectorizer}는 (단어가 행 단위로 구성되어 있는) 문서의 행렬을 텀도큐먼트 행렬^{term-document matrix} 형태로 변환한다. 여기서 말하는 텀도큐먼트 행렬은 각 행이 문서와 메일의 용어 출현 빈도를 나타내는 희소 벡터^{sparse vector} 형태를 띤다.

```
>>> term_docs = cv.fit_transform(cleaned_emails)
>>> print(term_docs[0])
  (0, 481)  1
  (0, 357)  1
  (0, 69)   1
  (0, 285)  1
  (0, 424)  1
  (0, 250)  1
  (0, 345)  1
  (0, 445)  1
  (0, 231)  1
  (0, 497)  1
  (0, 47)   1
  (0, 178)  2
  (0, 125)  2
```

희소 벡터는 (row index, feature/term index) 값, 즉 용어의 출현 빈도 형태를 띤다.

다음과 같이 코드를 실행시켜서 해당 인덱스의 용어가 무엇인지 살펴보자.

```
>>> feature_names = cv.get_feature_names()
>>> feature_names[481]
u'web'
>>> feature_names[357]
u'receive'
>>> feature_names[125]
u'error'
```

또는 용어 피처web를 키key로, 피처 인덱스(481)를 밸류value로 하는 어휘 사전을 이용할 수도 있다.

```
>>> feature_mapping = cv.vocabulary
```

피처 행렬인 term_docs를 생성했으니, 이제 나이브 베이즈 모델을 만들고 학습시킬 준비가 됐다.

사전 확률prior부터 계산해야 하므로, 우선 레이블 기준으로 데이터를 그룹화하자.

```
>>> def get_label_index(labels):
...     from collections import defaultdict
...     label_index = defaultdict(list)
...     for index, label in enumerate(lables):
...         label_index[label].append(index)
...     return label_index
>>> label_index = get_label_index(labels)
```

label_index는 {0: [3000, 3001, 3002, 3003, ..., 6670, 6671], 1: [0, 1, 2, 3, ..., 2998, 2999]} 같은 모양을 띠고 있다. 이는 학습 샘플 인덱스가 클래스별로 그룹화된 것이다. 이를 이용해 사전 확률을 계산해보자.

```
>>> def get_prior(label_index):
...     """학습 샘플을 가지고 사전 확률을 계산한다.
...     Args:
...         label_index(grouped sample indices by class)
...     Returns:
...         dictionary, with class label as key, corresponding
...         prior as the value
...     """
...     prior = {label: len(index) for label, index
...                             in label_index.iteritems()}
...     total_count = sum(prior.values())
```

```
...         for label in prior:
...             prior[label] /= float(total_count)
...         return prior
>>> prior = get_prior(label_index)
>>> prior {0: 0.7099767981438515, 1: 0.2900232018561485}
```

그리고 유사가능도^{likelihood} 값도 마찬가지로 구한다.

```
>>> import numpy as np
>>> def get_likelihood(term_document_matrix, label_index, smoothing=0):
...         """학습 샘플을 가지고 유사 가능도를 계산한다.
...         Args:
...             term_document_matrix (sparse matrix)
...             label_index (grouped sample indices by class)
...             smoothing (integer, additive Laplace smoothing
...         Returns:
...             키는 클래스 레이블, 밸류는 조건부 확률 P(feature|vector)의
...             조합으로 이뤄진 딕셔너리(dictionary)의 벡터
...         """
...         likelihood = {}
...         for label, index in label_index.iteritems():
...             likelihood[label] =
...             term_document_matrix[index, :].sum(axis=0) + smoothing
...             likelihood[label] = np.asarray(likelihood[label])[0]
...             total_count = likelihood[label].sum()
...             likelihood[label] =
...                         likelihood[label] / float(total_count)
...         return likelihood
```

여기서 smoothing 파라미터는 1로 놓았는데 이게 없는 경우 0으로 놓을 수도 있다. 또 높은 분류 성능을 얻고자 하면 0보다 큰 값으로 설정한다.

```
>>> smoothing = 1
>>> likelihood = get_likelihood(term_docs, label_index, smoothing)
>>> len(likelihood[0])
500
```

likelihood[0]은 정상 메일 클래스의 (500개의 피처를 의미하는) 길이 500짜리 벡터의 조건부 확률 $P(feature \mid legitimate)$을 의미한다. 예를 들면, 다음 코드는 첫 5개 피처의 확률을 나타낸다.

```
>>> likelihood[0][:5]
array([ 1.01166291e-03, 8.71839582e-04, 9.95213107e-04,
    8.38939975e-04, 9.04739188e-05])
```

마찬가지로, 스팸 메일 클래스의 조건부 확률 $P(feature \mid spam)$ 벡터의 첫 5개 피처 값은 다음과 같다.

```
>>> likelihood[1][:5]
array([ 0.00112918, 0.00164537, 0.00471029,
    0.00058072, 0.00438766])
```

또 인덱스에 연계된 용어를 확인할 수도 있다.

```
>>> feature_names[:5]
[u'able', u'access',u'account', u'accounting', u'act']
```

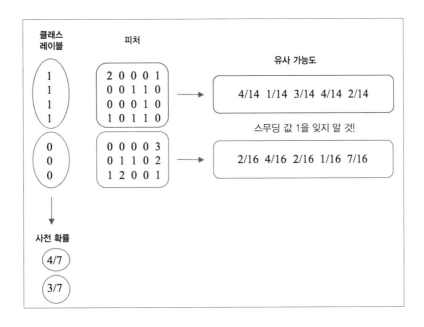

사전 확률과 유사 가능도 값이 준비됐으니, 테스팅/신규 샘플 데이터의 사후 확률을 계산할 수 있다. 약간의 트릭을 사용해보자. 오버플로우 에러가 발생할 수 있기 때문에 (앞에서 본 9.04739188e-05처럼) 매우 작은 조건부 확률값 $P(feature \mid class)$를 수십만 번 곱하는 대신, 자연 로그(ln)로 변환한 값을 모두 더한다. 그런 다음 이 결과를 자연 로그의 역함수 (exp)로 변환한다.

```
>>> def get_posterior(term_document_matrix, label_index, likelihood):
...     """사전 확률과 유사 가능도를 바탕으로 테스트 샘플 데이터의 사후 확률을 계산한다.
...     Args:
...         term_document_matrix (sparse matrix)
...         label_index (딕셔너리 데이터 구조를 띤다. 키 값으로 클래스 레이블을,
...                     밸류 값으로는 관련 사전 확률이 할당된다.
...         likelihood (딕셔너리 형태를 띤다. 키 값은 클래스 레이블을 의미하며,
...             밸류 값으로는 해당 클래스에 대한 조건부 확률 벡터를 갖는다.
...     Returns:
...         딕셔너리 데이터 타입(키 값은 클래스 레이블, 밸류는 관련 사후 확률값으로 구성됨)
...     """
```

```
...        num_docs = term_document_matrix.shape[0]
...        posteriors = []
...        for i in range(num_docs):
...            # 사후 확률은 사전 확률 * 유사 가능도에 비례한다.
...            # = exp(log(사전 확률 * 유사 가능도))
...            # = exp(log(사전 확률) + log(유사 가능도))
...            posterior = {key: np.log(prior_label)
...              for key, prior_label in prior.iteritems()}
...            for label, likelihood_label in likelihood.iteritems()}:
...              term_document_vector =
...                term_document_matrix.getrow(i)
...              counts = term_document_vector.data
...              indices = term_document_vector.indices
...              for count, index in zip(counts, indices):
...                posterior[label] +=
...                  np.log(likelihood_label[index]) * count
...            # exp(-1000):exp(-999)는 분모가 0이 되는 문제를 유발한다.
...            # 하지만 이것은 exp(0):exp(1)과 동치다.
...            min_log_posterior = min(posterior.values())
...            for label in posterior:
...              try:
...                posterior[label] =
...                  np.exp(posterior[index] - min_log_posterior)
...              except:
...                # 어떤 값의 로그 치환값이 지나치게 클 경우,
...                # 이 값에는 무한대를 의미하는 'inf'를 할당한다.
...                posterior[label] = float('inf')
...            # 전체 합이 1이 되도록 정규화한다.
...            sum_posterior = sum(posterior.values())
...            for label in posterior:
...              if posterior[label] == float('inf'):
...                posterior[label] = 1.0
...              else:
...                posterior[label] /= sum_posterior
...            posteriors.append(posterior.copy())
...        return posteriors
```

이렇게 해서 예측 함수를 완성했다. 이제 정상 메일 하나와 스팸 메일 하나를 Enron 이메일 데이터세트에서 가져다가 우리가 만든 알고리즘을 검증해보자.

```
>>> emails_test = [
...     '''Subject: flat screens
...     hello ,
...     please call or contact regarding the other flat screens
...     requested .
...     trisha tlapek - eb 3132 b
...     michael sergeev - eb 3132 a
...     also the sun blocker that was taken away from eb 3131 a .
...     trisha should two monitors also michael .
...     thanks
...     kevin moore'''
...     '''Subject: having problems in bed ? we can help !
...     cialis allows men to enjoy a fully normal sex life without
...     having to plan the sexual act .
...     if we let things terrify us, life will not be worth living
...     brevity is the soul of lingerie .
...     suspicion always haunts the guilty mind .''',
... ]
```

학습 단계에서 했던 것처럼 정제 작업과 전처리 작업을 동일하게 수행한다.

```
>>> cleaned_test = clean_text(emails_test)
>>> term_docs_test = cv.transform(cleaned_test)
>>> posterior = get_posterior(term_docs_test, prior, likelihood)
>>> print(posterior)
[{0: 0.99546887544929274, 1: 0.0045311245507072767},
{0: 0.00036156051848121361, 1: 0.99963843948151876}]
```

첫 번째 이메일은 99.5% 정상 메일이라는 결과가 나왔다. 두 번째 이메일은 거의 100% 스팸 메일로 나왔다. 두 결과 모두 올바르게 예측됐다.

좀 더 나아가, 우리가 만든 분류기의 성능을 종합적으로 평가하기 위해 원본 데이터를 학습 데이터세트와 테스트 데이터세트로 나눌 수 있다. 양쪽 데이터세트에는 정상 메일과 스팸 메일을 무작위로 넣는다. 일반적으로 원본 데이터의 25%, 33.3%, 40% 정도를 테스트용으로 사용한다. 사이킷런 라이브러리에 있는 train_test_split 함수를 이용하면 원본 데이터를 임의로 나눌 수 있고, 각 클래스의 샘플 데이터의 비율도 유지할 수 있다.

```
>>> from sklearn.model_selection import train_test_split
>>> X_train, X_test, Y_train, Y_test = train_test_split(cleaned_emails,
labels, test_size=0.33, random_state=42)
```

 프로그램을 실행시킬 때마다 동일한 학습 데이터세트와 테스트 데이터세트이 생성되도록 실험 중에는 random_state에 고정값(예를 들면, 42같은)을 할당하는 것이 좋다. 이렇게 하면 분류기가 고정된 데이터세트에 제대로 잘 동작하는 것을 확인한 다음 무작위성을 적용하거나 후속 단계를 진행할 수 있다.

```
>>> len(X_train), len(Y_train)
(3465, 3465)
>>> len(X_test), len(Y_test)
(1707, 1707)
```

학습 데이터세트를 바탕으로 한 용어 출현 빈도 CountVectorizer를 유지하고 prior와 likelihood를 다시 계산한다.

```
>>> term_docs_train = cv.fit_transform(X_train)
>>> label_index = get_label_index(Y_train)
>>> prior = get_prior(label_index)
>>> likelihood = get_likelihood(term_docs_train, label_index, smoothing)
```

그런 다음 테스팅/신규 데이터세트의 사후 확률을 예측한다.

```
>>> term_docs_test = cv.fit_transform(X_train)
>>> posterior = get_posterior(term_docs_test, prior, likelihood)
```

마지막으로, 정확하게 예측한 비율을 이용해 모델의 성능을 평가한다.

```
>>> correct = 0.0
>>> for pred, actual in zip(posterior, Y_test):
...    if actual == 1:
...       if pred[1] >= 0.5:
...          correct += 1
...    elif pred[0] > 0.5:
...       correct += 1
>>> print('The accuracy on {0} testing samples is:)
      {1:.1f}%'.format(len(Y_test), correct/len(Y_test)*100))
The accuracy on 1707 testing samples is: 92.0%
```

앞에서 한 줄 한 줄 개발한 나이브 베이즈 분류기가 지닌 이메일의 분류 정확도가 92%임을 알 수 있다.

앞의 결과를 사이킷런 API에서 MultinomialNB 클래스를 이용해서 바로 결과를 얻을 수도 있겠지만 스스로 직접 코딩하고 구현하는 것 자체가 머신 러닝 모델을 배우는 가장 좋은 방법이라는 점을 잊지 말기 바란다.

```
>>> from sklearn.naive_bayes import MultinomialNB
```

우선 모델을 초기화한다. 이를 위해 설정값이 1인 스무딩 파라미터(사이킷런에는 alpha로 되어 있음)를 이용한다. 아울러, 학습 데이터세트를 가지고 학습된 사전 확률prior(사이킷런에는 fit_prior로 되어 있음)도 사용한다. 다음 코드를 보자.

```
>>> clf = MultinomialNB(alpha=1.0, fit_prior=True)
```

fit 함수를 이용해 분류기를 학습한다.

```
>>> clf.fit(term_docs_train, Y_train)
```

그런 다음 predict_proba 함수를 이용해 예측 결과를 계산한다.

```
>>> prediction_prob = clf.predict_proba(term_docs_test)
>>> prediction_prob[0:10]
array([[ 1.00000000e+00,    2.12716600e-10], [    1.00000000e+00,
2.72887131e-75], [ 6.34671963e-01,    3.65328037e-01], [ 1.00000000e+00,
1.67181666e-12], [ 1.00000000e+00,    4.15341124e-12], [ 1.37860327e-04,
9.99862140e-01], [ 0.00000000e+00,    1.00000000e+00], [ 1.00000000e+00,
1.07066506e-18], [ 1.00000000e+00,    2.02235745e-13], [ 3.03193335e-01,
6.96806665e-01]])
```

predict 함수를 이용해 예측한 클래스 값을 바로 구한다(0.5는 기본 임계치다. 만약 클래스 1의 예측 확률이 0.5보다 크면 클래스 1에 할당된다. 그렇지 않으면 클래스 0에 할당된다).

```
>>> prediction = clf.predict(term_docs_test)
>>> prediction[:10]
array([0, 0, 0, 0, 0, 1, 1, 0, 0, 1])
```

마지막으로, score 함수를 이용해 빠르게 정확도 성능을 측정한다.

```
>>> accuracy = clf.score(term_docs_test, Y_test)
>>> print('The accuracy using MultinomialNB is:
{0:.1f}%'.format(accuracy*100))
The accuracy using MultinomialNB is: 92.0%
```

▍ 분류기의 성능 평가

지금까지 머신 러닝 분류기를 알아보고 자세한 예측 정확도로 성능을 평가했다. 정확도 외에도, 더 많은 인사이트도 얻고 제대로 분류가 안되는 현상도 피하기 위한 측정 기준이 있다. 함께 알아보자.

혼동 행렬 Confusion matrix은 분할표Contingency table에 나와 있듯이 예측한 값과 실제 값으로 테스트 결과를 요약한 것이다.

		예측 결과		
		음성	양성	
실제 결과	음성	TN	FP	TN = 진음성 FP = 위양성 FN = 위음성 TP = 진양성
	양성	FN	TP	

이해를 돕기 위해, 우리가 만든 나이브 베이즈 분류기의 혼동 행렬 값을 계산해보자. 여기서는 사이킷런의 confusion_matrix 함수를 사용했지만, 직접 코드로 작성하는 것도 매우 쉽다.

```
>>> from sklearn.metrics import confusion_matrix
>>> confusion_matrix(Y_test, prediction, labels=[0, 1])
array([[1098,  93],
     [  43, 473]])
```

스팸 메일 클래스를 양성인 1로 놓았다는 점을 주의하기 바란다. 앞의 예에서 혼동 행렬을 보면 93개의 위양성 사례와 43개의 위음성 사례가 나타났음을 알 수 있다(위양성은 정상 메일을 스팸 메일로 잘못 판단한 것이고, 위음성은 스팸 메일을 탐지하는 데 실패한 것을 의미한다). 그리고 분류 정확도accuracy는 전체 메일 수 대비 참(true)값에 해당하는 모든 경우의 비율을 의미한다.

$$\frac{TN+TP}{TN+TP+FP+FN} = \frac{1098+473}{1707} = 92.0\%$$

정밀도precision는 전체 양성 결과 대비 진양성 결과true positive의 비율을 측정한 값이다. 수식으로 표현하면 $\frac{TP}{TP+FP}$ 이며, 앞의 예제에 대한 결과는 $\frac{473}{473+93} = 0.836$ 이다.

반면, 재현율Recall은 올바르게 구분된 진양성true positive의 비율을 측정한 값이다. 수식으로 표현하면 $\frac{TP}{TP+FN}$ 이고, 앞의 예제에 대한 결과는 $\frac{473}{473+43} = 0.917$ 이다. 재현율을 진양성 비율이라고도 한다.

$F1$ 스코어는 종합적으로 정밀도precision와 재현율Recall을 모두 포함하고 있으며, 이들의 조화 평균값과 같다. 수식으로 표현하면 다음과 같다.

$$F1 = 2 * \frac{precision * recall}{precision + recall}$$

때때로 f1 스코어를 앞에서 설명한 정밀도precision 또는 재현율recall만 가지고 보기도 한다.

사이킷런에서 관련 함수들을 이용해 앞에서 설명한 3개의 측정치를 계산해보자.

```
>>> from sklearn.metrics import precision_score, recall_score, f1_score
>>> precision_score(Y_test, prediction, pos_label=1)
0.83568904593639581
>>> recall_score(Y_test, prediction, pos_label=1)
0.91666666666666663
>>> f1_score(Y_test, prediction, pos_label=1)
0.87430683918669128
```

맥락에 따라 다를 수 있지만, 0으로 표시한 정상 메일 클래스는 양성으로 볼 수 있다. 다음 예제에서는 pos_label에 0 클래스를 할당한다.

```
>>> f1_score(Y_test, prediction, pos_label=0)
0.94168096054888506
```

각 클래스별로 precision, recall, f1 스코어를 계산할 때, 앞의 예처럼 3개 함수를 이용할 때 모든 클래스 레이블을 사용하는 대신 classification_report 함수를 이용하면 훨씬 더 빠르게 계산 결과를 얻을 수 있다.

```
>>> from sklearn.metrics import classification_report
>>> report = classification_report(Y_test, prediction)
>>> print(report)
             precision    recall  f1-score   support

          0       0.96      0.92      0.94      1191
          1       0.84      0.92      0.87       516

avg / total       0.92      0.92      0.92      1707
```

여기서 avg는 클래스의 비율에 따른 가중치 평균을 의미한다.

측정값 리포트를 보면 분류기가 각 클래스를 어느 정도로 잘 분류했는지 종합적으로 파악할 수 있다. 이는 특히 불균형 분류imbalanced classification에 유용하다. 즉, 모든 데이터 샘플을 주요 클래스dominant class로 간단하게 분류하면 높은 정확도를 얻을 수 있고, 동시에 아주 작은 클래스의 precision, recall, f1 스코어는 대단히 낮게 나타나기 때문이다.

precision, recall, f1 스코어는 다중 클래스 분류에도 적용할 수 있다. 다중 클래스 분류는 단순하게 우리가 관심 있는 클래스를 양성 케이스로 처리하고 그 외 나머지 클래스들은 음성 케이스로 처리하면 된다.

(예를 들어 스팸 메일 분류기에서 '용어'라는 피처의 차원과 스무딩smoothing 값 추가 같은 여러 파라미터의 조합을 시도하는) 이진 클래스 분류기의 실행 과정에서 평균값과 클래스별 f1 스코어 모두 한꺼번에 가장 높은 값을 지닌 파라미터 세트가 있다면 가장 이상적일 것이다. 하지만, 그런 경우는 거의 없다. 종종 모델이 다른 모델보다 평균 f1 스코어가 더 높다. 하지만 특정 클래스에 대해서는 f1 스코어가 매우 낮은 값을 나타내기도 한다. 두 모델의 평균 f1 스코어가 같을 수도 있다. 하지만 한 모델이 특정 클래스에 대해 평균 f1 스코어가 더 높

은 반면, 다른 클래스에 대해서는 평균 f1 스코어가 더 낮은 경우도 있다. 여러 가지 경우에서 어떤 모델이 훨씬 더 낫다고 판단하려면 어떻게 하면 될까? 보통 이진 클래스 분류에서 자주 사용되는 측정치로 ROC^{Receiver Operating Characteristic}, AUC^{Area Under the Curve}가 있다.

ROC 곡선은 다양한 확률 임계치에 대해 0과 1사이의 값을 갖는 진양성과 위양성의 비율을 그래프로 표현한 것이다. 테스트 샘플의 양성 클래스 확률이 임계치보다 크면 양성 클래스에 할당되고, 그렇지 않으면 음성 클래스에 할당된다. 복습하자면, 진양성 비율은 재현율^{recall}과 동일하고, 위양성 비율은 양성 클래스에 할당되는 것으로 잘못 판단된 음성 데이터의 비율을 의미한다. 우리 모델의 ROC 곡선(임계치는 0.0, 0.1, 0.2, …, 1.0으로)을 그릴 수 있는 코드를 작성해보자.

```
>>> pos_prob = prediction_prob[:, 1]
>>> thresholds = np.arange(0.0, 1.2, 0.1)
>>> true_pos = [0]*len(thresholds)
>>> false_pos = [0]*len(thresholds)
>>> for pred, y in zip(pos_prob, Y_test):
...     for i, threshold in enumerate(thresholds):
...         if pred >= threshold:
...             # 실제값과 예측값 모두 1인 경우
...             if y == 1:
...                 true_pos[i] += 1
...             # 실제값은 0인 반면, 예측값은 1인 경우
...             else:
...                 false_pos[i] += 1
...         else:
...             break
```

다음으로 모든 임계치를 설정하기 위해 진양성 비율과 위양성 비율을 계산한다(양성 테스트 샘플 개수는 총 516개이고, 음성 테스트 샘플은 1191개임을 기억하라).

```
>>> true_pos_rate = [tp / 516.0 for tp in true_pos]
>>> false_pos_rate = [fp / 1191.0 for fp in false_pos]
```

이제 맷플롯립을 이용해 ROC 곡선을 만든다.

```
>>> import matplotlib.pyplot as plt
>>> plt.figure()
>>> lw = 2
>>> plt.plot(false_pos_rate, true_pos_rate, color='darkorange', lw=lw)
>>> plt.plot([0, 1], [0, 1], color='navy', lw=lw, linestyle='--')
>>> plt.xlim([0.0, 1.0])
>>> plt.ylim([0.0, 1.05])
>>> plt.xlabel('False Positive Rate')
>>> plt.ylabel('True Positive Rate')
>>> plt.title('Receiver Operating Characteristic')
>>> plt.legend(loc="lower right")
>>> plt.show()
```

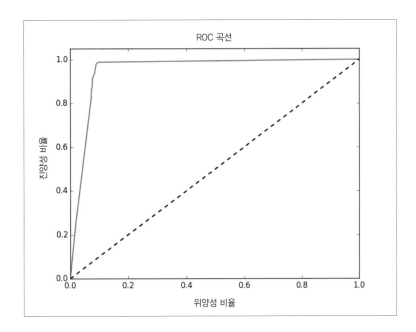

그래프에서, 점선은 무작위로 추측했을 경우를 나타내는 베이스라인이다. 진양성 비율은 위양성 비율과 선형적으로 증가한다. 그리고 이에 대한 AUC는 0.5다. 실선(오렌지색)은 우리 모델의 ROC 곡선을 나타내며 이와 관련한 AUC는 1보다 약간 작다. 모델이 완벽할 경우, 진양성 샘플은 1이라는 확률값을 갖는다. 이렇게 되면 ROC 곡선이 100% 진양성 값이고, 위양성 값은 0인 지점부터 시작한다. 이 경우의 AUC도 1이다. 우리 모델의 정확한 AUC를 계산하려면 사이킷런의 roc_auc_score 함수를 이용한다.

```
>>> from sklearn.metrics import roc_auc_score
>>> roc_auc_score(Y_test, pos_prob)
0.95828777198497783
```

▌ 모델 튜닝과 교차 검증

분류 모델의 성능을 측정하려고 사용된 메트릭을 배웠으니, 적절하게 측정하는 방법을 공부해보자. 여기에서는 앞서 실험했던 대로 고정된 테스트세트를 통해 얻은 분류 결과를 적용할 수는 없다. 그 대신, 모델이 실질적으로 잘 동작하는지를 평가하기 위해 k 폴드 교차 검증k-fold cross validation을 적용한다.

k 폴드 교차 검증을 설정하려면, 먼저 원본 데이터를 무작위로 k개의 동일한 크기를 지닌 서브세트로 나눈다. 필요에 따라서는 클래스 비율로 나누기도 한다. 이렇게 나눈 k개의 서브세트 각각을 모델을 평가하는 테스트세트로 유지한다. 이후 학습 단계에서 나머지 k−1개의 서브세트는 모델을 만들기 위한 학습 데이터세트로 구성한다. 마지막으로, k번의 학습에서 얻은 성능 결과의 평균을 계산해 전체 성능 결과로 만든다.

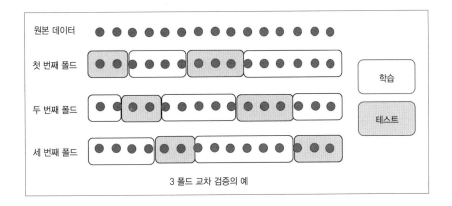

3 폴드 교차 검증의 예

통계적으로, k 폴드 교차 검증을 통한 평균 성능은 모델이 일반적으로 얼마나 잘 수행하는 지에 대한 정확한 측정값이라 하겠다. 머신 러닝 모델과 데이터 전처리 알고리즘에서 유지할 여러 가지 파라미터 세트가 주어졌을 때, 모델 튜닝 또는 모델 선택의 목표는 평균 성능이 가장 잘 나오도록 분류기의 파라미터 세트를 잘 선택하는 것이다. 이런 점을 염두에 두고 교차 검증 기능이 포함된 우리가 직접 구현한 나이브 베이즈 분류기와 함께 ROC와 AUC 측정치를 이용해 시작해보자.

우선 클래스 비율을 유지하면서 데이터를 청크 단위로 나누도록 사이킷런의 StratifiedKFold 클래스에 있는 split 함수를 이용한다.

```
>>> from sklearn.model_selection imort StratifiedKFold
>>> k = 10
>>> k_fold = StratifiedKFold (n_splits=k)
>>> cleaned_emails_np = np.array(cleaned_emails)
>>> labels_np = np.array(labels)
```

10 폴드 생성기로 초기화한 후 다음 파라미터 값으로 분석한다.

- max_features, 피처 세트 중 가장 많이 사용되는 n개의 용어를 의미한다.
- 스무딩 파라미터: 용어에 대한 횟수 계산용 초기값
- 학습 데이터에 대해 사전 확률을 사용할지 여부

```
>>> max_features_option = [2000, 4000, 8000]
>>> smoothing_factor_option = [0.5, 1.0, 1.5, 2.0]
>>> fit_prior_option = [True, False]
>>> auc_record = {}
```

다음으로 k_fold 오브젝트의 split 함수를 통해 생성된 각 폴더, 용어 출현 횟수 피처 추출, 분류기 학습, 앞에서 설명한 파라미터 조합 결과 중 하나를 이용한 예측, 그리고 결과에 대한 AUC의 기록을 순서대로 반복한다. 다음 코드를 보자.

```
>>> for train_indices, test_indices in
...             k_fold.split(cleaned_emails, labels):
...     X_train = cleaned_emails_np[train_indices]
...     X_test = cleaned_emails_np[test_indices]
...     Y_train = labels_np[train_indices]
...     Y_test = labels_np[test_indices]
...     for max_features in max_features_option:
...         if max_features not in auc_record:
...             auc_record[max_features] = {}
...         cv = CountVectorizer(stop_words="english",
...                         max_features=max_features)
...     term_docs_train = cv.fit_transform(X_train)
...     term_docs_test = cv.transform(X_test)
...     for smoothing in smoothing_factor_option:
...         if smoothing_factor not in auc_record[max_features]:
...             auc_record[max_features][smoothing] = {}
...         for fit_prior in fit_prior_option:else:
...             clf = MultinomialNB(alpha=smoothing,
...                             fit_prior=fit_prior)
...             clf.fit(term_docs_train, Y_train)
...             prediction_prob =
...                     clf.predict_proba(term_docs_test)
...             pos_prob = prediction_prob[:, 1]
...             auc = roc_auc_score(Y_test, pos_prob)
...             auc_record[max_features][smoothing][fit_prior]
...                 = auc + auc_record[max_features][smoothing]
...                     .get(fit_prior, 0.0)
```

마지막으로 결과를 출력한다.

```
>>> print('max features smoothing fit prior auc'
...           .format(max_features, smoothing, fit_prior, auc/k))
>>> for max_features, max_features_record in auc_record.iteritems():
...     for smoothing, smoothing_record in max_feature_record.iteritems():
...         for fit_prior, auc in smoothing_record.iteritems():
...             print('   {0}   {1}   {2}   {3:.4f}'
...                   .format(max_features, smoothing, fit_prior, auc/k))
...
max features smoothing fit prior      auc
        2000      0.5    False      0.9744
        2000      0.5     True      0.9744
        2000      1.0    False      0.9725
        2000      1.0     True      0.9726
        2000      2.0    False      0.9707
        2000      2.0     True      0.9706
        2000      1.5    False      0.9715
        2000      1.5     True      0.9715
        4000      0.5    False      0.9815
        4000      0.5     True      0.9817
        4000      1.0    False      0.9797
        4000      1.0     True      0.9797
        4000      2.0    False      0.9779
        4000      2.0     True      0.9778
        4000      1.5    False      0.9787
        4000      1.5     True      0.9785
        8000      0.5    False      0.9855
        8000      0.5     True      0.9856
        8000      1.0    False      0.9745
        8000      1.0     True      0.9745
        8000      2.0    False      0.9738
        8000      2.0     True      0.9737
        8000      1.5    False      0.9741
        8000      1.5     True      0.9741
```

가장 높은 AUC인 0.9856을 나타내는 (8000, 0.5, True)로 설정한다.

▌요약

이 장에서는 머신 러닝 분류 알고리즘의 기본 원리와 중요한 개념을 익혔다. 분류 알고리즘의 종류, 분류 알고리즘의 성능 평가, 교차 검증, 모델 튜닝 외에도 단순하지만 강력한 분류기인 나이브 베이즈를 살펴봤다. 다양한 예제와 스팸 메일 탐지 프로젝트를 이용해 나이브 베이즈의 동작 메카니즘과 코드 구현에 대해 자세히 다뤘다.

끊임없는 연습을 통해서만 우리가 원하는 완벽에 도달할 수 있으리라고 생각한다. 적절한 내용의 새 프로젝트 '영화 평가 데이터의 감성 분석'을 통해 좀 더 깊이 있게 이해해보기 바란다. 관련 데이터는 http://www.cs.cornell.edu/people/pabo/movie-review-data/를 참고한다. 직접 데이터를 다운받으려면 다음 URL을 이용한다.

http://www.cs.cornell.edu/people/pabo/movie-review-data/review_polarity.tar.gz

04

SVM을 이용한
뉴스 토픽 분류

이 장에서도 3장에 이어서 텍스트 데이터 분류에 대해 알아본다. 텍스트 데이터 분류는 실제 활용 가능한 다양한 애플리케이션을 이용해 머신 러닝 분류 알고리즘을 공부하기에 아주 좋다. 여기서는 2장에서 사용했던 뉴스 데이터를 대상으로 토픽 분류를 중점적으로 다룬다. 또, 이런 종류의 문제를 해결하는 데 아주 뛰어난 분류기인 서포트 벡터 머신SVM, Support Vector Machine을 사용한다.

4장에서 다루는 내용은 다음과 같다.

- TF-IDFTerm Frequency-Inverse Document Frequency
- SVM
- SVM의 동작 원리
- SVM 구현

- 다중 클래스 분류 방안
- SVM의 비선형 커널 함수
- 선형 커널 함수와 가우시안 커널 함수 중 선택 방법
- SVM에서의 오버피팅 문제와 해결 방안
- SVM을 이용한 뉴스 토픽 분류
- 그리드 탐색과 교차 검증을 이용한 튜닝

▌ 3장 복습과 IDF

3장에서는 피처 스페이스 추출에 나이브 베이즈 분류기를 적용해 스팸 메일인지 아닌지를 탐지했다. 여기서 피처 스페이스는 **용어 출현 빈도**^{TF, Term Frequency}로 표현하는데, 이는 텍스트 문서의 집합을 각 용어의 출현 횟수를 가지고 행렬 형태로 변환한 것이다. 이를 통해 각 용어가 문서에서 얼마나 많이 등장하는지 분포를 알 수 있었다. 하지만 전체 코퍼스의 모든 문서에 대한 분포는 반영되지 않았다. 예를 들어 일부 단어는 특정 언어에서 훨씬 더 자주 나타난다. 반면 거의 등장하지 않지만 중요한 메시지를 전달하는 단어도 있다.

따라서 텍스트의 피처를 추출하는 더욱 포괄적인 접근 방법 **TF-IDF**^{Tern Frequency-Inverse Document Frequency}를 적용하는 것이 좋다. TF-IDF는 문서의 출현 빈도에 반비례하는 가중치 요소와 이 용어를 포함한 문서의 비율을 TF에 할당하는 것이다. 문서 D에 포함된 용어 t의 IDF는 다음과 같이 계산한다.

$$idf(t, D) = \log \frac{n_D}{1 + n_t}$$

여기서 n_D는 문서 개수를, n_t는 용어 t를 포함한 문서 개수를 의미한다. 숫자 1은 분모가 0이 되지 않도록 (분모가 0이 되면 log 값이 무한대가 되므로) 하기 위해 추가했다.

IDF 요소를 이용하면, 자주 나타나는 공통된 용어(예를 들면 get, make 같은)의 가중치가 작아지도록 할 수 있으며 반대로 출현 비율이 매우 낮지만 의미 있는 용어들의 가중치는 높일 수 있다.

앞에서 다룬 스팸 메일 탐지 모델에 TF-IDF이 얼마나 효과적인지 테스트할 수 있다. 어렵지 않다. 간단하게 사이킷런 라이브러리에서 제공하는 tf 피처 추출에 사용된 CountVectorizer 대신 tf-idf 피처를 추출할 수 있도록 TfidfVectorizer를 사용하면 된다. 코드 대부분은 앞에서 작성한 것을 다시 사용할 것이다. 단지 나이브 베이즈 스무딩을 위한 튜닝 작업만 달라졌다고 보면 된다.

```
>>> from sklearn.feature_extraction.text import TfidfVectorizer
>>> smoothing_factor_option = [1.0, 2.0, 3.0, 4.0, 5.0]
>>> from collections import defaultdict
>>> auc_record = defaultdict(float)
>>> for train_indices, test_indices in k_fold.split(cleaned_emails, labels):
...     X_train, X_test = cleaned_emails_np[train_indices],
...                       cleaned_emails_np[test_indices]
...     Y_train, Y_test = labels_np[train_indices],
...                       labels_np[test_indices]
...     tfidf_vectorizer = TfidfVectorizer(sublinear_tf=True,
...             max_df=0.5, stop_words='english', max_features=8000)
...     term_docs_train = tfidf_vectorizer.fit_transform(X_train)
...     term_docs_test = tfidf_vectorizer.fit_transform(X_test)
...     for smoothing_factor in smoothing_factor_option:
...         clf = MultinomialNB(alpha=smoothing_factor, fit_prior=True)
...         clf.fit(term_docs_train, Y_train)
...         prediction_prob = clf.predict_proba(term_docs_test)
...         pos_prob = predicton_prob[:, 1]
...         auc = roc_auc_score(Y_test, pos_prob)
...         auc_record[smoothing_factor] += auc
...
>>> print('max features    smoothing    fit prior    auc')
>>> for smoothing, smoothing_record in auc_record.iteritems():
...     print('        8000      {0}      true
```

```
...                 {1:.4f}'.format(smoothing,smoothing_record/k))
...
max features    smoothing    fit prior     auc
       8000         1.0         True      0.9920
       8000         2.0         True      0.9930
       8000         3.0         True      0.9936
       8000         4.0         True      0.9940
       8000         5.0         True      0.9943
```

가장 높은 10 폴드 AUC 평균값으로 0.9943을 얻었다. tf 피처를 가지고 얻었던 0.9856보다 훨씬 좋은 결과다.

┃ SVM

우선 텍스트 피처 추출에 관해 또다른 좋은 방법에 대해 알아보고, 이어서 텍스트 데이터 분류에 아주 뛰어난 분류기인 SVM을 이용해보기로 한다.

머신 러닝 분류 문제에서 SVM의 목적은 다른 여러 클래스로 데이터를 가장 잘 구분하는 최적의 **하이퍼플레인**hyperplane을 찾는 것이다. 여기서 하이퍼플레인이란 데이터가 분포돼 있는 n차원의 피처 스페이스를 두 개의 스페이스로 나누는 $n-1$ 차원의 평면을 말한다. 예를 들어 2차원 피처 스페이스의 하이퍼플레인은 선line이 될 것이고, 3차원 피처 스페이스의 하이퍼플레인은 평면surfeace이 될 것이다. 최적화된 하이퍼플레인을 얻으려면 각 스페이스 내에 있는 가장 가까운 데이터 간의 거리가 최대가 되도록 해야 한다. 여기서 가장 가까운 데이터 포인트들을 **서포트 벡터**support vectors라고 한다.

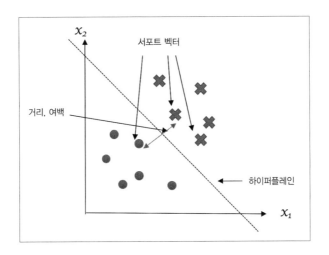

SVM의 원리

앞에서 설명한 SVM의 정의를 보면 가능한 하이퍼플레인의 개수는 무한대라고 볼 수 있다. 그러면 가장 최적의 하이퍼플레인을 어떻게 찾아낼 수 있을까? 뒤에서 몇 가지 시나리오를 통해 자세히 알아보자.

시나리오 1: 하이퍼플레인 선별

먼저 하이퍼플레인에서 무엇을 측정할지 알아야 한다. 이 예제에서, 하이퍼플레인 C만 레이블로 표시한 데이터를 제대로 나누고 있다. 반면 하이퍼플레인 A와 하이퍼플레인 B는 제대로 클래스를 구분하지 못하고 있다. 이 결과를 수학적으로 설명하면 다음과 같다.

2차원 공간에서 직선line은 2차원 벡터로 표현되는 기울기 벡터slope vector w와 절편interception b로 정의할 수 있다. 이와 마찬가지로 n차원 공간에서는 n차원의 벡터 w와 절편 b로 하이퍼플레인을 정의할 수 있다. 하이퍼플레인상에 있는 모든 데이터 x는 $wx + b = 0$ 조건을 만족한다. 다음 두 조건을 만족할 경우 하이퍼플레인은 주어진 공간을 나눈다고 볼 수 있다.

- 2개의 클래스 중 한 쪽에 속한 모든 데이터 x에 대해 $wx + b > 0$이다.
- 2개의 클래스 중 다른 쪽에 속한 모든 데이터 x에 대해 $wx + b < 0$이다.

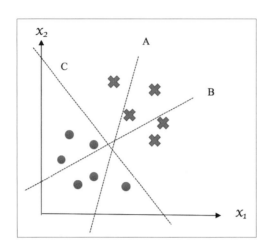

w와 b에 대해 이와 같은 조건을 만족하는 솔루션은 수없이 많을 수 있다. 따라서 이런 수많은 하이퍼플레인 중에서 가장 좋은 하이퍼플레인을 어떻게 찾아내는지 알아보기로 한다.

시나리오 2: 최적의 하이퍼플레인 결정

다음 예제를 보면, 하이퍼플레인 C가 가장 최적의 하이퍼플레인이라고 볼 수 있다. 하이퍼플레인을 기준으로 0보다 큰 영역positive side에 있는 데이터 중 하이퍼플레인과 가장 가까운 데이터(이 그림에서는 x로 표시)와 0보다 작은 영역negative side에 있는 데이터 중 하이퍼플레인과 가장 가까운 데이터(이 그림에서는 o 로 표시) 사이의 거리 합이 최대가 되게 하기 때문이다. 0보다 큰 영역의 가장 가까운 데이터는 디시전 하이퍼플레인(하이퍼플레인 C)와 공간상에서 평행한 하이퍼플레인으로 구성될 수 있다. 이를 양성 하이퍼플레인positive hyperplane이라고 한다. 마찬가지로 0보다 작은 영역의 데이터 역시 하이퍼플레인으로 구성될 수 있는데 이를 음성 하이퍼플레인negative hyperplane이라고 한다. 양성 하이퍼플레인과 음성 하이퍼플레인 간에 직교하는perpendicular 거리를 **마진**margin이라고 하는데 이는 앞에서 설명한 두 거리를 합한 것과 같다. 즉 양성 하이퍼플레인과 디시전 하이퍼플레인 간의 거리와 음성 하이퍼플레인과 디시전 하이퍼플레인 간의 거리를 합한 값이다. 이 마진이 최대가 될 때 디시전 하이퍼플레인은 최적이 된다.

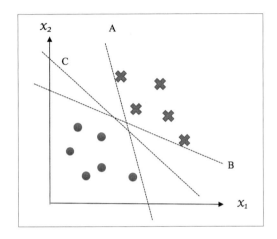

2개 클래스로 구성된 샘플 데이터로 학습된 SVM 모델의 마진이 최대가 되는 최적의 하이퍼플레인과 마진을 다음 그림을 통해 자세히 설명한다. 이 그림에서 (한쪽 클래스에서는 x로 표시된 2개의 데이터와, 다른 쪽 클래스에서 o으로 표시된 데이터인) 마진의 샘플을 서포트 벡터support vector라고 한다.

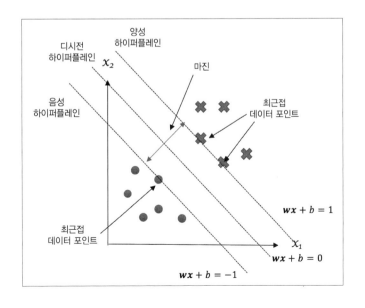

양성 하이퍼플레인과 음성 하이퍼플레인을 수학적으로 설명하면 다음과 같다. 어떤 의미인지 같이 알아보자.

$$wx^{(p)} + b = 1$$

$$wx^{(n)} + b = -1$$

여기서 $x^{(p)}$는 양성 하이퍼플레인의 데이터 포인트를, $x^{(n)}$는 음성 하이퍼플레인의 데이터 포인트를 의미한다.

디시전 하이퍼플레인에 대해 $x^{(p)}$와의 거리는 다음 식으로 계산할 수 있다.

$$\frac{|wx^{(p)} + b|}{\|w\|} = \frac{1}{\|w\|}$$

마찬가지로 디시전 하이퍼플레인에 대해 $x^{(n)}$과의 거리는 다음 식으로 계산할 수 있다.

$$\frac{|wx^{(n)} + b|}{\|w\|} = \frac{1}{\|w\|}$$

따라서 마진은 $\frac{2}{\|w\|}$이 되고 결과적으로 이 마진을 최대로 만들기 위해서 $\|w\|$를 최소가 되게 해야 한다. 무엇보다도 양성 하이퍼플레인과 음성 하이퍼플레인상의 서포트 벡터 모두가 디시전 하이퍼플레인에 가장 가까운 데이터 포인트가 되도록 하기 위해 추가 조건이 필요하다. 즉 양성 하이퍼플레인과 음성 하이퍼플레인 사이에 데이터가 아무것도 없어야 한다는 조건인데 이를 수학적으로 표현하면 다음과 같다.

$$wx^{(i)} + b \geq 1 \; if \; y^{(i)} = 1$$

$$wx^{(i)} + b \leq 1 \; if \; y^{(i)} = -1$$

여기서 $(x^{(i)}, y^{(i)})$는 관측값(데이터 포인트)이다. 그리고 이 조건은 다음과 같이 하나로 합칠 수 있다.

$$y^{(i)}(wx^{(i)} + b) \geq 1$$

요약하면, 다음과 같은 최적화 문제의 답을 찾는 것으로 SVM 디시전 하이퍼플레인을 결정하는 w와 b를 구할 수 있다.

- $\|w\|$를 최소화한다.
- 학습 데이터세트 $(x^{(1)}, y^{(1)}), (x^{(2)}, y^{(2)}), ... (x^{(i)}, y^{(i)}) ..., (x^{(m)}, y^{(m)})$에 대해 $y^{(i)}(wx^{(i)} + b) \geq 1$를 만족한다.

이 최적화 문제를 풀려면 2차 계획법quadratic programming 기술을 활용해야 한다. 하지만 2차 계획법 기술은 이 책에서 다루는 범위를 넘으므로 여기서는 계산 방법에 관한 자세한 내용은 다루지 않기로 한다. 대신 사이킷런의 SVC와 LinearSVC API를 써서 분류기를 구현하는 데에 집중한다. SVC와 LinearSVC는 가장 많이 사용되는 오픈소스 SVM 머신 러닝 라이브러리인 libsvm(https://www.csie.ntu.edu.tw/~cjlin/libsvm/)과 liblinear(https://www.csie.ntu.edu.tw/~cjlin/liblinear/)를 기반으로 만든 함수다. 하지만 SVM을 어떻게 계산하면 되는지 꼭 이해하고 넘어가기 바란다. 샤이 샬레프 슈바르츠Shia Shalev-Shwartz의 논문 「Pegasos: Primal estimated sub-gradient solver for SVM」(Mathematical Programming March 2011, Volume 127, Issue 1, pp 3–30)과 조주이 시에Cho-Jui Hsieh의 논문 「A Dual Coordinate Descent Method for Large-scale Linear SVN」(Proceedings of the 25th International Conference on Machine LearningICML, pp 408–415)은 대단히 좋은 자료이니 꼭 읽어보기 바란다. 특히 두 가지 최신 방법 서브 그래디언트 디센트sub-gradient descent 기법과 좌표 디센트coordinate descent 기법을 소개한다.

학습을 거친 w와 b는 새로운 데이터 샘플 x'를 분류하는 데에 사용된다. 다음을 보자.

$$y' = \begin{cases} 1, if\ wx' + b > 0 \\ -1, if\ wx' + b < 0 \end{cases}$$

여기서 $|wx'+b|$는 디시전 하이퍼플레인과 데이터 x' 사이의 거리로 볼 수 있다. 아울러 이를 예측이 얼마나 잘 되었는지를 나타내는 지표로 해석할 수도 있다. 이 값이 높을수록 디시전 경계가 더 멀어진다고 얘기할 수 있고 이는 결국 예측이 더 잘 된 것으로 볼 수 있다.

지금 당장이라도 SVM 알고리즘을 만들고 싶은 마음이 굴뚝 같겠지만 잠시 앞으로 돌아가서 데이터 포인트가 선형적으로 완벽하게 나뉘어지지 않는 (보통 자주 접하게 되는) 시나리오를 살펴보자.

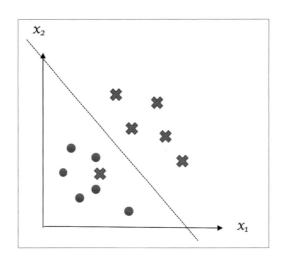

시나리오 3: 이상치 처리

전체 데이터세트를 선형적으로 나눌 수 없게 만드는 이상치^{outlier}가 포함된 데이터세트를 처리하기 위해서는 이런 이상치를 잘못 분류할 수 있음^{misclassification}을 허용하고 에러값이 최소가 되게끔 해야 한다. 샘플 데이터 $x^{(i)}$의 미분류 에러(힌지 손실^{hinge loss}라고도 한다) $\zeta^{(i)}$는 다음과 같이 표현할 수 있다.

$$\zeta^{(i)} = \begin{cases} 1 - y^{(i)}\left(wx^{(i)} + b\right), if\, misclassified \\ 0, otherwise \end{cases}$$

궁극적으로는 $\|w\|$ 값을 작게 해야 하므로 다음과 같이 수식에 포함시켜서 최소화한다.

$$\|w\| + C\frac{\sum_{i=1}^{m}\zeta^{(i)}}{m}$$

이 수식에서는 m개의 학습 데이터세트 $\left(x^{(1)}, y^{(1)}\right), \left(x^{(2)}, y^{(2)}\right), ... \left(x^{(i)}, y^{(i)}\right)..., \left(x^{(m)}, y^{(m)}\right)$ 을 대상으로 하며, 파라미터 C는 수식 내의 2개 항 사이에 트레이드오프를 제어한다.

C 값이 크면 잘못 분류하는 결과^{misclassification}의 페널티가 상대적으로 높아진다. 이는 데이터를 구분하는 기준을 지나치게 엄격하게 적용하게 되고 결국 오버피팅을 초래할 수 있다. C 값이 큰 SVM 모델은 바이어스는 낮지만, 분산값이 높아서 좋지 않다.

반대로 C 값이 충분히 낮으면 잘못 분류하는 문제에 대한 영향도가 상대적으로 낮아진다. 이는 데이터 포인트가 잘못 분류될 가능성을 높게 되고 결국 데이터를 반드시 두 개의 클래스 중 하나에 할당해야 하는 기준이 약해지게 된다. C 값이 작은 SVM 모델은 분산값은 낮지만, 바이어스는 매우 높을 수 있다.

그림을 통해 자세히 설명하면 다음과 같다.

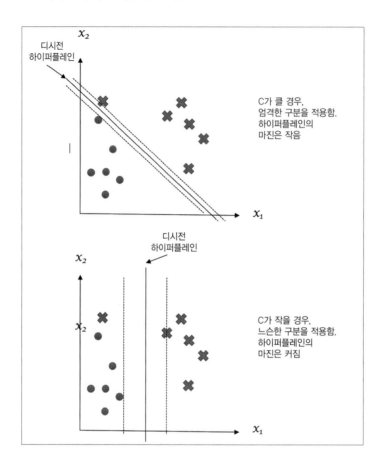

파라미터 C는 바이어스와 분산값 사이의 밸런스를 결정한다. 이는 교차 검증을 이용해 튜닝할 수 있는데 실제로 어떻게 하는지는 뒤에서 알아본다.

SVM 구현

SVM 분류기에 관한 기본 지식을 알아봤다. 이제 뉴스 토픽 분류에 이를 적용해보자. 우선 comp.graphics와 sci.space 두 토픽을 분류하는 사례로 시작해보자.

우선 computer graphics와 science space 뉴스 데이터의 학습 데이터와 테스트 데이터를 불러들인다.

```
>>> categories = ['comp.graphics', 'sci.space']
>>> data_train = fetch_20newsgroups(subset='train',
                    categories=categories, random_state=42)
>>> data_test = fetch_20newsgroups(subset='test',
                    categories=categories, random_state=42)
```

여기서 실험을 다시 만들기 위해 random_state를 입력 파라미터로 설정한 것도 기억해 두자.

텍스트 데이터 정제 작업을 한 다음 레이블 정보도 확인한다.

```
>>> cleaned_train = clean_text(data_train.data)
>>> label_train = data_train.target
>>> cleaned_test = clean_text(data_test.data)
>>> label_test = data_test.target
>>> len(label_train), len(label_test)
(1177, 783)
```

클래스의 비율이 잘 맞는지 확인한다.

```
>>> from collections import Counter
>>> Counter(label_train)
Counter({1: 593, 0:584})
>>> Counter(label_test)
Counter({1: 394, 0:389})
```

다음으로 앞에서 불러들인 TfidfVectorizer 함수를 이용해서 tf−idf 피처를 추출한다.

```
>>> tfidf_vectorizer = TfidfVectorizer(sublinear_tf=True, max_df=0.5,
    stop_words='english', max_features=8000)
>>> term_docs_train = tfidf_vectorizer.fit_transform(cleaned_train)
>>> term_docs_test = tfidf_vectorizer.fit_transform(cleaned_test)
```

이제 앞에서 마련한 피처를 가지고 SVM 알고리즘을 실행시킬 준비가 끝났다. kernel 파라미터는 linear로 설정하고 페널티 값 C는 기본값 1로 설정한다. 이를 이용해 SVC 모델을 초기화한다.

```
>>> from sklearn.svm import SVC
>>> svm = SVC(kernel='linear', C=1.0, random_state=42)
```

다음으로 학습 데이터를 가지고 모델을 생성한다.

```
>>> svm.fit(term_docs_train, label_train)
SVC(C1.0, cache_size=200, class_weight=None, coef0=0.0,
    decision_function_shape=None, degree=3, gamma='auto',
    kernel='linear', max_iter=-1, probability=False, random_state=42,
    shrinking=True, tol=0.001, verbose=False)
```

이제 학습된 모델을 가지고 테스트 데이터에 대해 예측을 수행한다. 결과로 예측 정확도를 확인할 수 있다.

```
>>> accuracy = svm.score(term_docs_test, label_test)
>>> print('The accuracy on testing set is:
        {0:.1f}%'.format(accuracy*100))
The accuracy on testing set is: 96.4%
```

우리가 만든 SVM 모델이 96.4%라는 정확도를 보여준 것을 보면 꽤 잘 동작하는 것 같다. 뉴스 토픽을 두 개 이상으로 늘리면 어떻게 될까? SVM은 다중 클래스 분류를 어떻게 처리할까? 함께 알아보자.

시나리오 4: 두 개 이상의 클래스 분류

SVM을 비롯한 여러 가지 분류기를 통해 다중 클래스를 처리할 수 있는데, 대표적으로 **일대다**one-vs-rest(one-vs-all이라고도 한다)와 **일대일**one-vs-one이라는 두 가지 방법을 사용한다.

일대다로 설정하면, K-클래스 문제에 대해 K개의 (서로 다른) 이진 SVM 분류기binary SVM classifier를 만들어낸다. k번째 분류기의 경우 k번째 클래스를 양성 케이스로 처리하고 나머지 $K-1$개의 클래스는 음성 케이스로 처리한다. 이 두 경우를 구분하도록 하이퍼플레인을 학습시킨다(하이퍼플레인은 (w_k, b_k)로 표현한다). 새로운 샘플 데이터 x'의 클래스를 예측하기 위해 K개의 분류기를 이용해 $w_k x' + b_k$를 예측한 결과를 비교한다. 앞에서 설명한대로, $wx' + b$ 값이 높을수록 x'가 양성 케이스에 속할 확률이 더 높아짐을 의미한다. 따라서 전체 예측 결과들 중 $w_i x' + b_i$ 값이 가장 큰 i번째 클래스에 x'를 할당한다.

$$y' = \underset{i=1...K}{\operatorname{argmax}}(w_i x' + b_i)$$

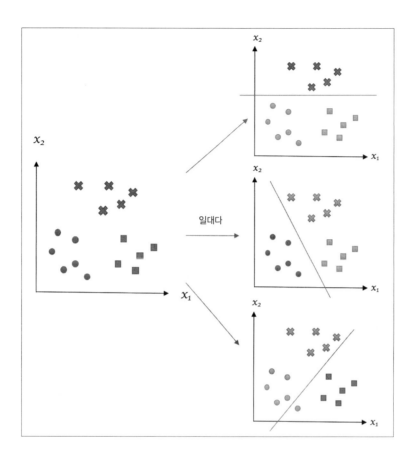

예를 들어, $w_r x' + b_r = 0.78$, $w_b x' + b_b = 0.35$, $w_g x' + b_g = -0.64$이면, 녹색 클래스에 x'를 할당한다. 또, $w_r x' + b_r = -0.78$, $w_b x' + b_b = -0.35$, $w_g x + b_g = -0.64$일 경우에는 숫자가 음수지만 파란색 클래스에 x'를 할당한다.

일대일 전략을 적용할 경우, 데이터에서 클래스의 각 쌍을 구분하는 SVM 분류기를 생성하도록 쌍pairwise 비교 방법을 만든다. 이를 통해 $\frac{K(K-1)}{2}$개의 서로 다른 분류기가 만들어진다.

클래스 i와 클래스 j에 연관되어 있는 분류기를, (w_{ij}, b_{ij})로 표현한 하이퍼플레인은 양성 케이스로 볼 수 있는 클래스 i와 음성 케이스로 볼 수 있는 클래스 j의 데이터만 가지고 학습을 진행한다. 그런 다음 $w_{ij} x' + b_{ij}$의 결과(기호)를 가지고 샘플 데이터 x'를 클래스 i와 클래스 j 중 하나에 할당한다. 마지막으로 할당된 수가 가장 많은 클래스를 x'의 예측 결과로 간주한다.

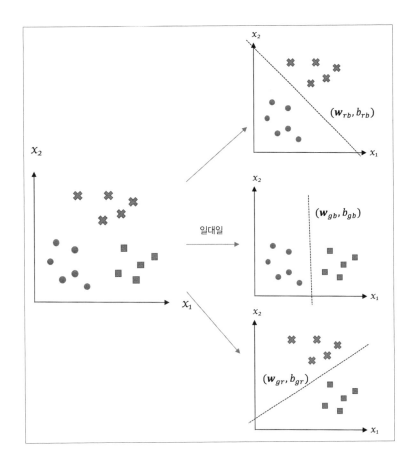

대부분의 경우, 일대다 방법을 이용한 SVM 분류기와 일대일 방법을 이용한 SVM 분류기를 모두 실행시킨 다음 정확도를 비교한다. 주의할 점은 이들 중 어떤 결과를 선택할지 판단하기 위해서는 상당한 계산 작업을 필요로 한다는 점이다.

일대일 방법을 이용하면 일대다 방법을 적용했을 때보다 분류기가 훨씬 더 많이 만들어진다(일대일 방법이 적용될 경우 $\frac{K(K-1)}{2}$ 개의 분류기가 생성되고, 일대다 방법을 적용했을 경우 K개의 분류기가 생성된다). 하지만 일대다 방법에서는 전체 데이터세트를 이용하는 것과는 달리, 일대일 방법을 통해 만들어진 분류기들은 학습을 할 때 전체 데이터 중 일부만 사용한다. 결과적으로 일대일 방법을 적용한 SVM 모델 학습은 보통 훨씬 더 메모리 활용 면에서 효율적이고, 컴퓨팅 계산도 적게 든다. 따라서 실제로도 대단히 유용하다. 자세한 사항은 치웨이 슈Chih-Wei Hsu와 치젠 린Chih-Jen Lin의 논문인 「A Comparison of Methods for Multi-Class Support Vector Machines」(IEEE Transactions on Neural Networks, 2002, Volume 13, pp 415-425)을 참고한다.

사이킷런에서 분류기는 다중 클래스 케이스를 내부적으로 처리한다. 따라서 우리가 추가로 코드를 작성할 필요는 없다. 여기서는 comp.graphics, sci.space, alt.atheism, talk.religion.misc, rec.sport.hockey 다섯 가지 토픽을 분류하는 간단한 예제를 돌려보기로 하자.

```
>>> categories = [
...      'alt.atheism',
...      'talk.religion.misc',
...      'comp.graphics',
...      'sci.space',
...      'rec.sport.hockey'
... ]
>>> data_train = fetch_20newsgroups(subset='train',
                        categories=categories, random_state=42)
>>> data_test = fetch_20newsgroups(subset='test',
                        categories=categories, random_state=42)
>>> cleaned_train = clean_text(data_train.data)
>>> label_train = data_train.target
>>> cleaned_test = clean_text(data_test.data)
>>> label_test = data_test.target
>>> term_docs_train =
                tfidf_vectorizer.fit_transform(cleaned_train)
>>> term_docs_test = tfidf_vectorizer.transform(cleaned_test)
```

SVC에서는 일대일 기법을 통해 다중 클래스 서포트^{multiclass support}를 내부적으로 처리한다.

```
>>> svm = SVC(kernel='train', C=1.0, random_state=42)
>>> svm.fit(term_docs_train, label_train)
>>> accuracy = svm.score(term_docs_test, label_test)
>>> print('The accuracy on testing set is:
                            {0:.1f}%'.format(accuracy*100))
The accuracy on testing set is: 88.6%
```

각 클래스는 다음 코드를 참고해서 실행시킨다.

```
>>> from sklearn.metrics import classification_report
>>> prediction = svm.predict(term_docs_test)
>>> report = classification_report(label_test, prediction)
>>> print(report)
             precision  recall  f1-score  support
          0       0.81    0.77      0.79      319
          1       0.91    0.94      0.93      389
          2       0.98    0.96      0.97      399
          3       0.93    0.93      0.93      394
          4       0.73    0.76      0.74      251
avg / total       0.89    0.89      0.89     1752
```

결과가 그럭저럭 괜찮다! SVC 모델에서 설정했던 파라미터 값인 kernel= 'linear'와 C=1.0을 바꿔봐도 된다. 파라미터 C는 얼마나 클래스를 엄격하게, 즉 둘 중 한쪽에만 할당할 것인지를 제어하는 역할을 한다. 그리고 이를 통해서 바이어스와 분산 간에 가장 좋은 조합을 얻도록 튜닝을 할 수도 있다. 커널 함수는 어떤가? 앞에서 설정한 값인 kernel= 'linear' 외에 다른 것들은 무엇이 있을까? 다음 절에서 커널 함수가 얼마나 SVM의 성능을 높일 수 있는지 알아보자.

SVM 커널 함수

시나리오 5: 선형으로 분류할 수 없는 문제의 해결 방법

이제까지 봐온 하이퍼플레인은 선형적 특성을 지니고 있었다. 2차원 공간상의 직선처럼, 3차원상의 평면처럼 말이다. 하지만 다음에 소개하는 예제 같은 시나리오를 자주 접하게 되는데, 이 경우 데이터를 두 개의 클래스로 나눠주는 선형 하이퍼플레인은 없다.

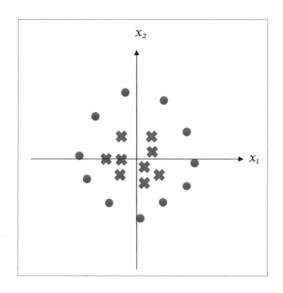

직관적으로 보면 어느 한 쪽 클래스에 속한 데이터 포인트(이 그림에서는 x)가 다른 쪽 클래스의 데이터 포인트(이 그림에서는 o)보다 중심에 더 가까움을 알 수 있다. 클래스의 중심에 대한 거리는 중요한 정보를 제공한다. 따라서 새로운 피처인 $z = (x_1^2 + x_2^2)^2$ 를 추가하고 원래 2차원 공간이던 것을 3차원 공간으로 변환한다. 새로운 공간에서 보면 데이터를 분류할 수 있는 평면 하이퍼플레인을 발견할 수 있다. 좌표축이 바뀐 2차원 공간에서 보면 직선으로 나타날 수 있다. 이렇게 피처를 추가하면, 데이터세트를 기존보다 더 높은 차원 (x_1, x_2, z)에서 선형적으로 데이터를 분류할 수 있다.

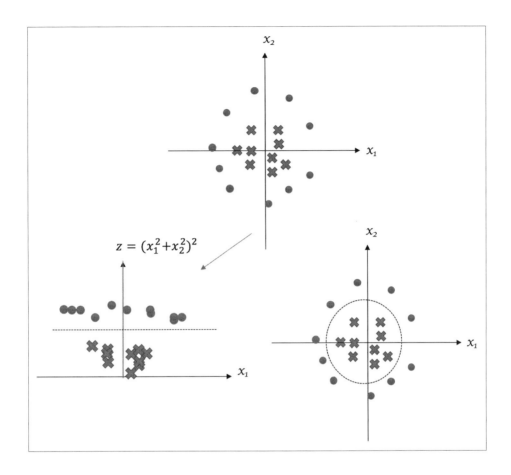

$$z = (x_1^2 + x_2^2)^2$$

마찬가지로 커널 함수를 지닌 SVM은 변환 함수 ϕ로 기존의 피처 공간을 더 높은 차원의 피처 공간 $x^{(i)}$으로 바꿔서 비선형 분류 문제를 해결한다. 여기서 피처 공간 변환에 사용된 함수는 변환된 데이터세트 $\phi(x^{(i)})$이 선형적으로 분류되도록 한다. 선형 하이퍼플레인 $(w_\phi,$ $b_\phi)$은 관측값, 즉 데이터 $(\phi(x^{(i)}), y^{(i)})$를 이용해 학습이 이뤄진다. 새로운 데이터 샘플 x'이 주어졌을 때 우선 $\phi(x')$로 변환한다. 그리고 예측 클래스는 $w_\phi x' + b_\phi$를 통해 결정된다.

비선형적인 클래스를 분류하는 것 외에도 커널 함수를 지닌 SVM은 계산 측면에서도 매우 효율적이다. 고차원 공간으로 변환하는 과정에서 많은 양의 계산을 할 필요가 없는데 이유는 다음과 같다.

SVM 2차 방정식 최적화 문제를 해결하는 과정에서, 피처 벡터 $x^{(1)}, x^{(2)}, \cdots, x^{(m)}$은 벡터의 내적 $x^{(i)} \cdot x^{(j)}$ 형태로 계산된다. 앞 절에서 본 것처럼 수학적으로 계산을 더 확장시키지 않고 말이다. 커널 함수를 이용하면 새로운 피처 벡터는 $\phi(x^{(1)}), \phi(x^{(2)}), \cdots, \phi(x^{(m)})$이고, 이들의 벡터 내적을 계산한 결과는 다음과 같이 표현할 수 있다.

$$\phi(x^{(i)}) \cdot \phi(x^{(j)}) = \phi(x^{(i)} \cdot x^{(j)})$$

여기서 낮은 차원의 벡터 내적 $x^{(i)} \cdot x^{(j)}$을 우선 내부적으로 계산하고, 그 다음 변환 함수 ϕ를 바로 적용해서 고차원에 매핑시킨다. 이를 통해 다음 조건을 만족하는 K개의 함수가 만들어진다.

$$K\left(x^{(i)}, x^{(j)}\right) = \phi(x^{(i)} \cdot x^{(j)}) = \phi(x^{(i)}) \cdot \phi(x^{(j)})$$

여기서 함수 K를 커널 함수라고 한다. 결과를 보면 비선형적 디시전 경계는 간단히 벡터의 내적 $x^{(i)} \cdot x^{(j)}$을 벡터의 내적 $K(x^{(i)} \cdot x^{(j)})$로 바꾸기만 하면 효율적으로 학습을 시킬 수 있다.

가장 많이 알려진 커널 함수로 RBF^{Radial basis function} 커널이 있으며(가우시안 커널^{Gaussian kernel}이라고도 한다) 다음과 같이 정의한다.

$$K\left(x^{(i)}, x^{(j)}\right) = \exp\left(-\frac{\left\|x^{(i)} - x^{(j)}\right\|^2}{2\sigma^2}\right) = \exp\left(-\gamma\left\|x^{(i)} - x^{(j)}\right\|^2\right)$$

여기서 $\gamma = \frac{1}{2\sigma^2}$ 이다. 가우시안 함수에서 표준 편차 σ는 변동성 내지는 데이터가 얼마나 넓게 분포할지를 제어한다. 표준 편차 σ가 클수록, 즉 γ이 작을수록 넓은 종^{bell} 모양을 띠게 된다. 이는 곧 데이터가 넓게 분포할 수 있도록 값의 범위가 넓어짐을 의미한다. 따라서 커널 함수의 계수 관점에서 γ은 커널 함수가 샘플 데이터에 얼마나 잘 맞는지를 결정한다고 생각할 수 있다. γ 값이 클수록 분산이 작아지므로 상대적으로 학습 데이터 샘플에 정확하게 맞춰지게 되는데 이로 인해 결국 바이어스가 높아진다. 반대로 γ 값이 작을

수록 분산이 커진다. 이는 모든 데이터에 다 맞추려고 하게 되고 결과적으로 오버피팅을 유발할 수 있다. 조금 더 이해하기 쉽게 데이터세트에 대해 다른 값을 가진 RBF 커널 함수를 적용시켜 보자.

```
>>> import numpy as np
>>> import matplotlib.pyplot as plt
>>> X = np.c_[# 음성 클래스
...           (.3, -.8),
...           (-1.5, -1),
...           (-1.3, -.8),
...           (-1.1, -1.3),
...           (-1.2, -.3),
...           (-1.3, -.5),
...           (-.6, 1.1),
...           (-1.4, 2.2),
...           (1, 1),
...           # 양성 클래스
...           (1.3, .8)
...           (1.2, .5)
...           (.2, -2)
...           (.5, -2.4)
...           (.2, -2.3)
...           (0, -2.7)
...           (1.3, 2.1)].T
>>> Y = [-1] * 8 + [1] * 8
>>> gamma_option = [1, 2, 4]
```

앞에서 3개의 γ 각각에 대해 디시전 경계를 학습시키는 데 사용한 데이터를 시각화해보자.

```
>>> import matplotlib.pyplot as plt
>>> plt.figure(1, figsize=(4*len(gamma_option), 4))
>>> for i, gamma in enumerate(gamma_option, 1):
...     svm = SVC(kernel='rbf', gamma=gamma)
...     svm.fit(X, Y)
...     plt.subplot(1, len(gamma_option), i)
```

```
...        plt.scatter(X[:, 0], X[:, 1], c=Y, zorder=10,
                                          cmap=plt.cm.Paired)
...        plt.axis('tight')
...        XX, YY = np.mgrid[-3:3:200j, -3:3:200j]
...        Z = svm.decision_function(np.c_[XX.ravel(), YY.ravel()])
...        Z = Z.reshape(XX.shape)
...        plt.pcolormesh(XX, YY, Z > 0, cmap=plt.cm.Paired)
...        plt.contour(XX, YY, Z, colors=['k', 'k', 'k'],
                  linestyles=['--', '-', '--'], levels=[-.5, 0, .5])
...        plt.title('gamma = %d' % gamma)
>>> plt.show()
```

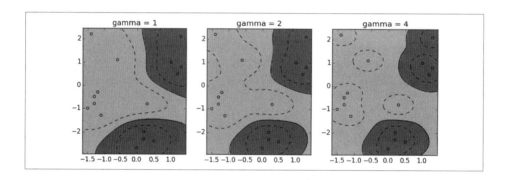

여기서 가장 좋은 성능을 얻기 위해 교차 검증을 통해 γ을 파인 튜닝할 수 있다.

한편 많이 사용되는 또 다른 커널 함수로 **다항 커널 함수**polynomial kernel와 **시그모이드 커널 함수**sigmoid kernel가 있다.

$$K\left(x^{(i)}, x^{(j)}\right) = \left(x^{(i)} \cdot x^{(j)} + \gamma\right)^{d}$$

$$K\left(x^{(i)}, x^{(j)}\right) = tanh\left(x^{(i)} \cdot x^{(j)} + \gamma\right)$$

데이터 분포에 대해 전문적인 사전 지식이 없을 경우, 보통 RBF를 많이 사용한다. 왜냐하면 다항 커널 함수의 경우 변경해야 하는 파라미터 개수가 더 많고, 시그모이드 커널 함수는 특정 파라미터 값이 주어졌을 때에만 RBF 보다 훨씬 더 좋은 성능을 나타내기 때문이다. 따라서 선형 커널 함수와 RBF 커널 함수 간에 무엇이 더 좋은지 논의가 필요하다.

선형 커널 함수와 RBF 커널 함수의 비교

물론 가장 좋은 것은 선형적으로 분류하는 것이다. 하지만 사전 지식이 충분하거나 피처가 (많아야 1에서 3정도로) 적지 않으면, 많은 경우에 있어 이렇게 선형적으로 분류하는 것은 대단히 어렵다.

텍스트 데이터를 비롯해서 사전 지식은 보통 선형적으로 분류가 가능하다. 반면 XOR 함수 데이터는 불가능하다. 선형 커널 함수가 RBF 커널보다 나은 경우를 다음 3가지 시나리오를 통해 알아보자.

시나리오 1: 피처의 개수와 샘플의 개수 모두 큰 경우다(대략 104에서 105 이상). 피처 공간의 차원이 충분히 크기 때문에 RBF 변환을 수행해서 피처가 추가되더라도 특별히 성능이 더 나아지지 않는다. 오히려 계산량만 더 증가한다. UCI 머신 러닝 데이터 저장소에서 관련 데이터를 찾아보면 다음과 같다.

- URL 평판^{URL Reputation} 데이터세트

  https://archive.ics.uci.edu/ml/datasets/URL+Reputation

  어휘 정보와 인터넷 호스트 정보를 바탕으로 악성 URL 탐지용 데이터세트(샘플 개수: 2396130, 피처 개수: 3231961)

- 유튜브 멀티뷰 비디오 게임^{YouTube Multiview Video Games} 데이터세트 :

  https://archive.ics.uci.edu/ml/datasets/YouTube+Multiview+Video+Games+Dataset

  토픽 분류용 데이터세트(샘플 개수: 120000, 피처 개수: 1000000)

시나리오 2: 피처의 개수가 학습 데이터 샘플 개수보다 훨씬 큰 경우다. 시나리오 1에서 설명한 것과는 달리, RBF 커널 함수는 오버피팅이 훨씬 더 잘 일어난다. 여기에 해당하는 데이터세트는 다음과 같다.

- **Dorothea 데이터세트**: https://archive.ics.uci.edu/ml/datasets/Dorothea
  화학적 화합물을 구조적 분자 특성에 따라 활성 또는 비활성으로 분류하는 약물 발견(샘플 개수: 1950, 피처 개수: 100000)
- **Arcene 데이터세트**: https://archive.ics.uci.edu/ml/datasets/Arcene
  암 질병 탐지를 위한 질량 분석 데이터세트(샘플 개수: 900, 피처 개수: 10000)

시나리오 3: 샘플의 개수가 피처의 개수보다 훨씬 많은 경우다. 차원이 작은 데이터세트에 대해 일반적으로 RBF 커널 함수는 이 데이터를 고차원 공간에 매핑시켜서 성능을 높인다. 하지만 학습 복잡도로 인해, 보통 샘플 개수가 106 내지는 107개 이상인 학습 데이터세트에 대해서는 더 이상의 성능 향상이 이뤄지지 않는다. 주요 데이터는 다음과 같다.

- **이질성 행동 인식**Heterogeneity Activity Recognition **데이터세트**
  https://archive.ics.uci.edu/ml/datasets/Heterogeneity+Activity+Recognition
  인간의 행동을 인식하기 위한(샘플 개수: 43930257, 피처 개수: 16)
- **HIGGS 데이터세트**
  https://archive.ics.uci.edu/ml/datasets/HIGGS
  힉스Higgs 입자를 생성하는 신호 프로세스와 백그라운드 프로세스를 구별하기 위한(샘플 개수: 11000000, 피처 개수: 28)

앞에서 본 3가지 경우를 제외하면 실질적으로 RBF를 우선 선택해보기 바란다.

선형 커널 함수와 RBF 커널 함수 중 어떤 것을 선택할지 표로 정리하면 다음과 같다.

사례	선형 커널	RBF 커널
전문적인 사전 지식이 있을 경우	선형 분류인 경우	비선형 분류인 경우
시각화가 가능한 1~3차원 데이터	선형 분류인 경우	비선형 분류인 경우
피처의 개수, 샘플의 개수 모두 큰 경우	우선 선택	
피처 개수가 샘플 개수보다 훨씬 큰 경우	우선 선택	
샘플 개수가 피처 개수보다 훨씬 큰 경우	우선 선택	
기타		우선 선택

█ SVM을 이용한 뉴스 토픽 분류

자, 앞에서 배운 모든 것들을 바탕으로 최신 기술인 SVM 뉴스 토픽 분류기를 만들어보자.

우선 20 뉴스그룹 데이터를 불러와서 정제 작업을 진행한다.

```
>>> categories = None
>>> data_train = fetch_20newsgroups(subset='train',
                        categories=categories, random_state=42)
>>> data_test = fetch_20newsgroups(subset='test',
                        categories=categories, random_state=42)
>>> cleaned_train = clean_text(data_train.data)
>>> label_train = data_train.target
>>> cleaned_test = clean_text(data_test.data)
>>> label_test = data_test.target
>>> term_docs_train =
                tfidf_vectorizer.fit_transform(cleaned_train)
>>> term_docs_test = tfidf_vectorizer.transform(cleaned_test)
```

다시 한 번 얘기하지만 텍스트 데이터를 분류할 때 선형 함수를 이용하는 것이 좋다. SVC 모델에서 kernel 파라미터를 linear로 설정한다. 페널티 파라미터 C는 교차 검증을 통해서만 튜닝한다.

```
>>> svc_libsvm = SVC(kernel='linear')
```

이제까지는 교차 검증을 만들 때 우선 데이터를 몇 개의 폴드^{fold}로 나눴다. 그런 다음 각 파라미터를 순차적으로 계산하기 위해 for 루프를 반복적으로 적용했다. 여기서는 scikit-learn에 있는 툴인 GridSearchCV를 활용해서 조금 더 세련되게 해보려고 한다. GridSearchCV는 데이터 분할, 폴드 생성, 교차 학습 및 검증, 그리고 생성된 파라미터 세트에서 가장 좋은 것을 찾아내는 등 전체 처리 과정을 내부적으로 수행한다. 우리가 할 일은 튜닝할 파라미터를 설정해주고 각 파라미터에 대해 값을 찾기만 하면 된다.

```
>>> parameters = {'C': (0.1, 1, 10, 100)}
>>> from sklearn.model_selection import GridSearchCV
>>> grid_search = GridSearchCV(svc_libsvm, parameters,
                                        n_jobs=-1, cv=3)
```

앞에서 초기화 한 GridSearchCV 모델은 3 폴드 (cv=3) 교차 검증을 수행한다. 그리고 전체 가능한 코어에 대해 병렬로 수행한다(n_jobs=-1). 그런 다음 간단히 fit 함수를 적용해서 하이퍼파라미터 튜닝을 수행한다. 끝으로 실행 시간을 화면에 표시한다.

```
>>> import timeit
>>> start_time = timeit.default_timer()
>>> grid_search.fit(term_docs_train, label_train)
>>> print("--- %0.3fs seconds ---" % (
                          timeit.default_timer() - start_time))
--- 189.506s seconds ---
```

다음 코드를 이용해서 파라미터 최적값 세트(이 예제에서는 C의 최적값이 되겠다)를 구한다.

```
>>> grid_search.best_params_
{'C': 10}
```

최적의 파라미터 세트에 대해 가장 좋은 성능을 보인 3—폴드의 평균값은 다음과 같다.

```
>>> grid_search.best_score_
0.8665370337634789
```

이제 최적의 파라미터로 세팅된 SVM 모델을 새로운 테스트 데이터세트에 적용해보자.

```
>>> svc_libsvm_best = grid_search.best_estimator
>>> accuracy = svc_libsvm_best.score(term_docs_test, label_test)
>>> print('The accuracy on testing set is:
                        {0:.1f}%'.format(accuracy*100))
The accuracy on testing set is: 76.2%
```

원본 학습 데이터세트를 가지고 모델을 튜닝한다는 점에 주목하기 바란다. 특히 학습 데이터세트를 교차 학습과 교차 검증을 위해 몇 개의 폴드로 나눴다. 그리고 원본 테스트 데이터세트에 대해 최적의 모델을 적용했다는 점도 기억해두자. 생성된 모델이 새로운 데이터세트에 대해 얼마나 예측을 잘 하는지 확인하기 위해 분류 성능을 측정했다. 우리가 만든 SVC 모델을 가지고 76.2%의 정확도를 얻었다. 그러면 사이킷런에서 제공하는 SVM 분류기인 LinearSVC는 어떨까? LinearSVC는 선형 커널 함수를 지닌 SVC와 비슷하지만 libsvm 대신 liblinear 라이브러리를 기반으로 구현되어 있는 점이 다르다. LinearSVC를 가지고 앞에서 했던 과정을 똑같이 반복해보자.

```
>>> from sklearn.svm import LinearSVC
>>> svc_linear = LinearSVC()
>>> grid_search = GridSearchCV(svc_libsvm, parameters,
```

```
                                      n_jobs=-1, cv=3)
>>> start_time = timeit.default_timer()
>>> grid_search.fit(term_docs_train, label_train)
>>> print("--- %0.3fs seconds ---" % (
                      timeit.default_timer() - start_time))
--- 16.743s seconds ---
>>> grid_search.best_params_
{'C': 1}
>>> grid_search.best_score_
0.8707795651405339
>>> svc_linear_best = grid_search.best_estimator
>>> accuracy = svc_linear_best.score(term_docs_test, label_test)
>>> print('The accuracy on testing set is:
                      {0:.1f}%'.format(accuracy*100))
The accuracy on testing set is: 77.9%
```

LinearSVC가 SVC보다 10배 이상 더 빠르게 학습을 완료했음을 알 수 있다. 이는 높은 확장성을 지닌 liblinear 라이브러리가 대용량 데이터세트에 맞도록 설계되었기 때문이다. 반면 2차 방정식의 계산 복잡도를 지닌 libsvm은 학습 데이터가 105개 이상일 경우 확장이 불가능하다.

성능을 더 높이기 위해 피처 추출기인 TfidfVectorizer 모델을 다른 것으로 바꿀 수도 있다. 피처 추출과 분류 작업을 교차 검증 형태로 수행할 수 있다. 이를 위해 사이킷런의 파이프라인pipeline API를 이용해보자.

다음 코드와 같이 tfidf 피처 추출기와 선형 SVM 분류기를 파이프라인에 하나로 묶는다.

```
>>> from sklearn.svm import Pipeline
>>> pipeline = Pipeline([
...     ('tfidf', TfidfVectorizer(stop_words='english')),
...     ('svc', LinearSVC()),
... ])
```

튜닝이 필요한 피처 추출, 분류 관련 파라미터는 다음과 같이 정의해보자. 파이프라인 단계 이름과 파라미터 이름을 __로 묶어서 키로 설정한다. 그리고 이들 각각의 값을 옵션 형태의 튜플로 설정한다.

```
>>> parameters_pipeline = {
...     'tfidf__max_df': (0.25, 0.5),
...     'tfidf__max_features': (40000, 50000),
...     'tfidf__sublinear_tf': (True, False),
...     'tfidf__smooth_idf': (True, False),
...     'svc__C': (0.1, 1, 10, 100),
... }
```

SVM 분류기에 대한 페널티 C 외에 tfidf 피처 추출기를 튜닝하기 위한 파라미터는 다음과 같다.

- max_df: 문서에서 일반적으로 발견되는 용어를 배재하기 위한 문서 빈도DF, document frequency의 최대값이다.

- max_features: 가장 중요하게 고려할 피처의 개수. 실험을 위해 지금까지는 8000개만 사용했다.

- sublinear_tf: 로그 함수 또는 다른 함수 등을 이용해 용어의 출현 빈도를 변환한 결과다.

- smooth_idf: 용어 출현 빈도에 대한 스무딩 파라미터와 비슷하게 문서 빈도에 대해 초기값을 1로 설정한다(안 할 수도 있다).

- 그리드 검색 모델은 파이프라인 전체에 걸쳐 최적의 파라미터 세트를 찾는다.

```
>>> grid_search = GridSearchCV(pipeline, parameters_pipeline,
                                       n_jobs=-1, cv=3)
>>> start_time = timeit.default_timer()
>>> grid_search.fit(cleaned_train, label_train)
```

```
>>> print("--- %0.3fs seconds ---" % (
                              timeit.default_timer() - start_time))
--- 278.461s seconds ---
>>> grid_search.best_params_
{'tfidf__max_df': 0.5, 'tfidf__smooth_idf': False,
 'tfidf__max_features': 40000, 'svc__C': 1,
 'tfidf__sublinear_tf': True}
>>> grid_search.best_score_
0.88836839314124094
>>> svc_linear_best = grid_search.best_estimator
```

끝으로 테스트 데이터세트에 모델을 적용한다.

```
>>> accuracy = pipeline_best.score(cleaned_test, label_test)
>>> print('The accuracy on testing set is: {0:.1f}%'.format(accuracy*100))
The accuracy on testing set is: 80.6%
```

파라미터세트 {max_df: 0.5, smooth_idf: False, max_features: 40000, sublinear_tf:
True, C: 1}을 이용해 20 뉴스그룹 데이터세트를 분류했을 때 가장 좋은 분류 정확도인
80.6%를 얻을 수 있었다.

▌ 추가 예제: SVM를 이용해 심전도 데이터로 태아 상태 분류

선형 커널 함수를 포함한 SVM의 애플리케이션을 봤으니, RBF 커널을 포함한 SVM이 잘
맞는 예제를 살펴보자.

산부인과 의사가 **심전도**CTGs, cardiotocograms 데이터를 세 가지 태아 상태(정상, 의심, 아픔) 중 하
나로 분류하는 데 도움이 되도록 분류기를 만들어 보려고 한다. 심장 내시경cardiotocography 데
이터세트는 UCI 머신 러닝 데이터 저장소(https://archive.ics.uci.edu/ml/datasets/Cardiotoco
graphy)에 있으며 https://archive.ics.uci.edu/ml/machine-learning-databases/00

193/CTG.xls에서 .xls 엑셀 파일로 다운받을 수 있다. 이 데이터세트는 피처로 태아의 심장 박동을 측정값과 자궁 수축 정도의 측정값, 그리고 태아의 상태를 분류한 코드(1=정상, 2=의심, 3=아픔)로 구성된다. 23개의 피처로 구성된 총 2126개의 데이터 샘플이 있다. 데이터 샘플의 개수와 피처의 개수를 고려해서 (2126이 23에 비해 그리 큰 값은 아니니) RBF 커널 함수를 우선 적용하기로 한다.

자, 이제 아주 뛰어난 데이터 분석 라이브러리인 판다스^{pandas}(http://pandas.pydata.org/)에 포함된 .xls 엑셀 파일을 가지고 작업해보자. 터미널에서 pip install pandas라는 명령어를 실행시키면 아주 쉽게 설치할 수 있다. 판다스 엑셀 모듈은 xlrd 패키지 설치가 필요할 수 있으니 확인하기 바란다.

우선 Raw Data 라는 이름의 시트에 있는 데이터를 읽어 들인다.

```
>>> import pandas as pd
>>> df = pd.read_excel('CTG.xls', "Raw Data")
```

그러면 2126개의 데이터 샘플을 가져와서 피처 세트(스프레드시트에서 D열부터 AL열까지)를 할당한다. 그리고 레이블 세트(AN열)도 할당한다.

```
>>> X = df.ix[1:2126, 3:-2].values
>>> Y = df.ix[1:2126, -1].values
```

클래스 비율을 확인하는 것도 잊지 말자.

```
>>> Counter(Y)
Counter({1.0: 1655, 2.0: 295, 3.0: 176})
```

최종 테스트를 위해 원본 데이터의 20%는 따로 떼어놓는다.

```
>>> from sklearn.model_selection import train_test_split
>>> X_train, X_test, Y_train, Y_test = train_test_split(X, Y,
                                  test_size=0.2, random_state=42)
```

이제 페널티 C와 커널 함수 계수 γ에 대해 RBF 기반 SVM 모델을 튜닝한다.

```
>>> svc = SVC(kernel='rbf')
>>> parameters = {'C': (100, 1e3, 1e4, 1e5),
...               'gamma': (1e-08, 1e-7, 1e-6, 1e-5)}
>>> grid_search = GridSearchCV(svc, parameters, n_jobs=-1, cv=3)
>>> start_time = timeit.default_timer()
>>> grid_search.fit(X_train, Y_train)
>>> print("--- %0.3fs seconds ---" % (
                            timeit.default_timer() - start_time))
--- 6.044s seconds ---
>>> grid_search.best_params_
{'C': 100000.0, 'gamma': 1e-07}
>>> grid_search.best_score_
0.942352941176
>>> svc_best = grid_search.best_estimator
```

끝으로 테스트 데이터세트에 최적화된 모델을 적용해본다.

```
>>> accuracy = svc_best.score(X_test, Y_test)
>>> print('The accuracy on testing set is: {0:.1f}%'.format(accuracy*100))
The accuracy on testing set is: 96.5%
```

또한, 데이터의 클래스 비율이 균등하지 않으므로 각 클래스별로도 성능을 측정해보자.

```
>>> prediction = svc_best.score(X_test)
>>> report = classification_report(Y_test, prediction)
```

```
>>> print(report)
            precision    recall  f1-score   support
        1.0      0.98      0.98      0.98       333
        2.0      0.89      0.91      0.90        64
        3.0      0.96      0.93      0.95        29
avg / total      0.96      0.96      0.96       426
```

▌요약

이 장에서는 용어 빈도-역 문서 빈도$^{TF-IDF}$라는 고급 기술을 소개했다. 이를 통해서 텍스트 피처 추출에 필요한 지식을 더 많이 알 수 있었다. 그리고 SVM 분류기를 이용해서 뉴스 데이터 분류를 해봤다. 우선 SVM의 동작 원리를 이해하고, 커널 함수를 자세히 살펴봤다. SVM을 어떻게 구현하는지도 함께 알아봤다. 아울러 다중 클래스 분류 전략, 그리드 검색 같은 머신 러닝 분류 기술도 학습했다. 이 외에도 SVM을 사용할 때 유용한 팁도 함께 익혔다(예를 들면 어떤 커널 함수를 쓸 것인지, 튜닝 파라미터를 어떻게 선택할 것인지 등이 있다). 끝으로 뉴스 토픽 분류 문제와 태아의 심장 상태 분류 문제에 직접 적용해 보았다.

지금까지 나이브 베이즈와 SVM 두 가지 분류 알고리즘을 배우고 실제 문제에 적용시켜 보았다. 나이브 베이즈는 아주 단순한 알고리즘이다. 피처가 서로 독립적인 데이터세트에 대해 나이브 베이즈 분류기는 대체로 잘 동작한다. SVM은 반면 데이터를 선형적으로 분류할 때 적용하기 좋다. 일반적으로 적절한 커널 함수와 파라미터로 만들어진 SVM을 쓰면 높은 정확도를 나타낸다. 하지만 여기에는 엄청난 계산 작업과 많은 양의 메모리가 필요할 수 있다. 텍스트 분류 작업을 수행할 때 텍스트 데이터가 선형적으로 분류가 가능하다면 선형 커널 함수로 만들어진 SVM과 나이브 베이즈 분류기가 꽤 좋은 성능을 나타낸다. 실제로는 두 가지 모두 테스트를 해본 후 최적의 파라미터를 바탕으로 만들어진 모델을 선택한다.

05

트리 기반 알고리즘을
이용한 클릭스루 예측

지금부터는 디지털 온라인 마케팅에서 가장 중요한 머신 러닝 문제 중 하나인 클릭스루 예측에 대해 알아보려고 한다. 클릭스루 예측이란 임의의 유저가 현재 보고 있는 웹페이지에 광고가 나타났을 때 이 광고를 얼마나 클릭할지를 예측하는 문제다. 여기서는 트리 기반 알고리즘인 의사결정 트리와 랜덤 포레스트에 초점을 맞춰서 설명한다. 아울러 이 알고리즘들을 수십억 달러가 왔다갔다하는 (실제로 그럴 수 있다) 문제를 다루는 데 활용해보기로 한다.

5장에서 다루는 내용은 다음과 같다.

- 온라인 광고 클릭스루란
- 수치형 데이터와 범주형 데이터
- 의사결정 트리 분류기

- 의사결정 트리의 동작 원리
- 의사결정 트리 구축
- 의사결정 트리 구현
- 의사결정 트리를 이용한 클릭스루 예측
- 랜덤 포레스트 알고리즘
- 랜덤 포레스트의 동작 원리
- 랜덤 포레스트를 이용한 클릭스루 예측
- 랜덤 포레스트 모델 튜닝

▌ 광고 클릭스루 예측이란

온라인 광고는 수십억 달러 규모의 사업이다. 텍스트, 이미지, 플래시, (음성 및 영상 같은) 미디어 콘텐츠로 만들어진 배너 광고 외에도 형태는 매우 다양하다. 광고주 또는 광고 에이전시는 잠재적인 고객에게 광고 메시지가 잘 전달되도록 인터넷, 모바일 앱에 이르기까지 다양한 웹 사이트에 광고를 올린다.

온라인 광고는 머신 러닝을 활용하는 대표적인 사례라고 할 수 있다. 광고주뿐만 아니라 소비자도 잘 만들어진 타겟 마케팅 광고에 대단히 관심이 많다. 기업 입장에서는 광고 타겟팅(불특정 다수가 아닌 특정 사용자에게 맞춰 특정 광고를 보여주는 방식)의 효용성을 예측하는 머신 러닝 모델이 중요할 수밖에 없다. 예를 들면 특정 연령층에서 이 상품에 대한 관심이 얼마나 될지 같은 것을 생각해볼 수 있다. 확실한 가계 수입원이 있는 고객은 광고를 본 후 이 상품을 구입할 것이다. 반면 스포츠 기사를 자주 보는 유저라면 이 광고를 읽는데 시간이 조금 더 오래 걸릴 수도 있다. 이렇게 효용성을 가장 보편적으로 측정하는 기준으로 **클릭스루 비율**CTR, click-through rate이 있다. 클릭스루 비율은 전체 페이지 뷰 횟수 대비 특정 광고를 클릭한 횟수의 비율을 의미한다. 보통 CTR이 높을수록 광고가 잘 타겟팅됐음을 뜻하고 이는 결국 온라인 광고가 성공적이라고 추측할 수 있다.

머신 러닝에서 클릭스루 예측은 성공 가능성과 도전적 성격의 위험 요인 양쪽을 모두 지니고 있다. 주로 어떤 웹 페이지에서 특정 광고가 주어졌을 때 이 광고의 클릭 여부를 보는 이진 분류에 해당하기도 하고, 다음 세 가지 측면에서 피처를 예측할 수도 있다.

- 광고 콘텐츠 및 정보(카테고리, 페이지 내 위치, 텍스트, 포맷 등)
- 페이지 콘텐츠 및 광고 제공측 정보(카테고리, 컨텍스트, 도메인 등)
- 광고 수신측 정보(연령, 성별, (업무, 생활 관련) 지리적 위치, 수입, 관심사, 검색 이력, 웹 브라우징 이력, 기기 정보 등)

우리가 광고 에이전시로서 여러 광고주를 대표해서 광고를 운영한다고 가정해보자. 아울러 적절한 사람들을 대상으로 광고를 적절한 곳에 제공한다고 가정해보자. 여기에 대해 결과를 내려면 과거 한 달 동안 수백만 건의 캠페인을 통해 수집한 기존의 데이터세트를 가지고 광고를 어디에 위치시킬 것인지 학습하고 예측하는 분류 모델을 개발해야 한다(여기서는 예제이기 때문에 적은 양의 피처를 다루지만 실제로는 피처가 수천 개가 될 수 있다).

Ad category	Site category	Site domain	User age	User gender	User occupation	Interested in sports	Interested in tech	Click
Auto	News	cnn.com	25-34	M	Professional	True	True	1
Fashion	News	bbc.com	35-54	F	Professional	False	False	0
Auto	Edu	onlinestudy.com	17-24	F	Student	True	True	0
Food	Entertainment	movie.com	25-34	M	Clerk	True	False	1
Fashion	Sports	football.com	55+	M	Retired	True	False	0
…	…	…	…	…	…	…	…	…
…	…	…	…	…	…	…	…	…
Food	News	abc.com	17-24	M	Student	True	True	?
Auto	Entertainment	movie.com	35-54	F	Professional	True	False	?

▌ 수치형 데이터와 범주형 데이터

얼핏 보면, 앞에서 소개한 데이터세트의 피처는 **범주형**에 속한다. 예를 들면 (1) 남자, 여자 같은 성별, (2) 4개 그룹으로 구분해 놓은 연령, (3) 사전에 정의한 웹사이트 카테고리, (4) 스포츠에 대한 관심 여부 등이다. 이런 종류의 데이터는 앞에서 봐온 **수치형** 데이터와는 확연히 다르다.

범주형(정성적이라고도 하는) 피처는 객체의 특징, 서로 중복되지 않는 그룹, 전체가 몇 개인지 셀 수 있는 옵션 등을 나타낸다. 범주형 피처에는 논리적 순서가 있을 수도 있고 없을 수도 있다. 예를 들어 가계 수입을 낮음, 중간, 높음으로 정하면 이는 (순서가 있는) 서수형 피처로 볼 수 있디. 반면 광고를 종류별로 구분하는 광고 카테고리는 순서가 없는 범주형 피처로 볼 수 있다. 정량적이라고도 하는 수치형 피처는 측정값에 수학적 의미가 담겨 있고, 당연히 서수형 피처라고 볼 수 있다. 예를 들면 용어 출현 빈도는 이산형 특성을 지닌 수치형 피처이고 tf-idf는 연속형 특성을 지닌 수치형 피처라고 생각할 수 있다. 심전도 검사 데이터세트에는 (초당 심장 박동수, 초당 태아의 움직임 횟수 같은) 이산형 특성을 지닌 수치형 피처와 (장기간 변동 결과 variability의 평균값 같은) 연속형 특성을 지닌 수치형 피처가 모두 포함돼 있다.

범주형 피처가 수치형 값을 가질 수도 있다. 예를 들면, '월 month'을 1부터 12까지 숫자로 표시하는 식이다. 또 남자, 여자 성별을 1과 0으로 나타내기도 한다. 하지만 이런 값에는 수학적 의미는 담겨 있지 않다는 점에 주의하기 바란다.

앞에서 공부한 분류 알고리즘인 나이브 베이즈와 SVM 분류 중에서, 나이브 베이즈 분류기는 범주형 피처와 수치형 피처 모두 다 가능하다. 각각의 유사가능도인 $P(x \mid y)$와 $P(features \mid class)$ 둘 다 똑같은 방법으로 계산하기 때문이다. 반면 SVM에서는 마진을 계산하려면 수치형 피처가 필요하다.

이제 나이브 베이즈를 가지고 클릭을 했는지 안 했는지를 예측한다고 생각해보고, 그런 다음 광고주들에게 이 모델을 설명한다고 가정해보자. 우리의 광고주들이 사전 각각의 어트리뷰트에 대한 유사가능도와 이들의 곱셈 연산을 제대로 이해하지 못할 것 같다. 사람들에게 설명하기도 쉽고 해석하기도 쉬우면서 범주형 데이터를 잘 다룰 수도 있는 분류기가 있으면 좋지 않을까? 다행히도 그런 게 있다.

바로 의사결정 트리가 그 답이다!

▌ 의사결정 트리 분류기

의사결정 트리는 트리 모양을 띠는 그래프로 가능한 모든 의사결정 방안과 관련 결과를 나타내는 순차형 다이어그램으로 정의할 수 있다. 트리의 루트부터 시작해서 모든 중간 노드는 의사결정 사항을 나타낸다. 각 노드의 브랜치는 선택 결과가 어떻게 다음 노드의 의사결정으로 이어질지를 나타낸다. 그리고 맨 끝에 있는 리프 노드는 이렇게 해서 나온 최종 결과를 나타낸다.

예를 들어 앞에서 다룬 광고 문제를 풀기 위한 의사결정 트리를 학습시키기 위해 의사결정 트리를 다음과 같이 만들 수 있다.

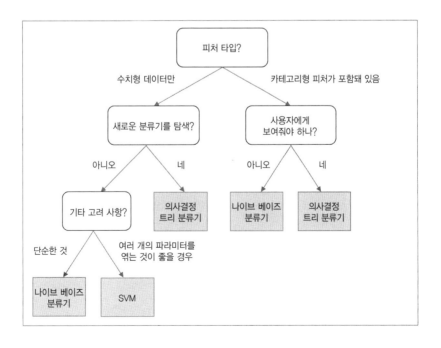

의사결정 트리 분류기는 생성된 의사결정 트리를 따라서 동작한다. 관측값은 피처 값을 기반으로 한 일련의 테스트(중간 노드로 표현됨)와, (브랜치로 표현되는) 관련 조건들을 통해서 클래스에 할당(리프 노드로 표현)된다. 각 노드에서 피처의 값과 특징을 고려한 질문이 주어진다. 이 질문에 대한 답을 바탕으로 각 관측값들은 서브세트 형태로 나뉘게 된다. 이렇게 순차적인 테스트를 종합해서 관측값에 클래스 레이블이 최종적으로 할당된다. 여기서 루트 노드에서 리프 노드까지 거친 전체 경로가 의사결정 과정을 나타내며 이를 분류 규칙이라고 한다.

다음 그림은 자율 주행 차량 광고를 클릭할지 여부를 예측하는 아주 간단한 시나리오를 보여주고 있다. 우선 현재 주어진 데이터세트에 동작하는 의사결정 트리 분류기를 손으로 직접 만든다. 예를 들어 사용자가 기술에 관심이 있고 자동차를 소유하고 있으면 광고를 클릭할 가능성이 높다. 이 서브세트에 해당되지 않을 경우, 이 사람이 만약 연수입이 높은 여자라면 광고를 클릭하지 않을 가능성이 높다. 다음으로 2개의 새로운 입력 데이터를 예측하기 위해 학습된 트리를 이용하며 클릭을 할지 안 할지를 결과로 반환한다.

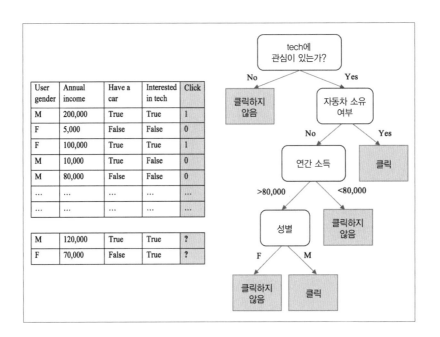

170

의사결정 트리가 만들어지면 새로운 샘플 데이터의 분류는 앞에서 본 것처럼 매우 쉽다. 루트 노드에서 시작해서 테스트 조건을 적용하고 리프 노드에 도착할 때까지 브랜치를 반복한다. 그리고 이를 통해 새로운 샘플 데이터에 클래스 레이블이 최종적으로 할당된다.

그러면 어떻게 적절한 의사결정 트리를 만들 수 있을까?

의사결정 트리 생성

의사결정 트리는 학습 샘플을 서브세트로 계속 파티셔닝을 하면서 생성한다. 파티셔닝 과정은 각 서브세트를 재귀 형태로 반복한다. 각 노드에서 파티셔닝은 서브세트의 피처값을 바탕으로 조건 테스트가 이뤄진다. 서브세트이 똑같은 클래스 레이블을 공유할 경우 내지는 서브세트 분할을 통해 클래스 분류가 더 이상 의미가 없을 경우 노드의 파티셔닝 작업을 마친다.

이론상으로는 n개의 서로 다른 값을 지닌 (수치형 또는 범주형) 피처를 파티셔닝할 경우, 총 n가지의 이분법적인 분할 방법이 있다(조건 테스트의 값이 예/아니오 같은 식임). 피처 파티셔닝의 순서를 고려하지 않을 경우, m차원 데이터세트에 대해 생각해볼 수 있는 트리의 개수는 n^m이나 된다.

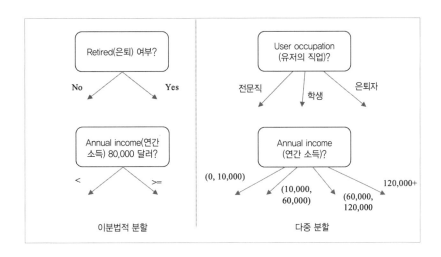

정확한 의사결정 트리를 효율적으로 만들기 위해 수많은 알고리즘이 개발돼 왔는데 대표적으로 다음과 같은 것들이 있다.

- ID3[Iterative Dichotomiser 3]: 톱다운 방식의 탐욕적 탐색 기법을 이용한다. 이를 통해 백트래킹 과정에서 데이터세트를 분할하는 가장 좋은 어트리뷰트를 선정한다.
- C4.5: 생성한 트리를 순회[traverse]하는 백트래킹을 도입해서 ID3를 개선한 알고리즘이다. 결과의 순도(즉, 하나의 클래스로 표현할 수 있는 정도)가 좋아지면 중간 노드(브랜치)를 리프 노드로 교체한다.
- CART[Classification and Regression Tree]: 뒤에서 자세히 설명한다.
- CHAID[Chi-square Automatic Interaction Detector]: 마케팅에서 실제로 많이 사용되고 있다. 복잡한 통계학 개념이 포함돼 있어서 이해하기 어려울 수 있지만, 이 알고리즘의 기본 개념은 결과를 가장 잘 설명할 수 있는 예측 변수를 어떻게 잘 조합할지 결정하는 것이라고 보면 된다.

앞에서 설명한 알고리즘의 기본 아이디어는 같다. 즉 데이터를 파티셔닝하기 위해 사용하는 가장 중요한 피처가 무엇인지 선택하는 로컬 최적화 방법을 계속 적용하는 탐욕적 방식으로 트리를 생성해 나간다. 중요한 피처를 측정하고 트리 분할에 가장 적합한 피처의 값에 관한 내용은 뒤에서 자세히 설명한다.

이제 의사결정 트리 알고리즘 중 가장 유명한 CART 알고리즘에 대해 자세히 알아보고 구현해보자. CART는 각 노드를 왼쪽과 오른쪽 자식 노드로 분할하고 계속 확장시켜서 트리를 생성한다. 각 파티션 단계에서 가장 중요한 피처와 해당 피처의 값의 조합을 탐욕적 방식으로 찾는다. 이를 위해 앞에서 설명한 측정 함수를 이용해서 모든 가능한 조합을 만들고 테스트한다. 트리를 분할하는데 선택된 피처와 밸류를 이용해서 데이터를 다음과 같이 나눈다.

- 범주형 피처의 경우 이 밸류에 해당하는 피처를 지닌 샘플들은 오른쪽 자식 노드에 할당된다. 수치형 피처의 경우 이 밸류보다 큰 샘플이 오른쪽 자식 노드에 할당된다.
- 나머지는 모두 왼쪽 자식 노드에 속하게 된다.

앞에서 설명한 파티셔닝 과정은 계속해서 입력 샘플을 두 개의 서브그룹으로 반복해서 나눈다. 데이터세트가 섞여 있지 않은 상태에서, 다음 조건을 만족했을 경우 이 분할 과정은 해당 서브그룹에서 진행을 멈춘다.

- **새로 만들어진 노드의 샘플 개수가 최소가 되었을 경우**: 샘플의 개수가 이후 트리 분할에서 필요한 샘플의 최소 개수보다 작거나 같을 경우 파티셔닝을 중단한다. 이는 생성된 트리가 학습 데이터에 지나치게 맞춰지면서 발생하는 오버피팅을 막기 위해서다.
- **트리의 깊이가 가장 큰 경우**: 여기서 트리의 깊이란 루트 노드에서 시작해서 해당 노드까지 도달하는 데 거치는 파티셔닝 개수를 말한다. 이 트리의 깊이가 최대 트리 깊이보다 크거나 같을 경우 노드 분할 작업을 더 이상 하지 않고 중단한다. 마찬가지로 트리의 깊이가 커질수록 학습 데이터세트에 점점 더 맞춰지게 되고 이는 결국 오버피팅을 초래하게 된다.

브랜치가 없는 노드는 리프 노드가 된다. 이 노드에 속한 샘플이 나타내는 클래스를 예측 결과로 제공한다. 트리 분할 프로세스가 끝나면, 트리가 생성된다. 아울러 리프 노드에 할당된 클래스 레이블 정보와 중간 노드들에 있는 트리 분할 정보(즉 피처 & 값)가 생성된 트리에 반영된다.

최적의 트리 분할 피처와 값의 조합을 선택하는 방법을 공부했으니 이제 CART 의사결정 트리 알고리즘을 구현해보자.

트리 분할 측정 기준

트리를 분할하는 피처와 해당 값이 가장 잘 조합돼 있는 결과를 선택할 때 얼마나 잘 나뉘었는지 측정하기 위해 보통 지니 계수$^{Gini\ impurity}$와 정보 이득$^{Information\ gain}$을 사용할 수 있다.

지니 계수는 이름에서도 알 수 있듯이 임의의 클래스를 대상으로 해당 클래스의 순도 비율, 다른 클래스와의 중첩 비율을 측정한다. 예를 들어 K개의 클래스로 구성된 데이터세트에 주어졌다고 생각해보자. 이 중 k번째 클래스(여기서 k는 $1 \leq k \leq K$)에 해당하는 데이터의 비율이 f_k ($1 \leq f_k \leq 1$)라고 하면 이 데이터세트의 지니 계수는 다음과 같이 계산할 수 있다.

$$지니\ 계수 = 1 - \sum_{k=1}^{K} f_k^2$$

지니 계수가 낮을수록 데이터세트의 순도 비율이 높음을 나타낸다. 이해하기 쉽게 예를 들어 설명하면 다음과 같다. 데이터세트를 구성하는 클래스가 단 하나뿐일 경우 해당 클래스의 비율은 1이 될 것이고 그 외에 나머지는 (당연히 여기에 속할 데이터가 없으니) 0이 될 것이다. 이에 대한 지니 계수는 $1-(1^2+0^2)=0$이 된다. 또 다른 예제를 가지고 한 번 더 생각해보자. 임의로 동전을 여러 번 던져서 앞면, 뒷면이 나온 결과를 기록해놓은 데이터가 주어졌다고 가정해보자. 여기서 앞면, 뒷면이 나온 비율이 반반일 경우에 대해 지니 계수를 구하면 $1-(0.5^2+0.5^2)=0.5$가 된다. 참고로 다음 코드를 이용하면 둘 중 하나를 고르는 문제가 주어졌을 때 양성 클래스의 비율이 변화하는 데에 따른 지니 계수의 변화 정도를 그래프로 확인할 수 있다.

```
>>> import matplotlib.pyplot as plt
>>> import numpy as np
```

양성 클래스의 비율을 0에서 1까지 설정해보자.

```
>>> pos_fraction = np.linspace(0.00, 1.00, 1000)
```

다음 코드를 통해 지니 계수를 계산한 후 양성 클래스 비율에 따른 지니 계수의 변화를 그래프로 나타낸다.

```
>>> gini = 1 - pos_fraction**2 - (1-pos_fraction)**2
>>> plt.plt(pos_fraction, gini)
>>> plt.ylim(0,1)
>>> plt.xlabel('Positive fraction')
>>> plt.ylabel('Gini Impurity')
>>> plt.show()
```

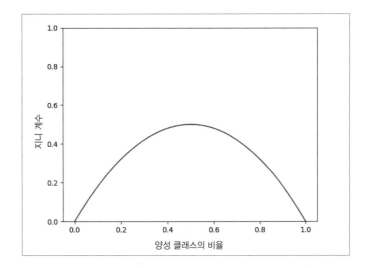

데이터세트에 레이블이 있을 경우 다음과 같이 지니 계수 계산 함수를 구현할 수 있다.

```
>>> def gini_impurity(labels):
...     # 세트에 아무것도 없으면, 이 역시 순수한 상태다.
...     if not labels:
...         return 0
...     # 각 레이블별 출현 횟수를 센다.
...     counts = np.unique(labels, return_counts=True)[1]
...     fractions = counts / float(len(labels))
...     return 1 — np.sum(fractions ** 2)
```

몇 가지 경우를 가지고 테스트해본 결과는 다음과 같다.

```
>>> print('{0:.4f}'.format(gini_impurity([1, 1, 0, 1, 0])))
0.4800
>>> print('{0:.4f}'.format(gini_impurity([1, 1, 0, 1, 0, 0])))
0.5000
>>> print('{0:.4f}'.format(gini_impurity([1, 1, 1, 1])))
0.0000
```

트리 분할이 얼마나 잘 됐는지 측정하고자 할 때 모든 서브 그룹의 지니 계수를 더하기만 하면 된다. 다만 추가할 점은 각 서브그룹의 비율을 가중치로 반영하는 것이다. 여기서도 마찬가지로 지니 계수의 전체 가중치 합이 작을수록 트리 분할이 잘 되었음을 의미한다.

앞에서 본 자율 주행차량 광고 데이터를 성별을 기준으로 나눈 결과와 기술 관심 여부를 가지고 나눈 결과를 보면 다음과 같다.

User gender	Interested in tech	Click	Group by gender
M	True	1	Group 1
F	False	0	Group 2
F	True	1	Group 2
M	False	0	Group 1
M	False	1	Group 1

#1 성별을 기준으로 한 분할 결과

User gender	Interested in tech	Click	Group by interest
M	True	1	Group 1
F	False	0	Group 2
F	True	1	Group 1
M	False	0	Group 2
M	False	1	Group 2

#2 tech 관심여부를 기준으로 한 분할 결과

첫 번째 트리 분할 결과(성별 기준)에 가중치가 반영된 지니 계수는 다음과 같다.

$$\#1\ \text{지니 계수} = \frac{3}{5}\left[1 - \left(\frac{2}{3}^2 + \frac{1}{3}^2\right)\right] + \frac{2}{5}\left[1 - \left(\frac{1}{2}^2 + \frac{1}{2}^2\right)\right] = 0.467$$

두 번째 트리 분할 결과(기술 관심 여부)에 가중치가 반영된 지니 계수는 다음과 같다.

$$\#2 \text{ 지니 계수} = \frac{2}{5}[1 - (1^2 + 0^2)] + \frac{3}{5}\left[1 - \left(\frac{1^2}{3} + \frac{2^2}{3}\right)\right] = 0.267$$

이 결과를 보면 성별로 트리를 분할하는 것보다 기술 관심 여부로 트리를 분할하는 것이 훨씬 더 좋다는 것을 알 수 있다.

또 다른 측정 기준으로 정보 이득이 있다. 정보 이득은 트리를 분할한 후에 순도가 더 좋아지는지를 측정하는 것인데 다른 말로 설명하면 트리 분할을 통해 불확실성이 얼마나 줄어드는지를 나타내는 것이다. 정보 이득 값이 높을수록 트리 분할이 잘 되었음을 의미한다. 트리 분할에 대한 정보 이득은 트리를 분할하기 전과 후의 엔트로피 값을 비교해서 계산한다.

엔트로피는 불확실성에 대한 확률 측정값으로 정의할 수 있다. K개의 클래스 데이터세트와 k번째 클래스(여기서 k는 $1 \le k \le K$)에 해당하는 데이터의 비율이 $f_k (1 \le f_k \le 1)$가 주어졌을 때 엔트로피는 다음과 같이 계산할 수 있다.

$$\text{엔트로피} = -\sum_{k=1}^{K} f_k * \log_2 f_k$$

엔트로피 값이 작을수록 더 명확하고 순도가 높은 데이터세트라는 것을 나타낸다. 가장 이상적인 경우인 데이터세트에 하나의 클래스로만 이뤄져 있을 때 엔트로피는 $-(1*\log_2 1+0)=0$이다. 앞에서 본 동전 던지기 예제의 경우 엔트로피는 $-(0.5*\log_2 0.5+0.5*\log_2 0.5)=1$이 된다.

앞에서 했던 것처럼 다음 코드를 이용해서 둘 중 하나를 선택하는 문제에서 양성 클래스의 비율 변화에 따라 엔트로피 값은 어떻게 바뀌는지 그래프를 통해 알아보자.

```
>>> pos_fraction = np.linspace(0.00, 1.00, 1000)
>>> ent = - (pos_fraction * np.log2(pos_fraction) +
            (1-pos_fraction) * np.log2(1-pos_fraction))
>>> plt.plt(pos_fraction, pos)
>>> plt.xlabel('Positive fraction')
>>> plt.ylabel('Entropy')
>>> plt.ylim(0,1)
>>> plt.show()
```

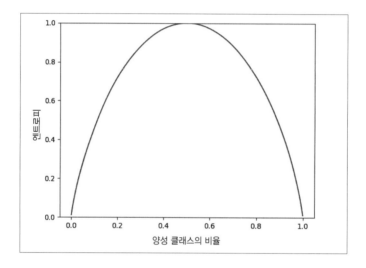

데이터세트 레이블이 주어졌을 때 엔트로피 계산 함수를 다음과 같이 구현할 수 있다.

```
>>> def entropy(labels):
...     if not labels:
...         return 0
...     counts = np.unique(labels, return_counts=True)[1]
...     fractions = counts / float(len(labels))
...     return - np.sum(fractions * np.log2(fractions))
```

자, 엔트로피에 대해 충분히 설명을 한 것 같다. 이제 트리를 분할한 후 불확실성이 얼마나 작아지는지를 측정하는 정보 이득에 대해 알아보자. 정보 이득은 트리 분할 전, 즉 부모parent 노드의 엔트로피와 트리 분할 후, 즉 자식children 노드의 엔트로피 값의 차이로 정의한다.

정보 이득 = 엔트로피(트리 분할 전) − 엔트로피(트리 분할 후)

= 엔트로피(부모) − 엔트로피(자식)

트리 분할 후의 엔트로피는 트리의 각 자식 노드에 대한 엔트로피의 가중치 합으로 계산할 수 있다. 가중치가 반영된 지니 계수에서 했던 것과 비슷하다고 보면 된다.

트리에 노드를 만드는 과정에서 우리가 목표로 하는 것은 정보 이득이 최대가 되도록 적절한 트리 분할 지점을 찾아내는 것이다. 부모 노드의 엔트로피는 변하지 않으므로 트리를 분할하면서 만들어진 자식 노드의 엔트로피를 계산하기만 하면 된다. 다시 말하지만 자식 노드의 엔트로피가 작을수록 트리가 잘 분할됐다는 것을 의미한다.

조금 더 쉽게 이해할 수 있도록 앞에서 본 자율 주행차량 광고 예제를 가지고 생각해보자.

우선 트리가 처음 분할된 후 엔트로피는 다음과 같이 계산할 수 있다.

$$\text{\#1 엔트로피} = \frac{3}{5}\left[-\left(\frac{2}{3}*\log_2\frac{2}{3} + \frac{1}{3}*\log_2\frac{1}{3}\right)\right] + \frac{2}{5}\left[-\left(\frac{1}{2}*\log_2\frac{1}{2} + \frac{1}{2}*\log_2\frac{1}{2}\right)\right]$$
$$= 0.951$$

그런 다음 두 번째 분할이 이뤄졌을 때 엔트로피는 다음과 같이 계산된다.

$$\text{\#2 엔트로피} = \frac{2}{5}\left[-(1*\log_2 1 + 0)\right] + \frac{3}{5}\left[-\left(\frac{1}{3}*\log_2\frac{1}{3} + \frac{2}{3}*\log_2\frac{2}{3}\right)\right] = 0.551$$

앞의 결과를 통해서 정보 이득을 다음과 같이 계산할 수 있다.

$$\text{엔트로피 이전} = -\left(\frac{3}{5}*\log_2\frac{2}{3} + \frac{2}{5}*\log_2\frac{2}{5}\right) = 0.971$$

#1 정보 이득 = 0.971 − 0.951 = 0.020

#2 정보 이득 = 0.971 − 0.551 = 0.420

정보 이득/엔트로피를 이용한 평가 결과를 보면, 기술 관심 여부를 기준으로 한 두 번째 트리 분할 방법이 훨씬 좋음을 알 수 있다. 이는 앞에서 지니 계수로 계산한 결과와도 일치한다.

일반적으로 지니 계수와 정보 이득 중 무엇을 선택해도 학습이 이미 완료된 의사결정 트리의 성능에는 별 영향을 미치지 않는다. 그저 트리 분할 후 자식 노드를 대상으로 가중치가 반영된 순도를 측정하는 것이다. 가중치가 반영된 순도를 계산하는 함수는 다음과 같이 구현할 수 있다.

```
>>> criterion_function = {'gini': gini_impurity, 'entropy': entropy}
>>> def weighted_impurity(groups, criterion='gini'):
...     """분할 후 자식 노드를 대상으로 가중치가 반영된 순도(예: 지니 계수)를 측정
...     Args:
...         groups (자식 노드의 리스트, 자식 노드는 클래스 레이블의 리스트로 구성된다.)
...         criterion (분할 결과의 순도를 측정하기 위한
...                     메트릭 'gini'는 지니 계수를,
...                     'entropy'는 정보 이득을 의미한다.)
...     Returns:
...         float, weighted impurity
...     """
...     total = sum(len(group) for group in groups)
...     weighted_sum = 0.0
...     for group in groups:
...         weighted_sum += len(group) / float(total)
...                     * criterion_function[criterion](groups)
...     return weighted_sum
```

앞에서 계산했던 예제를 가지고 테스트해보자.

```
>>> children_1 = [[1, 0, 1], [0, 1]]
>>> children_2 = [[1, 1], [0, 0, 1]]
>>> print('Entropy of #1 split:
            {0:.4f}'.format(weighted_impurity(children_1, 'entropy')))
```

180

```
Entropy of #1 split: 0.9510
>>> print('Entropy of #2 split:
          {0:.4f}'.format(weighted_impurity(children_2, 'entropy')))
Entropy of #2 split: 0.5510
```

의사결정 트리 구현

트리 분할 평가 방법을 잘 이해했으리라 믿고 실험용 데이터세트에 CART 트리 알고리즘을 실행시켜 보자.

User interest	User occupation	Click
Tech	Professional	1
Fashion	Student	0
Fashion	Professional	0
Sports	Student	0
Tech	Student	1
Tech	Retired	0
Sports	Professional	1

우선 두 피처 각각에 가능한 모든 결과를 만들어서 루트 노드를 대상으로 첫 번째 트리 분할을 어떻게 할 것인지 결정한다. 각 조합의 가중치를 반영한 지니 계수를 계산하는 데 앞에서 만든 weighted_impurity 함수를 이용한다.

Gini(interest, Tech) = weighted_impurity([[1, 1, 0], [0, 0, 0, 1]]) = 0.405

Gini(interest, Fashion) = weighted_impurity([[0, 0], [1, 0, 1, 0, 1]]) = 0.343

Gini(interest, Sports) = weighted_impurity([[0, 1], [1, 0, 0, 1, 0]]) = 0.486

Gini(occupation, Professional) = weighted_impurity([[0, 0, 1, 0], [1, 0, 1]]) = 0.405

Gini(occupation, Student) = weighted_impurity([[0, 0, 1, 0], [1, 0, 1]]) = 0.405

Gini(occupation, Retired) = weighted_impurity([[1, 0, 0, 0, 1, 1], [1]]) = 0.429

이 계산 결과를 바탕으로 루트 노드는 관심사interest 피처를 패션fashion이라는 값을 기준으로 분할한다. 이에 따른 트리의 첫 번째 분할 결과는 다음과 같다.

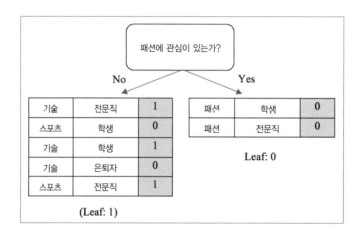

앞의 결과처럼 깊이depth가 1인 트리도 괜찮다면 오른쪽에는 0번 레이블을 할당하고 크기가 큰 왼쪽 클래스에는 1번 레이블을 할당하고 트리 분할을 중단하면 된다. 물론 왼쪽 자식 노드에 대해 트리 분할을 더 진행해서 트리의 깊이를 증가시켜도 된다(오른쪽 0번 클래스에 대해서는 수행하지 않는다).

Gini(interest, Tech) = weighted_impurity([[0, 1], [1, 1, 0]]) = 0.467

Gini(interest, Sports) = weighted_impurity([[1, 1, 0], [0, 1]]) = 0.467

Gini(occupation, Professional) = weighted_impurity([[0, 1, 0], [1, 1]]) = 0.267

Gini(occupation, Student) = weighted_impurity([[1, 0, 1], [0, 1]]) = 0.467

Gini(occupation, Retired) = weighted_impurity([[1, 0, 1, 1], [0]]) = 0.300

이 계산 결과를 바탕으로 지니 계수 값이 가장 작은(occupation, Professional)을 기준으로 트리를 분할한다. 결과는 다음과 같다.

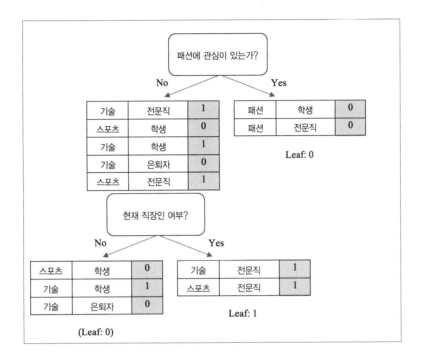

트리의 깊이가 더 이상 증가하지 않고 동시에 노드에 충분한 샘플이 할당되어 있다는 조건을 만족할 때까지 트리 분할 과정을 계속 반복해도 된다.

이렇게 트리가 생성되는 과정을 자세히 살펴봤으니 실제로 어떻게 구현하는지 알아보자.

우선 트리를 가장 잘 분할할 수 있도록 기준을 잡는 것부터 시작한다. 두 개의 자식 노드에 대해 가중치가 반영된 순도를 계산하는 방법은 앞에서 정의했다. 하지만 앞에서 살펴본 두 가지 방법(지니 계수, 정보 이득)은 계산 효율성을 위해 입력이 numpy 배열로 되어 있다는 점에서 약간 차이가 있다.

```
>>> def gini_impurity(labels):
...     # 세트에 아무것도 없으면, 이 역시 순수한 상태다.
...     if labels.size == 0:
...         return 0
...     # 각 레이블의 출현 횟수를 센다.
...     counts = np.unique(labels, return_counts=True)[1]
...     fractions = counts / float(len(labels))
...     return 1 - np.sum(fractions ** 2)
...
>>> def entropy(labels):
...     # 세트에 아무것도 없으면, 이 역시 순수한 상태다
...     if labels.size == 0:
...         return 0
...     counts = np.unique(labels, return_counts=True)[1]
...     fractions = counts / float(len(labels))
...     return - np.sum(fractions * np.log2(franctions))
...
```

이제 피처와 밸류를 가지고 노드를 왼쪽 자식 노드와 오른쪽 자식 노드로 분할하는 함수를 다음과 같이 정의한다.

```
>>> def split_node(X, y, index, value):
...     """ 피처와 값을 가지고 데이터세트 X, y를 분할한다.
...     Args:
...         X, y (numpy.ndarray, data set)
...         index (int, 노드 분할에 사용된 피처의 인덱스)
...         value (노드 분할에 사용된 피처의 밸류)
...     Returns:
...         lit, list: 왼쪽 자식 노드와 오른쪽 자식 노드, 자식 노드는 [X, y] 포맷으로 만들어진다.
...     """
...     x_index = X[:, index]
...     # 이 피처가 수치형이면
...     if X[0, index].dtype.kind in ['i', 'f']:
...         mask = x_index >= value
...     # 이 피처가 범주형이면
...     else:
...         mask = x_index == value
```

```
...         # 왼쪽 자식 노드와 오른쪽 자식 노드로 분할한다.
...         left = [X[~mask, :], y[~mask]]
...         right = [X[mask, :], y[mask]]
...         return left, right
...
```

여기서 피처가 수치형인지 범주형인지를 확인하고 그에 맞게 데이터를 분할하도록 되어 있는 점에 주목하기 바란다.

이제 예상해볼 수 있는 모든 트리 분할 결과를 시도한 다음 주어진 선택 조건에서 가장 좋은 방안을 결과로 리턴하는 탐욕적 탐색 함수를 정의해보자. 물론 이 함수의 결과는 자식 노드가 될 것이다. 이를 위해 앞에서 만든 트리 분할과 생성을 위한 함수를 이용한다.

```
>>> def get_best_split(X, y, criterion):
...         """ 데이터세트 X, Y에 대한 자식 노드 분할 결과와 최적의 분할 포인트를 얻는다.
...         Args:
...             X, y (numpy.ndarray, data set)
...             criterion (gini or entropy)
...         Returns:
...             dict {index: 피처의 인덱스, value: 피처 밸류,
...                 children: 왼쪽 자식 노드, 오른쪽 자식 노드}
...         """
...         best_index, best_value, best_score, children = None, None, 1, None
...         for index in range(len(X[0])):
...             for value in np.sort(np.unique(X[:, index])):
...                 groups = split_node(X, y, index, value)
...                 impurity = weighted_impurity(
...                         [groups[0][1], groups[1][1]], criterion)
...                 if impurity < best_score:
...                     best_index, best_value, best_score, children = 
...                         index, value, impurity, groups
...         return {'index':best_index, 'value':best_value,
...             'children':children}
...
```

앞에서 선택과 분할 과정은 뒤에서 이어지는 자식 노드 각각에 대해 재귀 형태로 발생한다. 중단 조건을 만나면 해당 노드에서 트리 분할은 멈추고 샘플에 가장 많이 나타난 클래스 레이블이 리프 노드에 할당된다.

```
>>> def get_leaf(labels):
...     # 가장 많이 나타난 레이블로 리프 노드의 결과를 리턴한다.
...     return np.bincount(labels).argmax()
...
```

마지막으로 다음 사항을 모두 처리하는 재귀 함수를 정의한다.

- 두 개의 자식 노드 중 하나가 비어 있으면 리프 노드를 할당한다.
- 현재 브랜치의 깊이가 최대 깊이 이상이면 리프 노드를 할당한다.
- 트리 분할에서 필요한 충분한 샘플이 없을 경우 리프 노드를 할당한다.
- 위의 3가지 경우에 해당되지 않으면 최적의 분할 지점을 이용해서 트리 분할을 진행한다.

```
>>> def split(node, max_depth, min_size, depth, criterion):
...     """ 새 노드를 생성하거나 리프 노드에 할당하기 위해 현재 노드를 자식 노드로 분할한다.
...     Args:
...         node (dict, 자식 노드 정보가 포함돼 있다.)
...         max_depth (int, 트리의 최대 깊이)
...         min_size (int, 자식 노드를 추가 분할하는 데 필요한 최소한의 샘플 개수)
...         depth (int, 노드의 현재 깊이)
...         criterion (gini 또는 entropy)
...     """
...     left, right = node['children']
...     del (node['children'])
...     if left[1].size == 0:
...         node['right'] = get_leaf(right[1])
...         return
...     if right[1].size == 0:
```

```
...             node['left'] = get_leaf(left[1])
...             return
...         # 현재 깊이가 최대 깊이를 넘지 않는지 체크한다.
...         if depth >= max_depth:
...             node['left'], node['right'] = get_leaf(left[1]), get_leaf(right[1])
...             return
...         # 왼쪽 자식 노드에 샘플 데이터가 많은지 검사한다.
...         if left[1].size <= min_size:
...             node['left'] = get_leaf(left[1])
...         else:
...             # 샘플 데이터가 많으면, 추가 분할을 수행한다.
...             result = get_best_split(left[0], left[1], criterion)
...             result_left, result_right = result['children']
...             if result_left[1].size == 0:
...                 node['left'] = get_leaf(result_right[1])
...             elif result_right[1].size == 0:
...                 node['left'] = get_leaf(result_left[1])
...             else:
...                 node['left'] = result
...                 split(node['left'], max_depth, min_size, depth + 1, criterion)
...         # 오른쪽 자식 노드에 샘플 데이터가 많은지 검사한다.
...         if right[1].size <= min_size:
...             node['right'] = get_leaf(right[1])
...         else:
...             # 샘플 데이터가 많으면, 추가 분할을 수행한다.
...             result = get_best_split(right[0], right[1], criterion)
...             result_left, result_right = result['children']
...             if result_left[1].size == 0:
...                 node['right'] = get_leaf(result_right[1])
...             elif result_right[1].size == 0:
...                 node['right'] = get_leaf(result_left[1])
...             else:
...                 node['right'] = result
...                 split(node['right'], max_depth, min_size, depth + 1, criterion)
```

트리 생성을 위한 함수를 정의한다.

```
>>> def train_tree(X_train, y_train, max_depth, min_size, criterion='gini'):
...     """ 트리 생성을 시작한다.
...     Args:
...         X_train, y_train (list, list, 학습 데이터)
...         max_depth (int, 트리의 최대 깊이)
...         min_size (int, 자식 노드를 추가 분할하는 데 필요한 최소한의 샘플 개수)
...         criterion (gini 또는 entropy)
...     """
...     X = np.array(X_train)
...     y = np.array(y_train)
...     root = get_best_split(X, y, criterion)
...     split(root, max_depth, min_size, 1, criterion)
...     return root
...
```

이제 앞에서 손으로 계산했던 예제를 가지고 테스트를 해보자.

```
>>> X_train = [['tech', 'professional'],
...            ['fashion', 'student'],
...            ['fashion', 'professional'],
...            ['sports', 'student'],
...            ['tech', 'student'],
...            ['tech', 'retired'],
...            ['sports', 'professional']]
>>> y_train = [1, 0, 0, 0, 1, 0, 1]
>>> tree = train_tree(X_train, y_train, 2, 2)
```

학습이 완료된 트리가 우리가 손으로 만든 것과 똑같은지 검증하기 위해, 트리를 화면에 출력하는 함수를 만들어보자.

```
>>> CONDITION = {'numerical': {'yes': '>=', 'no': '<'},
...              'categorical': {'yes': 'is', 'no': 'is not'}}
```

```
>>> def visualsize_tree(node, depth=0):
...     if isinstance(node, dict):
...         if node['value'].dtype.kind in ['i', 'f']:
...             condition = CONDITION['numerical']
...         else:
...             condition = CONDITION['categorical']
...         print('{}|- X{} {} {}'.format(depth * ' ',
...             node['index'] + 1, condition['no'], node['value']))
...         if 'left' in node:
...             visualize_tree(node['left'], depth + 1)
...         print('{}|- X{} {} {}'.format(depth * ' ',
...             node['index'] + 1, condition['yes'], node['value']))
...         if 'right' in node:
...             visualize_tree(node['right'], depth + 1)
...     else:
...         print('{}[{}]'.format(depth * ' ', node))
>>> visualize_tree(tree)
|- X1 is not fashion
  |- X2 is not professional
    [0]
  |- X2 is professional
    [1]
|- X1 is fashion
  [0]
```

수치형 예제로 테스트하면 다음과 같다.

```
>>> X_train = [[6, 7],
...            [2, 4],
...            [7, 2],
...            [3, 6],
...            [4, 7],
...            [5, 2],
...            [1, 6],
...            [2, 0],
...            [6, 3],
...            [4, 1]]
```

```
>>> y_train = [0, 0, 0, 0, 0, 1, 1, 1, 1, 1]
>>> tree = train_tree(X_train_n, y_train_n, 2, 2)
>>> visualize_tree(tree)
|- X2 < 4
  |- X1 < 7
    [1]
  |- X1 >= 7
    [0]
|- X2 >= 4
  |- X1 < 2
    [1]
  |- X1 >= 2
    [0]
```

자, 지금까지 설명한 의사결정 트리를 아주 잘 이해했으리라 믿는다. 이제는 사이킷런의 의사결정 트리 패키지를 활용해보자.

```
>>> from sklearn.tree import DecisionTreeClassifier
>>> tree_sk = DecisionTreeClassifier(criterion='gini', max_depth=2, )
                              min_samples_split=2)
>>> tree_sk.fit(X_train_n, y_train_n)
```

방금 만든 트리를 화면에 출력하기 위해 다음과 같은 export_graphviz 함수를 이용하자.

```
>>> export_graphviz(tree_sk, out_file='tree.dot',
        feature_names=['X1', 'X2'], impurity=False, filled=True,
        class_names=['0','1'])
```

이 코드를 실행시키면 tree.dot이라는 파일이 만들어진다. 이 파일은 GraphViz 소프트웨어를 이용해서 PNG 이미지 파일로 변환할 수 있다(GraphViz 소프트웨어 설치는 http://www.graphviz.org/를 참고하기 바란다). 터미널에서 dot -Tpng tree.dot -o tree.png 명령어를 실행하면 된다.

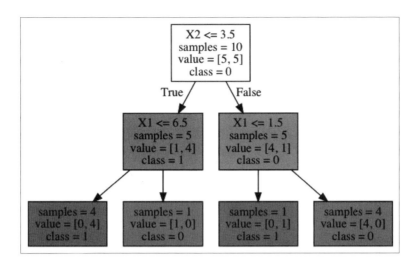

생성된 트리는 앞에서 우리가 만들었던 것과 똑같다.

의사결정 트리를 이용한 클릭스루 예측

몇 가지 예제를 살펴봤으니 이제 본격적으로 의사결정 트리 알고리즘을 이용해서 앞에서 배우고 실습해본 광고 클릭스루 예측을 해보자. 캐글 머신 러닝 경진대회의 Click-Through Rate Prediction이라는 데이터세트를 이용한다(https://www.kaggle.com/c/avazu-ctr-prediction).

여기서는 https://www.kaggle.com/c/avazu-ctr-prediction에서 train.gz 파일을 다운받아서 압축을 푼 학습 데이터 중 앞쪽 100,000개의 샘플만 가지고 의사결정 트리를 학습한다. 예측을 위해서도 동일한 웹사이트에서 test.gz 파일을 다운받아서 압축을 푼 테스트 데이터 중 앞쪽 100,000개의 샘플만 이용한다.

데이터는 다음과 같은 필드로 구성되어 있다.

- id: 광고 ID(예: 1000009418151094273, 10000169349117863715)
- click: 클릭하지 않은 경우는 0, 클릭한 경우는 1
- hour: YYMMDDHH 형태로 표현(예: 14102100)
- C1: 익명처리된 카테고리 변수(예: 1005, 1002)
- banner_pos: 배너가 위치한 곳. 1과 0으로 표현
- site_id: 웹사이트 ID(예: 1fbe01f3, fe8cc448, d6137915)
- site_domain: 웹사이트 도메인 해시값(예: 'bb1ef334', 'f3845767')
- site_category: 웹사이트 카테고리 해시값(예: 28905ebd, 57134xbq)
- app_id: 모바일 앱 ID
- app_domain
- app_category
- device_id: 모바일 기기 ID
- device_ip: IP 주소
- device_model: 아이폰(애플), 갤럭시(삼성) 같은 모바일 기기 모델(해시값으로 표현)
- device_type: 모바일 기기 종류(예: 태블릿, 스마트폰)
- device_conn_type: 와이파이, LTE, 3G 같은 모바일 네트워크 종류(해시값으로 표현)
- C14-C21: 익명 처리된 카테고리 변수

head train | sed 's/,,/,,/g;s/,,/m m/g' 명령어를 이용해서 데이터가 어떻게 생겼는지 확인해보자.

```
id,click,hour,C1,banner_pos,site_id,site_domain,site_category,app_id,
app_domain,app_category,device_id,device_ip,device_model,device_type,
device_conn_type,C14,C15,C16,C17,C18,C19,C20,C21
1000009418151094273,0,14102100,1005,0,1fbe01fe,f3845767,28905ebd,
ecad2386,7801e8d9,07d7df22,a99f214a,ddd2926e,44956a24,1,2,15706,320,50,
```

1722,0,35,-1,79
10000169349117863715,0,14102100,1005,0,1fbe01fe,f3845767,28905ebd,
ecad2386,7801e8d9,07d7df22,a99f214a,96809ac8,711ee120,1,0,15704,320,50,
1722,0,35,100084,79
10000371904215119486,0,14102100,1005,0,1fbe01fe,f3845767,28905ebd,
ecad2386,7801e8d9,07d7df22,a99f214a,b3cf8def,8a4875bd,1,0,15704,320,50,
1722,0,35,100084,79
10000640724480838376,0,14102100,1005,0,1fbe01fe,f3845767,28905ebd,
ecad2386,7801e8d9,07d7df22,a99f214a,e8275b8f,6332421a,1,0,15706,320,50,
1722,0,35,100084,79
10000679056417042096,0,14102100,1005,1,fe8cc448,9166c161,0569f928,
ecad2386,7801e8d9,07d7df22,a99f214a,9644d0bf,779d90c2,1,0,18993,320,50,
2161,0,35,-1,157
10000720757801103869,0,14102100,1005,0,d6137915,bb1ef334,f028772b,
ecad2386,7801e8d9,07d7df22,a99f214a,05241af0,8a4875bd,1,0,16920,320,50,
1899,0,431,100077,117
10000724729988544911,0,14102100,1005,0,8fda644b,25d4cfcd,f028772b,
ecad2386,7801e8d9,07d7df22,a99f214a,b264c159,be6db1d7,1,0,20362,320,50,
2333,0,39,-1,157
10000918755742328737,0,14102100,1005,1,e151e245,7e091613,f028772b,
ecad2386,7801e8d9,07d7df22,a99f214a,e6f67278,be74e6fe,1,0,20632,320,50,
2374,3,39,-1,23
10000949271186029916,1,14102100,1005,0,1fbe01fe,f3845767,28905ebd,
ecad2386,7801e8d9,07d7df22,a99f214a,37e8da74,5db079b5,1,2,15707,320,50,
1722,0,35,-1,79

익명으로 처리돼 있고 해시값으로 표현돼 있다고 해서 난감해 하지 않아도 된다. 이들은 모두 범주형 피처이고 각 피처에서 나타나는 값은 실제로 의미 있는 값과 관련이 있긴 하지만 개인 정보 보호 차원에서 화면과 같이 나타난 것이다. 얼핏 생각해보면 피처 C1은 성별로 보이며 1005는 남성을 1002는 여성을 의미하는 것 같다.

이제 데이터세트를 읽어들인다.

```
>>> import csv
>>> def read_ad_click_data(n, offset=0):
...     X_dict, y = [], []
...     with open('train', 'r') as csvfile:
...         reader = csv.DictReader(csvfile)
...         for i in range(offset):
...             reader.next()
...         i = 0
...         for row in reader:
...             i += 1
...             y.append(int(row['click']))
...             del row['click'], row['id'], row['hour'],
...                 row['device_id'], row['device_ip']
...             X_dict.append(row)
...             if i >= 1
...                 break
...     return X_dict, y
```

이제 피처들 중에서 id, hour, device_id, device_ip는 제외시킨다.

```
>>> n_max = 100000
>>> X_dict_train, y_train = read_ad_click_data('train', n_max)
>>> print(X_dict_train[0])
{'C21': '79', 'site_id': '1fbe01fe', 'app_id': 'ecad2386', 'C19': '35', 'C18':
'0', 'device_type': '1', 'C17': '1722', 'C15': '320', 'C14': '15706', 'C16':
'50', 'device_conn_type': '2', 'C1': '1005', 'app_category': '07d7df22', 'site_
category': '28905ebd', 'app_domain': '7801e8d9', 'site_domain': 'f3845767',
'banner_pos': '0', 'C20': '-1', 'device_model': '44956a24'}
>>> print(X_dict_train[1])
{'C21': '79', 'site_id': '1fbe01fe', 'app_id': 'ecad2386', 'C19': '35', 'C18':
'0', 'device_type': '1', 'C17': '1722', 'C15': '320', 'C14': '15704', 'C16':
'50', 'device_conn_type': '0', 'C1': '1005', 'app_category': '07d7df22', 'site_
category': '28905ebd', 'app_domain': '7801e8d9', 'site_domain': 'f3845767',
'banner_pos': '0', 'C20': '100084', 'device_model': '711ee120'}
```

다음으로 (feature: value) 형태의 딕셔너리 객체를 DictVectorizer를 이용해서 원 핫 인코딩 벡터로 변환한다. 원 핫 인코딩에 대해서는 다음 장에서 자세히 소개하겠지만, 기본 개념만 간단히 설명하면 k개의 가능한 값을 지닌 범주형 피처를 k개의 이진 피처(각 피처의 값이 둘 중 하나로 할당됨)로 바꾼 것이다. 예를 들어 웹 사이트 카테고리 피처에 뉴스^{news}, 교육^{education}, 스포츠^{sports}라는 3개의 값이 있다고 가정했을 때 is_news, is_education, is_sports라는 3개의 이진 피처로 인코딩한다는 얘기다. 이렇게 바꾸는 이유는 사이킷런에 있는 트리 기반 알고리즘이 수치형 입력값으로 받기 때문이다(버전 0.18.1 기준으로 이 책을 읽는 시점에서는 이런 제약이 없을 수도 있다).

```
>>> from sklearn.feature_extraction import DictVectorizer
>>> dict_one_hot_encoder = DictVectorizer(sparse=False)
>>> X_train = dict_one_hot_encoder.fit_transform(X_dict_train)
>>> print(len(X_test[0]))
5725
```

원본 데이터의 19-차원의 범주형 피처를 5725-차원의 이진 피처로 변환했다.

마찬가지로 테스트 데이터에도 동일한 작업을 수행한다.

```
>>> X_dict_test, y_test = read_ad_click_data(n, n)
>>> X_test = dict_one_hot_encoder.transform(X_dict_test)
>>> print(len(X_test[0]))
5725
```

앞에서 배운 그리드 검색 기술을 이용해서 의사결정 트리 모델을 학습시킨다. 실제로 결과를 확인할 수 있도록 max_depth 파라미터만 살짝 변경한다. 그 외에 min_samples_split나 class_weight 같은 나머지 파라미터는 필요하다고 생각되면 변경하기 바란다. 클래스 성능 측정은 ROC의 AUC로 한다. 왜냐하면 이진 케이스가 한쪽으로 쏠려 있을 수 있기 때문이다(학습 샘플 100,000개 중 17,490개만 클릭이 발생한 경우라서 그렇다).

```
>>> from sklearn.tree import DecisionTreeClassifier
>>> parameters = {'max_depth': [3, 10, None]}
>>> decision_tree = DecisionTreeClassifier(criterion='gini',
...                                         min_samples_split=30)
>>> from sklearn.model_selection import GridSearchCV
>>> grid_search = GridSearchCV(decision_tree, parameters, n_jobs=-1,
...                            cv=3, scoring='roc_auc')
>>> grid_search.fit(X_train, y_train)
>>> print(grid_search.best_params_)
{'max_depth': 10}
```

새로운 케이스를 예측하는 최적의 파라미터를 지닌 모델을 적용한다.

```
>>> decision_tree_best = grid_search.best_estimator_
>>> pos_prob = decision_tree_best.predict_proba(X_test)[:, 1]
>>> from sklearn.metrics import roc_auc_score
>>> print('The ROC AUC on testing set is:
...                 {0:.3f}'.format(roc_auc_score(y_test, pos_prob)))
The ROC AUC on testing set is: 0.692
```

최적의 의사결정 트리 모델을 가지고 얻은 AUC는 0.69이다. 성능이 별로 좋지 않게 보일 수도 있다 .하지만 클릭스루에는 인성적 요소가 많이 있어서 예측 자체가 상당히 어려운 문제다.

의사결정 트리는 학습 데이터세트를 가지고 각 단계에서 트리를 가장 잘 분할하도록 탐욕적 검색 방법이 적용된 일련의 결과다. 하지만 이런 분할 포인트가 학습 샘플에 대해서만 최적이라는 점에서 오버피팅이 발생할 수 있다. 다행히도 랜덤 포레스트 알고리즘을 이용하면 오버피팅을 해결할 수 있다. 뿐만 아니라 트리 모델의 성능도 향상시킬 수 있다.

❚ 랜덤 포레스트: 의사결정 트리의 피처 배깅

1장에서 앙상블 기술 중 하나인 **배깅**을 간단히 살펴봤는데 이 배깅을 이용하면 오버피팅을 효과적으로 해결할 수 있다. 배깅에 대해 다시 정리하면 학습 샘플의 여러 세트를 원본 학습 데이터에서 무작위로 추출한다. 각 세트는 각각의 분류 모델을 학습하는 데 사용된다. 이런 개별 모델의 결과는 최종 결정에 가장 많은 보팅 여부를 계산하기 위해 통합된다.

앞에서 설명한 것처럼 트리 배깅은 의사결정 트리 모델의 단점 중 하나인 높은 분산값을 줄여주며 이를 통해 단일 트리보다 훨씬 더 좋은 성능을 낸다. 하지만 일부 피처가 분류에 결정적인 영향을 주는 경우 각각의 트리는 대부분 이들 피처를 바탕으로 생성되며 그 결과 높은 상관 관계를 갖게 된다. 서로 상관관계를 지닌 여러 개의 트리를 합치는 게 큰 차이를 만들지 못할 것 같다. 트리의 상관 관계가 낮아지도록 만들면 랜덤 포레스트는 각 노드에서 가장 분할을 잘 할 수 있는 포인트를 검색할 때 아무 서브세트나 선택한다. 각각의 트리는 다양성과 좋은 성능을 보장하도록 서로 다른 피처 세트를 이용해서 학습을 수행한다. 랜덤 포레스트는 **피처 기반 배깅**을 이용하는 트리 배깅 모델의 한 종류라고 할 수 있다.

클릭스루 예측 프로젝트에 랜덤 포레스트를 적용하기 위해 사이킷런 패키지를 사용한다. 앞에서 구현한 의사결정 트리에서 했던 것과 마찬가지로 max_depth 파라미터만 변경하면 된다.

```
>>> from sklearn.tree import RandomForestClassifier
>>> random_forest = RandomForestClassifier(n_estimators=100,
...             criterion='gini', min_samples_split=30, n_jobs=-1)
>>> grid_search = GridSearchCV(random_forest, parameters,
...                        n_jobs=-1, cv=3, scoring='roc_auc')
>>> grid_search.fit(X_train, y_train)
>>> print(grid_search.best_params_)
{'max_depth': None}
```

새로운 케이스를 예측하기 위해 (중단 조건을 만날 때까지 노드를 계속 확장시키는) max_depth에 대한 최적의 파라미터인 None을 지닌 모델을 이용한다.

```
>>> random_forest_best = grid_search.best_estimator_
>>> pos_prob = random_forest_best.predict_proba(X_test)[:, 1]
>>> from sklearn.metrics import roc_auc_score
>>> print('The ROC AUC on testing set is:
...             {0:.3f}'.format(roc_auc_score(y_test, pos_prob)))
The ROC AUC on testing set is: 0.724
```

랜덤 포레스트 모델을 적용한 결과 성능이 향상됐음을 알 수 있다.

여기서는 max_depth 파라미터만 가지고 테스트를 수행했지만, 랜덤 포레스트 모델의 성능을 향상시킬 수 있는 중요한 파라미터로 다음 3가지가 있다.

- max_features: 최적의 분할 포인트를 찾기 위해 검토할 피처의 개수를 말한다. 보통 m-차원의 데이터세트에 max_features의 적절한 값으로 $\sqrt{m}$의 반올림 값을 택한다. 사이킷런에서는 max_features="sqrt"로 설정한다. 다른 옵션으로 "log2"를 설정하면 기존에는 피처의 20%를 포함시켰던 것을 50%까지 늘려준다.

- n_estimators: 랜덤 포레스트에서는 가장 많은 보팅 여부를 검토하는 데 있어 트리의 개수가 중요하다. 일반적으로 트리 개수가 많을수록 성능이 더 좋긴 하지만 계산 시간이 오래 걸리는 문제가 있다는 점도 고려해야 한다. 대체로 100, 200, 500으로 설정한다.

- min_samples_split: 노드에서 추가 분할을 하기 위해 필요한 샘플의 최소 개수를 의미한다. 숫자가 너무 작으면 오버피팅이 일어날 수 있다. 반면 숫자가 너무 크면 언더피팅이 발생할 수 있다. 보통 10, 30, 50 정도로 시작하는 것이 좋다.

▌요약

이 장에서는 일반적인 머신 러닝 문제인 온라인 광고 클릭스루 예측과 범주형 피처가 포함된 경우 어려운 점에 대해 알아봤다. 다음으로 수치형 피처와 범주형 피처를 모두 다룰 수 있는 트리 기반 알고리즘을 학습했다. 이를 바탕으로 의사결정 트리의 동작 원리, 다양한 타입, 트리 생성 방법, 지니 계수와 엔트로피 기반 측정 기준, 트리 노드에서 분할을 효과적으로 측정하는 방법 등을 포함한 의사결정 트리 알고리즘에 대해 전반적으로 자세히 살펴봤다. 직접 손으로 트리를 생성해본 다음 이를 바탕으로 알고리즘을 직접 구현해보기도 했다. 또 사이킷런에 있는 의사결정 트리 패키지를 어떻게 사용하는지와 이를 클릭스루 예측에 어떻게 적용하는지 배웠다. 피처 기반 배깅 알고리즘인 랜덤 포레스트를 도입해서 성능을 지속적으로 향상시켰다. 그런 다음 랜덤 포레스트 모델을 튜닝하는 팁을 알아보는 것으로 이 장을 마쳤다.

연습을 열심히 할수록 실력을 더 향상시킬 수 있다. 여기에 도움이 될만한 좋은 프로젝트로 크리테오랩스^{CriteoLabs}(https://www.kaggle.com/c/criteo-display-ad-challenge)의 Display Advertising Challenge를 소개한다. https://www.kaggle.com/c/criteo-display-ad-challenge/data를 통해 데이터와 해당 프로젝트의 설명을 참고하기 바란다. 처음 100,000개의 샘플(즉 1 ~ 100,000번째 샘플)을 가지고 학습시키고 튜닝한 의사결정 트리 모델과 랜덤 포레스트 모델을 이용해서 두 번째 100,000개의 샘플(즉 100,001 ~ 200,000번째 샘플)에 대해 얻은 가장 높은 AUC 스코어는 얼마나 되는지도 확인해보기 바란다.

06

로지스틱 회귀를 이용한 클릭스루 예측

이 장에서도 계속해서 수백만 달러 규모의 문제인 광고 클릭스루에 대해 알아보자. 특히 여기서는 데이터 전처리 기법, 원 핫 인코딩, 로지스틱 회귀 알고리즘, 로직스틱 회귀를 위한 정규화 기법, 그리고 대규모 데이터세트에 적용하기 좋은 방법 등을 중점적으로 다루려고 한다. 분류 자체에 적용하는 것 외에도 로지스틱 회귀가 중요한 피처를 선택하는 데 어떻게 쓰일 수 있는지도 함께 알아보자.

6장에서 다루는 내용은 다음과 같다.

- 원 핫 피처 인코딩
- 로지스틱 함수
- 로지스틱 회귀의 동작 원리
- 그래디언트 하강 기법과 스토캐스틱 그래디언트 하강 기법

- 로지스틱 회귀 분류기 학습
- 로지스틱 회귀 구현
- 로지스틱 회귀를 이용한 클릭스루 예측
- L1, L2 정규화를 이용한 로지스틱 회귀
- 피처 셀렉션을 위한 로지스틱 회귀
- 온라인 러닝
- 랜덤 포레스트를 이용한 피처 셀렉션

▌ 원 핫 인코딩: 범주형 피처를 수치형 피처로 변환

5장에서 원 핫 인코딩에 대해 짧게 소개했었다. **원 핫 인코딩**은 사이킷런에 있는 트리 기반 알고리즘을 사용하기 위해 범주형 피처를 수치형 피처로 변환하는 기법이다. 수치형 피처만 다루는 알고리즘에 이 기법을 적용할 수만 있으면 어떤 종류의 트리 기반 알고리즘도 다 쓸 수 있다.

가장 간단한 방법은 k개의 값을 지닌 범주형 피처를 1부터 k의 값을 지닌 수치형 피처에 매핑시키는 것이다. 예를 들어 [Tech, Fashion, Fashion, Sports, Tech, Tech, Sports]라는 데이터를 [1, 2, 2, 3, 1, 1, 3]으로 바꾸는 식이다. 한편 여기에는 'Sports가 Tech 보다 크다'처럼 순서를 매길 수도 있다. 또 'Sports가 Tech 보다 Fashion에 더 가깝다'처럼 거리 속성을 부여할 수도 있다.

한편 원 핫 인코딩은 범주형 피처를 k개의 이진 피처로 변환할 수도 있다. 이 경우 변환된 이진 피처들은 관련된 값이 있는지 여부를 나타내는 역할을 한다. 앞의 예를 가지고 설명하면 다음 그림과 같다.

User interest	Interest: tech	Interest: fashion	Interest: sports
Tech	1	0	0
Fashion	0	1	0
Fashion	0	1	0
Sports	0	0	1
Tech	1	0	0
Tech	1	0	0
Sports	0	0	1

앞 장에서 사이킷런에 있는 DictVectorizer가 효율적인 해결 방안을 제공한다는 것을 확인했다. 이를 이용하면 (범주형 피처 : 밸류) 같은 딕셔너리 형태의 객체를 원 핫 인코딩이 적용된 벡터로 변환된다. 예를 들면 다음과 같다.

```
>>> from sklearn.feature_extraction import DictVectorizer
>>> X_dict = [{'interest': 'tech', 'occupation': 'professional'},
...           {'interest': 'fashion', 'occupation': 'student'},
...           {'interest': 'fashion', 'occupation': 'professional'},
...           {'interest': 'sports', 'occupation': 'student'},
...           {'interest': 'tech', 'occupation': 'student'},
...           {'interest': 'tech', 'occupation': 'retired'},
...           {'interest': 'sports', 'occupation': 'professional'}]
>>> dict_one_hot_encoder = DictVectorizer(sparse=False)
>>> X_encoded = dict_one_hot_encoder.fit_transform(X_dict)
>>> print(X_encoded)
[[ 0.  0.  1.  1.  0.  0.]
 [ 1.  0.  0.  0.  0.  1.]
 [ 1.  0.  0.  1.  0.  0.]
 [ 0.  1.  0.  0.  0.  1.]
 [ 0.  0.  1.  0.  0.  1.]
 [ 0.  0.  1.  0.  1.  0.]
 [ 0.  1.  0.  1.  0.  0.]]
```

다음과 같은 방법을 이용해서 매핑 결과를 확인할 수도 있다.

```
>>> print(dict_one_hot_encoder.vocabulary_)
{'occupation=retired': 4, 'interest=sports': 1,
'interest=fashion': 0, 'interest=tech': 2,
'occupation=professional': 3, 'occupation=student': 5}
```

새로운 데이터에 대해서는 다음과 같은 코드를 이용해서 변환할 수 있다.

```
>>> new_dict = [{'interest': 'sports', 'occupation': 'retired'}]
>>> new_encoded = dict_one_hot_encoder.transform(new_dict)
>>> print(new_encoded)
[[ 0.  1.  0.  0.  1.  0.]]
```

인코딩된 피처를 원본 피처로 되돌리려면 다음 코드를 이용해보기 바란다.

```
>>> print(dict_one_hot_encoder.inverse_transform(new_encoded))
[{'occupation=retired': 1.0, 'interest=sports': 1.0}]
```

스트링 객체의 형태를 지닌 피처는 사이킷런에 있는 LabelEncoder를 이용해서 범주형 피처를 1부터 k 중 하나의 값을 갖는 정수형 피처로 변환한다. 그런 다음 이 정수형 피처를 k개의 이진 인코딩 피처로 다시 바꾼다. 앞의 예제를 가지고 이 과정을 자세히 살펴보자.

```
>>> import numpy as np
>>> X_str = np.array([['tech', 'professional'],
...                   ['fashion', 'student'],
...                   ['fashion', 'professional'],
...                   ['sports', 'student'],
...                   ['tech', 'student'],
...                   ['tech', 'retired'],
...                   ['sports', 'professional']])
```

```
>>> from sklearn.preprocessing import LabelEncoder, OneHotEncoder
>>> label_encoder = LabelEncoder()
>>> X_int =
  label_encoder.fit_transform(X_str.ravel()).reshape(*X_str.shape)
>>> print(X_int)
[[5 1]
 [0 4]
 [0 1]
 [3 4]
 [5 4]
 [5 2]
 [3 1]]
>>> one_hot_encoder = OneHotEncoder()
>>> X_encoded = one_hot_encoder.fit_transform(X_int).toarray()
>>> print(X_encoded)
[[ 0.  0.  1.  1.  0.  0.]
 [ 1.  0.  0.  0.  0.  1.]
 [ 1.  0.  0.  1.  0.  0.]
 [ 0.  1.  0.  0.  0.  1.]
 [ 0.  0.  1.  0.  0.  1.]
 [ 0.  0.  1.  0.  1.  0.]
 [ 0.  1.  0.  1.  0.  0.]]
```

끝으로 (학습 데이터에 없는) 새로운 카테고리가 새로운 데이터에 나타났을 경우 이것은 무시된다는 점에 주의하기 바란다. DictVectorizer는 이것을 처리하는 과정에서 화면에 출력하지는 않는다.

```
>>> new_dict = [{'interest': 'unknown_interest', 'occupation': 'retired'},
...             {'interest': 'tech', 'occupation': 'unseen_occupation'}]
>>> new_encoded = dict_one_hot_encoder.transform(new_dict)
>>> print(new_encoded)
[[ 0.  0.  0.  0.  1.  0.]
 [ 0.  0.  1.  0.  0.  0.]]
```

DictVectorizer와는 달리 LabelEncoder는 기존에 없었던 카테고리를 내부적으로 처리하지 않는다. 이를 위한 가장 쉬운 방법은 스트링 데이터를 딕셔너리 객체 형태로 변환하는 것이다. DictVectorizer를 적용하는 것처럼 말이다. 우선 변환 함수를 다음과 같이 정의한다.

```
>>> def string_to_dict(columns, data_str):
...     columns = ['interest', 'occupation']
...     data_dict = []
...     for sample_str in data_str:
...         data_dict.append({column: value
...             for column, value in zip(columns, sample_str)})
...     return data_dict
...
```

다음으로 새 데이터에 변경 작업을 가하고 DictVectorizer를 적용한다.

```
>>> new_str = np.array([['unknown_interest', 'retired'],
...                     ['tech', 'unseen_occupation'],
...                     ['unknown_interest', 'unseen_occupation']])
>>> columns = ['interest', 'occupation']
>>> new_encoded = dict_one_hot_encoder.transform(
...                     string_to_dict(columns, new_str))
>>> print(new_encoded)
[[ 0.  0.  0.  0.  1.  0.]
 [ 0.  0.  1.  0.  0.  0.]
 [ 0.  0.  0.  0.  0.  0.]]
```

로지스틱 회귀 분류기

앞 장에서는 전체 4,000만 건 데이터 중 맨 앞에 있는 100,000건의 샘플만 가지고 트리 기반 모델을 학습시켰다. 이렇게 했던 이유는 대규모 데이터세트를 학습하려면 엄청나게 큰 계산량과 시간이 소요되기 때문이다. 원 핫 인코딩 덕분에 범주형 데이터를 바로 처리하고자 할 때 모든 알고리즘을 사용할 수 있게 됐으니 이제는 대규모 데이터세트를 다룰 수 있는 새로운 알고리즘을 알아본다. 특히 가장 확장성이 좋은 분류 알고리즘 중 하나가 로지스틱 회귀다.

로지스틱 회귀

우선 알고리즘에 대해 알아보기에 앞서 이 알고리즘의 핵심인 **로지스틱 함수**부터 알아보자. 로지스틱 함수는 **시그모이드 함수**라고도 하며 입력에 대해 0과 1사이의 값을 결과로 매핑시킨다. 함수의 정의는 다음과 같다.

$$y(z) = \frac{1}{1 + \exp(-z)}$$

이것을 다음과 같이 하면 그래프로 그릴 수 있다.

우선 로지스틱 함수를 정의해보자.

```
>>> import numpy as np
>>> def sigmoid(input):
...     return 1.0 / (1 + np.exp(-input))
...
```

예를 들어 -8과 8 사이의 값을 입력으로 넣으면, 결과는 다음과 같다. 코드를 직접 실행시켜서 살펴보자.

```
>>> z = np.linspace(-8, 8, 1000)
>>> y = sigmoid(z)
>>> import matplotlib.pyplot as plt
>>> plt.plot(z, y)
>>> plt.axhline(y=0, ls='dotted', color='k')
>>> plt.axhline(y=0.5, ls='dotted', color='k')
>>> plt.axhline(y=1, ls='dotted', color='k')
>>> plt.yticks([0.0, 0.25, 0.5, 0.75, 1.0])
>>> plt.xlabel('z')
>>> plt.xlabel('y(z)')
>>> plt.show()
```

로지스틱 함수를 그래프로 그린 결과는 다음과 같다.

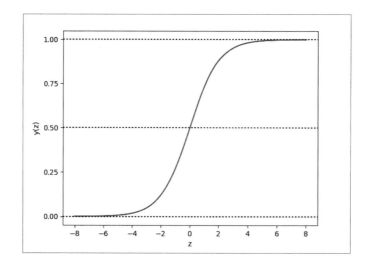

S 모양의 그래프에서 모든 입력은 0과 1사이의 값으로 변환된다. 입력값이 0보다 큰 경우, 입력값이 클수록 1에 수렴한다. 입력값이 0보다 작을 경우, 값이 작을수록 결과는 0에 가까워진다. 입력이 0인 경우 결과는 정 가운데인 0.5가 된다.

로지스틱 회귀의 동작 원리

로지스틱 함수에 대해 배웠으니 이제 알고리즘에 바로 매핑시킬 수 있을 것이다. 로지스틱 회귀에서 함수의 입력인 z는 피처의 가중치 합이 된다. n개의 피처 $x_1, x_2, \cdots, x_n$로 구성된 데이터 샘플 x(피처 벡터는 $x=(x_1, x_2, \cdots, x_n)$로 표현)와, 벡터 $w=(w_1, w_2, \cdots, w_n)$로 표현하는 모델 w의 가중치 (또는 계수)가 주어졌을 때 z는 다음과 같이 표현한다.

$$z = w_1 x_1 + w_2 x_2 + \cdots + w_n x_n = \boldsymbol{w}^T \boldsymbol{x}$$

간혹 모델에 절편 w_0가 반영되면 (절편을 '바이어스'라고도 함) 앞에서 정리한 선형 관계는 다음과 같이 바뀐다.

$$z = w_0 + w_1 x_1 + w_2 x_2 + \cdots + w_n x_n = \boldsymbol{w}^T \boldsymbol{x}$$

알고리즘에서 계산 결과 $y(z)$가 0과 1 사이이므로, 다음과 같이 클래스 레이블을 '1'일 확률, 또는 양성 클래스일 확률로 바꿀 수 있다.

$$\hat{y} = P(y = 1|\boldsymbol{x}) = \frac{1}{1 + \exp(-\boldsymbol{w}^T \boldsymbol{x})}$$

정리하면 로지스틱 회귀는 나이브 베이즈 분류기처럼 확률 기반 분류기라고 볼 수 있다.

조금 더 자세히 알아보자. 로지스틱 회귀 모델에서 가중치 벡터 w는 학습 데이터를 통해 계산된다. 0보다 큰 샘플의 경우 예측 결과가 가능한 한 1에 가깝도록, 0보다 작은 샘플에 대해서는 결과가 0에 가깝도록 말이다. 이를 수학적 용어로 설명하면 가중치는 MSE(mean squared error)로 정의하는 비용을 최소화하도록 학습한다고 한다. 여기서 MSE란 예측치와 실제값과의 차이를 제곱한 값의 평균을 측정한 값이다. m개의 학습 샘플 $(\boldsymbol{x}^{(1)}, y^{(1)})$, $(\boldsymbol{x}^{(2)}, y^{(2)})$, $\ldots$, $(\boldsymbol{x}^{(i)}, y^{(i)})$, $\ldots$, $(\boldsymbol{x}^{(m)}, y^{(m)})$이 주어졌다고 가정해보자. 여기서 $y^{(i)}$는 1(양성 클래스) 또는 0(음성 클래스)이다. 가중치를 최적화하기 위한 비용 함수 $J(w)$는 다음과 같이 정의한다.

$$\left(\boldsymbol{x}^{(1)}, y^{(1)}\right), \left(\boldsymbol{x}^{(2)}, y^{(2)}\right), \dots \left(\boldsymbol{x}^{(i)}, y^{(i)}\right) \dots, \left(\boldsymbol{x}^{(m)}, y^{(m)}\right)$$

하지만 앞에서 설명한 비용 함수는 비볼록형non-convex이다. 이는 곧 최적해 w를 찾는 과정에서 많은 국지적 최적치를 얻게 되며 이로 인해 전역적인 최적치에 도달하지 못하게 된다는 것을 의미한다.

볼록형convex 함수와 비볼록형non-convex 함수를 그래프로 표현하면 다음 그림과 같다.

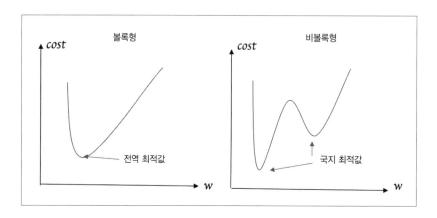

이런 문제를 극복하기 위해 실제로 비용 함수를 다음과 같이 정의한다.

$$J(\boldsymbol{w}) = \frac{1}{m} \sum_{i=1}^{m} -[y^{(i)} \log(\hat{y}(\boldsymbol{x}^{(i)})) + (1 - y^{(i)}) \log(1 - \hat{y}(\boldsymbol{x}^{(i)}))]$$

학습 샘플 데이터 하나의 비용을 조금 더 자세히 보면 다음과 같다.

$$\begin{aligned}
j(\boldsymbol{w}) &= -y^{(i)} \log(\hat{y}(\boldsymbol{x}^{(i)})) - (1 - y^{(i)}) \log(1 - \hat{y}(\boldsymbol{x}^{(i)})) \\
&= \begin{cases} -\log(\hat{y}(\boldsymbol{x}^{(i)})), & if\ y^{(i)} = 1 \\ -\log(1 - \hat{y}(\boldsymbol{x}^{(i)})), & if\ y^{(i)} = 0 \end{cases}
\end{aligned}$$

$y^{(i)}$=1이면 예측이 정확하게 되었을 때 (즉 양성 클래스일 확률이 100%인) 샘플 데이터의 비용 함수 결과 j는 0이 된다. 양성 클래스일 확률이 낮을수록 비용 함수는 점점 증가한다. 양성

클래스의 확률이 0이어서 예측이 제대로 안될 경우 비용 함수의 결과는 무한대가 된다. 다음 코드를 실행시키고 그래프를 통해서 확인해보자.

```
>>> y_hat = np.linspace(0, 1, 1000)
>>> cost = -np.log(y_hat)
>>> plt.plot(y_hat, cost)
>>> plt.xlabel('Prediction')
>>> plt.ylabel('Cost')
>>> plt.xlim(0, 1)
>>> plt.ylim(0, 7)
>>> plt.show()
```

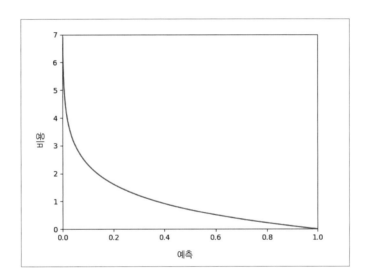

반면 $y^{(i)}=0$이면 예측이 정확하게 되었을 때, 즉 양성 클래스일 확률은 0%이고 음성 클래스일 확률이 100%인 샘플 데이터에 대한 비용 함수 결과 j는 0이 된다. 양성 클래스일 확률이 높을수록 비용 함수는 점점 증가한다. 앞에서 설명한 것과 마찬가지로 여기서는 음성 클래스의 확률이 0이어서 예측이 제대로 안될 경우 비용 함수의 결과는 무한대가 된다. 다음 코드를 실행시키고 그래프를 통해서 확인해보자.

```
>>> y_hat = np.linspace(0, 1, 1000)
>>> cost = -np.log(1 - y_hat)
>>> plt.plot(y_hat, cost)
>>> plt.xlabel('Prediction')
>>> plt.ylabel('Cost')
>>> plt.xlim(0, 1)
>>> plt.ylim(0, 7)
>>> plt.show()
```

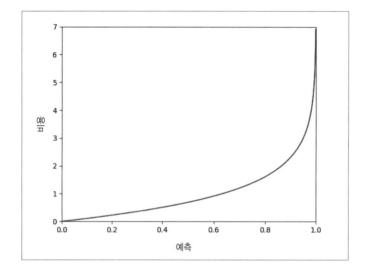

이 비용 함수를 최소화하는 것은 실질적으로 MSE 기반의 비용 함수를 최소화하는 것과 같다. 이렇게 하면 다음과 같은 장점이 있다.

- 함수가 (단조 증가, 단조 감소하는) 볼록형 속성을 갖게 되므로 최적의 모델 가중치를 찾을 수 있다.
- 예측값 $\hat{y}(x^{(i)})$ 또는 $1-\hat{y}(x^{(i)})$을 로그로 변환하여 합을 구하면 가중치에 대한 미분을 구하는 과정을 단순화할 수 있다. 이에 대해서는 뒤에서 자세히 설명한다.

로그 함수의 속성을 반영해서 비용 함수를 다음과 같이 바꿀 수 있다.

$$J(\boldsymbol{w}) = \frac{1}{m}\sum_{i=1}^{m} -[y^{(i)}\log(\hat{y}(\boldsymbol{x}^{(i)})) + (1 - y^{(i)})\log(1 - \hat{y}(\boldsymbol{x}^{(i)}))]$$

이 함수를 **로그 손실 함수**logarithmic loss 또는 간단하게 log loss라고 한다.

그래디언트 하강을 통한 로지스틱 회귀 모델 학습

다음 함수를 최소화하는 최적의 w를 어떻게 구할 수 있는지 알아보자.

$$J(\boldsymbol{w}) = \frac{1}{m}\sum_{i=1}^{m} -[y^{(i)}\log(\hat{y}(\boldsymbol{x}^{(i)})) + (1 - y^{(i)})\log(1 - \hat{y}(\boldsymbol{x}^{(i)}))]$$

여기서는 그래디언트 하강 기법을 통해서 가능하다.

그래디언트 하강 기법은 1차원의 반복적인 최적화 방법을 통해서 목적 함수objective function 를 최소화하는 과정이라고 볼 수 있다. 매번 반복 시도를 할 때 현재 상태에서 목적 함수에 대한 음의 미분을 통해 얻은 기울기 방향으로 이동한다. 바꿔 말하면 최적화된 지점을 목적 함수의 가장 작은 값을 향해 반복적으로 움직이게 되는 것이다. 여기서 기울기를 학습률learning rate 또는 단계 규모step size라고 하며 수학적으로 표현하면 다음과 같다.

$$\boldsymbol{w} := \boldsymbol{w} - \eta\,\Delta\boldsymbol{w}$$

이 수식의 왼쪽에 있는 w는 어떤 학습 단계를 완료한 후의 가중치 벡터를 의미한다. 반면 오른쪽에 있는 w는 학습 이전 단계의 가중치 벡터를 뜻한다. η는 학습률을 나타낸다. Δw 는 1차 미분한 결과로 다른 말로 그래디언트라고 한다.

이 책에서는 비용 함수 $J(\boldsymbol{w})$를 w에 대해 미분한 결과를 가지고 시작해보자. 약간의 미적 분학 지식이 필요할 수도 있는데 많이 걱정할 필요는 없다 .하나씩 단계적으로 차근차근 살펴보자.

$\hat{y}(x)$를 w에 대해 미분 계산하는 것부터 해보자. 여기서는 j번째 가중치 w_j를 예로 들어 설명한다(여기서 $z=w^T x$이다. 수식이 너무 복잡해지지 않도록 위첨자 $^{(i)}$를 생략했다).

$$\frac{\partial}{\partial w_j}\hat{y}(z) = \frac{\partial}{\partial w_j}\frac{1}{1+\exp(-z)} = \frac{\partial}{\partial z}\frac{1}{1+\exp(-z)}\frac{\partial}{\partial w_j}z$$

$$= \frac{1}{[1+\exp(-z)]^2}\exp(-z)\frac{\partial}{\partial w_j}z$$

$$= \frac{1}{1+\exp(-z)}\left[1-\frac{1}{1+\exp(-z)}\right]\frac{\partial}{\partial w_j}z = \hat{y}(z)(1-\hat{y}(z))\frac{\partial}{\partial w_j}z$$

다음으로 샘플 데이터 비용 함수 $J(w)$를 미분한다.

$$\frac{\partial}{\partial w_j}J(w) = -y\frac{\partial}{\partial w_j}\log(\hat{y}(z)) + (1-y)\frac{\partial}{\partial w_j}\log(1-\hat{y}(z))$$

$$= \left[-y\frac{1}{\hat{y}(z)} + (1-y)\frac{1}{1-\hat{y}(z)}\right]\frac{\partial}{\partial w_j}\hat{y}(z)$$

$$= \left[-y\frac{1}{\hat{y}(z)} + (1-y)\frac{1}{1-\hat{y}(z)}\right]\hat{y}(z)(1-\hat{y}(z))\frac{\partial}{\partial w_j}z$$

$$= (-y+\hat{y}(z))x_j$$

끝으로 m개의 샘플 데이터에 대한 전체 비용을 계산한다.

$$\Delta w_j = \frac{\partial}{\partial w_j}J(w) = \frac{1}{m}\sum_{i=1}^{m}(-y^{(i)}+\hat{y}(z^{(i)}))x_j^{(i)}$$

이 결과를 Δw로 일반화한다.

$$\Delta w = \frac{1}{m}\sum_{i=1}^{m}(-y^{(i)}+\hat{y}(z^{(i)}))x^{(i)}$$

앞에서 계산한 미분 결과를 전부 합해서 가중치를 다음과 같이 업데이트할 수 있다.

$$w := w + \eta\frac{1}{m}\sum_{i=1}^{m}(y^{(i)}-\hat{y}(z^{(i)}))x^{(i)}$$

매번 반복 계산을 할 때마다 w가 업데이트 된다. 반복 횟수가 크면 w와 b는 새로운 샘플 데이터 x'에 대해 분류하는 데에 다음과 같이 사용된다.

$$y' = \frac{1}{1 + \exp(-\boldsymbol{w}^T \boldsymbol{x}')}$$

$$\begin{cases} 1, if \ y' \geq 0.5 \\ 0, if \ y' < 0.5 \end{cases}$$

여기서 판단용 임계치의 기본값은 0.5다. 하지만 당연히 다른 값으로 설정해도 된다. 예를 들어 화재 발생 경보를 예측할 때 위음성false negative이 발생하지 않도록 할 경우 판단용 임계치를 0.5보다 작게(이를테면 0.3 정도) 설정하면 된다. 하지만 이 값은 얼마나 깐깐한지 내지는 실제로 발생하는 케이스를 어떻게 미리 막고자 할지를 보고 결정하면 된다. 반면 상품의 수율을 예측하는 것과 같은 위양성 케이스의 경우 임계치를 0.5보다 높게 설정하면 된다.

앞에서 그래디언트 하강 기법을 이용한 학습과 예측에 대해 자세히 배웠으니, 이제 로지스틱 회귀 알고리즘을 직접 구현해보자.

우선 현재 가중치값을 가지고 예측값 $\hat{y}(\boldsymbol{x})$를 계산하는 함수부터 정의한다.

```
>>> def compute_prediction(X, weights):
...     """ 현재 가중치를 이용하여 y_hat 예측값을 계산한다.
...     Args:
...         X (numpy.ndarray)
...         weights (numpy.ndarray)
...     Returns:
...         numpy.ndarray, y_hat of X under weights
...     """
...     z = np.dot(X, weights)
...     predictions = sigmoid(z)
...     return predictions
```

이 함수를 이용해서 그래디언트 하강 기법을 단계적으로 적용해서 다음 수식으로 정의되어 있는 가중치를 업데이트하는 함수를 정의할 수 있다.

$$\boldsymbol{w} := \boldsymbol{w} + \eta \frac{1}{m} \sum_{i=1}^{m} \left(y^{(i)} - \hat{y}\left(z^{(i)}\right) \right) \boldsymbol{x}^{(i)}$$

```
>>> def update_weights_gd(X_train, y_train, weights, learning_rate):
...     """ 1단계를 통해 가중치를 업데이트한다.
...     Args:
...         X_train, y_train (numpy.ndarray, training data set)
...         weights (numpy.ndarray)
...         learning_rate (float)
...     Returns:
...         numpy.ndarray, updated weights
...     """
...     predictions = compute_prediction(X_train, weights)
...     weights_delta = np.dot(X_train.T, y_train - predictions)
...     m = y_train.shape[0]
...     weights += learning_rate / float(m) * weights_delta
...     return weights
```

비용을 계산하는 함수도 다음과 같이 정의한다.

```
>>> def compute_cost(X, y, weights):
...     """ 비용 함수 J(w)를 계산한다.
...     Args:
...         X, y (numpy.ndarray, data set)
...         weights (numpy.ndarray)
...     Returns:
...         float
...     """
...     predictions = compute_prediction(X, weights)
...     cost = np.mean(-y * np.log(predictions)
...                    - (1 - y) * np.log(1-predictions))
...     return cost
```

이제 모델 학습 함수에서 앞에서 정의한 함수들을 모두 연결시켜 보자. 조건은 다음과 같다.

- 매번 반복 시행 때마다 가중치 벡터를 업데이트한다.
- 반복 시행 횟수 100번마다 현재 비용 함수의 결과를 화면에 출력한다. 이를 통해 비용 함수 $J(w)$ 값이 지속적으로 감소하는지, 또 학습이 제대로 이뤄지고 있는지 잘 확인할 수 있다.

```
>>> def train_logistic_regression(X_train, y_train, max_iter,
...                          learning_rate, fit_intercept=False):
...     """ 로지스틱 회귀 모델을 학습시킨다.
...     Args:
...         X_train, y_train (numpy.ndarray, training data set)
...         max_iter (int, number of iterations)
...         learning_rate (float)
...         fit_intercept (bool, with an intercept w0 or not)
...     Returns:
...         numpy.ndarray, learned weights
...     """
...     if fit_intercept:
...         intercept = np.ones((X_train.shape[0], 1))
...         X_train = np.hstack((intercept, X_train))
...     weights = np.zeros(X_train.shape[1])
...     for iteration in range(max_iter):
...         weights = update_weights_gd(X_train, y_train,
...                                 weights, learning_rate)
...         # 반복 시행 횟수 100번(예를 들어서)마다 현재 비용 함수의 결과를 화면에 출력한다.
...         if iteration % 100 == 0:
...             print(compute_cost(X_train, y_train, weights))
...     return weights
```

마지막으로 학습 모델을 이용해서 새 입력 데이터의 결과를 예측하는 함수를 정의한다.

```
>>> def predict(X, weights):
...     if X.shape[1] == weights.shape[0] - 1:
```

```
...            intercept = np.ones((X.shape[0], 1))
...            X = np.hstack((intercept, X))
...        return compute_prediction(X, weights)
```

앞에서 본 것처럼 로지스틱 회귀 구현은 매우 간단하다. 예제를 통해 실행 결과를 확인해
보자.

```
>>> X_train = np.array([[6, 7],
...                     [2, 4],
...                     [3, 6],
...                     [4, 7],
...                     [1, 6],
...                     [5, 2],
...                     [2, 0],
...                     [6, 3],
...                     [4, 1],
...                     [7, 2]])
>>> y_train = np.array([0,
...                     0,
...                     0,
...                     0,
...                     0,
...                     1,
...                     1,
...                     1,
...                     1,
...                     1])
```

절편값이 포함된 가중치를 기반으로 하고 학습률을 0.1로 설정한 상태에서 로지스틱 회귀
모델을 1000번 반복해서 학습을 시켜보자.

```
>>> weights = train_logistic_regression(X_train, y_train,
            max_iter=1000, learning_rate=0.1, fit_intercept=True)
0.574404237166
0.0344602233925
```

```
0.0182655727085
0.012493458388
0.00951532913855
0.00769338806065
0.00646209433351
0.00557351184683
0.00490163225453
0.00437556774067
```

비용이 점차 작아지고 있는데 이는 모델이 최적화되고 있다는 것을 의미한다. 새로운 데이터에 대한 모델의 성능을 확인할 수도 있다.

```
>>> X_test = np.array([[6, 1],
...                    [1, 3],
...                    [3, 1],
...                    [4, 5]])
>>> predictions = predict(X_test, weights)
>>> predictions
array([ 0.9999478 ,  0.00743991,  0.9808652 ,  0.02080847])
```

다음 코드를 실행시키면 화면상에서 결과를 확인할 수 있다.

```
>>> plt.scatter(X_train[:,0], X_train[:,1], c=['b']*5+['k']*5,
                                            marker='o')
```

분류 판단용 임계치를 0.5로 설정한다.

```
>>> colours = ['k' if prediction >= 0.5 else 'b'
                            for prediction in predictiosn]
>>> plt.scatter(X_test[:,0], X_test[:,1], marker='*', c=colours)
>>> plt.xlabel('x1')
>>> plt.ylabel('x2')
>>> plt.show()
```

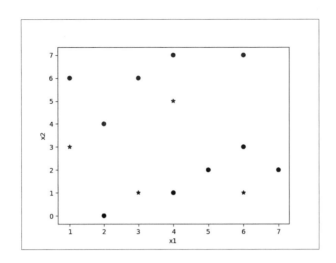

학습된 모델이 새로운 데이터에 대해서도 제대로 예측함을 알 수 있다(별표로 표시된 결과를 확인).

▌ 그래디언트 하강 기법과 로지스틱 회귀를 이용한 클릭스루 예측

간단한 예제를 가지고 테스트를 해봤으니, 본격적으로 클릭스루 예측 프로젝트에 우리가 만든 알고리즘을 적용해서 테스트해보자.

전체 데이터세트 중 맨 앞의 10,000개를 학습에 사용하고 이후 10,00개를 테스트용으로 사용한다.

```
>>> n = 10000
>>> X_dict_train, y_train = read_ad_click_data(n)
>>> dict_one_hot_encoder = DictVectorizer(sparse=False)
>>> X_train = dict_one_hot_encoder.fit_transform(X_dict_train)
>>> X_dict_test, y_test = read_ad_click_data(n, n)
>>> X_test = dict_one_hot_encoder.fit_transform(X_dict_test)
>>> X_train_10k = X_train
>>> y_train_10k = np.array(y_train)
```

절편값이 포함된 가중치를 기반으로 하고 학습율을 0.01로 설정한 상태에서 10,000번의 반복 횟수만큼 로지스틱 회귀 모델을 학습시킨다. 그리고 1000번마다 비용 함수 결과를 화면에 출력한다.

```
>>> import timeit
>>> start_time = timeit.default_timer()
>>> weights = train_logistic_regression(X_train, y_train,
            max_iter=10000, learning_rate=0.01, fit_intercept=True)
0.682001945674
0.43170915857
0.425685277505
0.422843135343
0.420960348782
0.419499856125
0.418277700999
0.417213474173
0.416265039542
0.415407033145
>>> print("--- %0.3fs seconds ---" %
                    (timeit.default_timer() - start_time))
--- 208.981s seconds ---
```

학습하는 데 약 209초 정도가 걸렸고 비용 함수 결과는 꾸준하게 작아졌다. 이제 학습 모델을 가지고 다음 코드를 이용해서 테스트해보자.

```
>>> X_test_10k = X_test
>>> predictions = predict(X_test_10k, weights)
>>> from sklearn.metrics import roc_auc_score
>>> print('The ROC AUC on testing set is:
            {0:.3f}'.format(roc_auc_score(y_test, predictions)))
The ROC AUC on testing set is: 0.711
```

이 결과는 앞 장에서 랜덤 포레스트를 이용해서 했던 것과 거의 비슷하다.

이 장의 처음 부분에서 얘기했던 것처럼 로지스틱 회귀 분류기는 대규모 데이터세트를 학습시키는 데 매우 좋다는 장점이 있다. 반면 트리 기반 모델은 대규모 데이터세트 학습에 적합하지 않다. 이제 앞에서 했던 것보다 10배 정도 큰 100,000개의 샘플 데이터를 가지고 모델을 학습시킨 다음 테스트해보자. 여기서는 $n = 100000$으로 설정하는 것만 다를 뿐 나머지는 앞에서 했던 과정을 그대로 반복하면 된다.

```
>>> start_time = timeit.default_timer()
>>> weights = train_logistic_regression(X_train_100k,
            y_train_100k, max_iter=10000, learning_rate=0.01,
            fit_intercept=True)
0.682286670386
0.436252745484
0.430163621042
0.42756004451
0.425981638653
0.424832471514
0.423913850459
0.423142334978
0.422475789968
0.421889510225
>>> print("--- %0.3fs seconds ---" %
                    (timeit.default_timer() - start_time))
--- 4594.663s seconds ---
```

100,000개의 샘플로 모델을 학습시켰더니 1시간이 넘게 걸렸다! 100,000개가 아니라 수백만 개 정도 되는 (예를 들면 학습 데이터세트 파일에는 40,000,000개의 샘플이 들어있다) 대규모 학습 데이터를 효과적으로 학습시키려면 어떻게 하면 될까?

스토캐스틱 그래디언트 하강 기법을 이용한 로지스틱 회귀 모델 학습

그래디언트 하강 기법을 이용한 로지스틱 회귀 모델에서는 매번 반복 시행 때마다 가중치를 업데이트하기 위해 학습 샘플 데이터 전체를 사용한다. 따라서 학습 샘플 데이터의 개수가 클 경우 우리가 앞에서 본 것처럼 전체 학습 과정에 있어 시간과 계산 비용이 엄청나게 들게 된다.

다행히 기존의 방법을 아주 살짝 바꾸기만 하면 대규모 데이터에 적합한 로지스틱 회귀를 만들 수 있다. 가중치 업데이트 과정에서 학습 데이터세트 전체를 쓰는 대신 샘플 데이터를 하나만 사용하는 것이다. 이렇게 하면 모델은 한 개의 학습 샘플 데이터만 가지고 계산한 에러를 바탕으로 다음 단계로 이동한다. 모든 샘플 데이터를 사용할 경우 반복 시행을 1번만 하고 끝나버린다. 이런 그래디언트 하강 기법을 **스토캐스틱 그래디언트 하강 기법**[SGD]이라고 한다. 수식으로 정리하면 각 반복 시행 단계에서 다음을 수행한다.

for i in 1 to m:

$$\boldsymbol{w} := \boldsymbol{w} + \eta \left(y^{(i)} - \hat{y}\left(z^{(i)} \right) \right) \boldsymbol{x}^{(i)}$$

SGD는 보통 (10보다 작은) 반복 횟수 내에 수렴한다. 이는 반복 횟수를 크게 설정해야 하는 그래디언트 하강 기법보다 훨씬 빠르다.

SGD를 이용한 로지스틱 회귀 알고리즘을 구현하기 위해서는 update_weights_gd 함수를 살짝 고치기만 하면 된다.

```
>>> def update_weights_sgd(X_train, y_train, weights, learning_rate):
...        """ 반복 시행을 통한 가중치 업데이트: 각 샘플을 대상으로 한 단계마다 가중치를 이동시킨다.
...        Args:
...            X_train, y_train (numpy.ndarray, training data set)
...            weights (numpy.ndarray)
...            learning_rate (float)
...        Returns:
...            numpy.ndarray, updated weights
```

```
...        """
...        for X_each, y_each in zip(X_train, y_train):
...            predictions = compute_prediction(X_each, weights)
...            weights_delta = X_each.T * (y_each - prediction)
...            weights += learning_rate * weights_delta
...        return weights
```

그리고 train_logistic_regression 함수에서 다음에 해당하는 부분을 찾는다(for 문 내
에 있다).

```
weights = update_weights_gd(X_train, y_train, weights, learning_rate)
```

다음과 같이 바꿔준다(함수 이름이 바뀌었다).

```
weights = update_weights_sgd(X_train, y_train, weights, learning_rate)
```

자, 이제 이 작은 변화가 얼마나 강력한 성능을 발휘하는지 확인해보자. 우선 10,000개의
학습 샘플을 가지고 테스트를 해보자. 반복 횟수는 5로 설정하고 학습율은 0.01로 한다.
그리고 반복 실행 때마다 비용 함수 결과를 화면에 출력한다. 결과는 다음과 같다.

```
>>> start_time = timeit.default_timer()
>>> weights = train_logistic_regression(X_train_10k, y_train_10k,
...            max_iter=5, learning_rate=0.01, fit_intercept=True)
0.414965479133
0.406007112829
0.401049374518
>>> print("--- %0.3fs seconds ---" %
...                 (timeit.default_timer() - start_time))
--- 1.007s seconds ---
```

224

학습하는 데 1초밖에 안 걸렸다! 테스트 데이터세트에 대한 성능도 앞의 모델보다 훨씬 좋다.

```
>>> predictions = predict(X_test_10k, weights)
>>> print('The ROC AUC on testing set is:
            {0:.3f}'.format(roc_auc_score(y_test, predictions)))
The ROC AUC on testing set is: 0.720
```

조금 더 큰 100,000개의 샘플에 대해서는 어떻게 될까? 다음 결과를 보자.

```
>>> start_time = timeit.default_timer()
>>> weights = train_logistic_regression(X_train_100k,
            y_train_100k, max_iter=5, learning_rate=0.01,
            fit_intercept=True)
0.412786485963
0.407850459722
0.405457331149
>>> print("--- %0.3fs seconds ---" %
                    (timeit.default_timer() - start_time))
--- 24.566s seconds ---
```

100,001 ~ 200,000번째 샘플 데이터에 대한 분류 성능을 알아보자.

```
>>> X_dict_test, y_test_next_10k =
                        read_ad_click_data(10000, 100000)
>>> X_test_next10k = dict_one_hot_encoder.transform(X_dict_test)
>>> predictions = predict(X_test_next10k, weights)
>>> print('The ROC AUC on testing set is:
            {0:.3f}'.format(roc_auc_score(y_test, predictions)))
The ROC AUC on testing set is: 0.736
```

확실히 SGD를 이용한 모델이 그래디언트 하강 기법을 사용한 모델보다 훨씬 효율적 임을 알 수 있다.

SGD를 이용한 로지스틱 회귀 알고리즘을 잘 구현해보았으니, 앞에서 했던 것처럼 사이킷런에 있는 SGDClassifier 패키지를 이용해서도 구현해보자.

```
>>> from sklearn.linear_model import SGDClassifier
>>> sgd_lr = SGDClassifier(loss='log', penalty=None,
            fit_intercept=True, n_iter=5,
            learning_rate='constant', eta0=0.01)
```

여기서 손실loss 파라미터에 'log'라고 설정한 것은 비용 함수로 log loss를 사용한다는 의미다 .또 penalty는 오버피팅을 줄여주는 정규화 파라미터로 뒤에서 자세히 설명한다. n_iter는 반복 횟수를 설정하는 입력 파라미터이고, 나머지 2개의 파라미터를 통해 학습율은 0.01로 그대로 유지했다. 한 가지 기억해둘 점이 있는데 learning_rate의 기본값은 'optimal'이다. 이럴 경우 학습율이 약간 작아지고 그에 따라 업데이트가 그만큼 오래 걸릴 수 있다. 하지만 대규모 데이터세트에 가장 좋은 모델을 찾으려고 할 때 좋을 수 있다.

이제 모델을 학습시키고 테스트 해보자.

```
>>> sgd_lr.fit(X_train_100k, y_train_100k)
>>> predictions = sgd_lr.predict_proba(X_test_next10k)[:, 1]
>>> print('The ROC AUC on testing set is:
    {0:.3f}'.format(roc_auc_score(y_test_next10k, predictions)))
The ROC AUC on testing set is: 0.735
```

아주 간단하고 쉽지 않은가!

정규화 기법을 이용한 로지스틱 회귀 모델 학습

앞에서 간략하게 설명한 것처럼, 로지스틱 회귀 SGDClassifier에서 penalty 파라미터는 모델 정규화와 관련이 있다. 정규화는 크게 L1, L2 두 가지 타입이 있다. 둘 중 무엇을 선택하든 정규화는 원래 비용 함수에 추가 항목이 된다. 다음 수식을 보자.

$$J(\boldsymbol{w}) = \frac{1}{m}\sum_{i=1}^{m} -[y^{(i)}\log(\hat{y}(\boldsymbol{x}^{(i)})) + (1 - y^{(i)})\log(1 - \hat{y}(\boldsymbol{x}^{(i)}))] + \alpha\|\boldsymbol{w}\|^q$$

여기서 α는 정규화 항에 곱하는 상수이며, q는 L1 정규화 또는 L2 정규화에 따라 1 또는 2가 된다. 다음 식을 참고하기 바란다.

$$\|\boldsymbol{w}\|^1 = \sum_{j=1}^{n} |w_j|$$

$$\|\boldsymbol{w}\|^2 = \sum_{j=1}^{n} w_j{}^2$$

로지스틱 회귀 모델의 학습은 가중치 $\boldsymbol{w}$의 함수로 비용을 줄여나가는 과정이라고 할 수 있다. 만약 w_i, w_j, w_k처럼 가중치가 상당히 큰 포인트가 있으면 전체 비용은 이렇게 큰 가중치에 의해 결정된다. 이 경우 학습 모델은 학습 데이터세트를 그대로 기억하고 새로운 데이터에 일반화가 되지 않는, 즉 예측이 제대로 되지 않는 문제가 발생한다. 여기서 정규화 항은 이렇게 큰 가중치를 상쇄시키기 위해 도입된 것이다. 가중치가 최소화된 비용의 일부가 되도록 말이다. 결과적으로 정규화는 오버피팅을 없애준다. 마지막으로 파라미터 α는 log loss와 일반화 사이의 트레이드오프를 제공한다. α가 너무 작으면 큰 가중치를 조정할 수가 없게 되고, 이로 인해 모델에서 높은 분산값과 오버피팅 문제가 발생할 수 있다. 반대로. α가 너무 크면 모델이 지나치게 일반화 되어서 데이터세트에 대한 성능이 아주 나빠진다. 이를 언더피팅이라고 한다. 따라서. α는 정규화 항을 포함한 로지스틱 회귀 모델을 최적화하기 위해 아주 중요한 튜닝 파라미터라고 할 수 있다.

L1과 L2 중 어느 것을 선택할 지에 대해 가장 좋은 방법은 기대하는 피처 셀렉션이 어떤 것인지라고 할 수 있다. 머신 러닝 분류에서 피처 셀렉션은 더 좋은 모델을 만드는 데 사용할 중요한 피처의 서브세트를 선별하는 과정이다. 실제로 데이터세트에 있는 모든 피처가 샘플을 선별하는 데 유용한 것은 아니다. 일부 피처는 중복되거나 관련이 없을 수도 있는데 이로 인해 일부 피처를 버리면서도 정보의 유지가 가능하다.

로지스틱 회귀 분류기에서, 피처 셀렉션은 L1 정규화를 이용할 경우에만 가능하다. 왜 그럴까? 일단 2개의 가중치 벡터 $w_1 = (1, 0)$과 $w_2 = (0.5, 0.5)$가 있다고 가정해보자. 여기서 log loss의 총합은 동일하다고 가정했을 때 각 가중치 벡터의 L1 정규화 항과 L2 정규화 항은 다음과 같다.

$$\|w_1\|^1 = |1| + |0| = 1, \|w_2\|^1 = |0.5| + |0.5| = 1$$

$$\|w_1\|^2 = 1^2 + 0^2 = 1, \|w_2\|^2 = 0.5^2 + 0.5^2 = 0.5$$

L1 항은 이 2개의 벡터 모두 동일하다. 반면 w_2의 L2 항은 w_1의 L2 항보다 작다. 이를 통해 L2 정규화는 훨씬 큰 값의 가중치로 페널티를 받고 있고, 반면 L1 정규화에서는 상대적으로 작은 값의 가중치로 페널티를 받고 있음을 알 수 있다. 바꿔 말하면 L2 정규항은 모든 가중치에 대해 상대적으로 작은 값을 부여하며, 이를 통해 특정 가중치 값이 과다하게 커지거나 작아지지 않도록 한다. 반면 L1 정규화에서는 일부 가중치의 경우 상당히 작은 값일 수도 있고 상당히 큰 값일 수도 있다. L1 정규화 항만 있으면 일부 가중치에 대해 0 또는 0에 수렴하도록 압축될 수 있는데, 이를 통해서 피처 셀렉션을 할 수 있다.

사이킷런에서 정규화 적용은 penalty 파라미터 없이 "l1", "l2", "elasticnet"(L1과 L2의 혼합형)과 alpha 파라미터를 통해 α만 설정하면 된다.

여기서 피처 셀렉션을 위해 L1 정규화를 자세히 살펴보자.

L1 정규화 항이 포함된 SGD 로지스틱 회귀 모델을 초기화한다. 그런 다음 10,000개의 샘플 데이터를 가지고 모델을 학습시킨다.

```
>>> l1_feature_selector = SGDClassifier(loss='log', penalty='l1',
                        alpha=0.0001, fit_intercept=True,
                        n_iter=5, learning_rate='constant',
                        eta0=0.01)
>>> l1_feature_selector.fit(X_train_10k, y_train_10k)
```

학습된 모델을 가지고 transform 함수를 이용해서 중요 피처를 선별한다.

```
>>> X_train_10k_selected = l1_feature_selector.transform(X_train_10k)
```

이를 통해 생성된 데이터세트에는 574개의 가장 중요한 피처만 포함돼 있다.

```
>>> print(X_train_10k_selected.shape)
(10000, 574)
```

원본 데이터세트에는 2820개의 피처가 포함돼 있음을 알 수 있다.

```
>>> print(X_train_10k.shape)
(10000, 2820)
```

학습 모델의 가중치를 좀 더 자세히 살펴보자.

```
>>> l1_feature_selector.coef_
array([[ 0.17832874, 0.        , 0.        , ..., 0.
        0.        , 0.        ]])
```

가장 아래쪽 10개의 가중치와 여기에 관련된 10개의 가장 중요도가 낮은 피처는 다음과
같다.

```
>>> print(np.sort(l1_feature_selector.coef_)[0][:10])
[-0.59326128 -0.43930402 -0.43054312 -0.42387413 -0.41166026
 -0.41166026 -0.31539391 -0.30743371 -0.28278958 -0.26746869]
>>> print(np.argsort(l1_feature_selector.coef_)[0][:10])
[ 559 1540 2172   34 2370 2566  579 2116  278 2221]
```

아울러 위쪽 10개의 가중치와 여기에 관련된 10개의 가장 중요도가 높은 피처는 다음과 같다.

```
>>> print(np.sort(l1_feature_selector.coef_)[0][-10:])
[ 0.27764331 0.29581609 0.30518966 0.3083551  0.31949471
  0.3464423  0.35382674 0.3711177  0.38212495 0.40790229]
>>> print(np.argsort(l1_feature_selector.coef_)[0][-10:])
[2110 2769  546  547 2275 2149 2580 1503 1519 2761]
```

실제 피처가 어떤지 확인할 수도 있다.

```
>>> dict_one_hot_encoder.feature_names_[2761]
'site_id=d9750ee7'
>>> dict_one_hot_encoder.feature_names_[1519]
'site_id=84ebbcd4'
```

온라인 러닝을 이용한 대규모 데이터세트 학습

이제까지 우리는 10만개의 샘플 데이터를 가지고 모델을 학습시켰고 그 이상은 다루지 못했다. 지나치게 큰 데이터를 사용하기 위해 메모리에 올려놓으면 프로그램이 다운될 것이다. 이 절에서는 온라인 러닝을 이용해서 대규모 데이터세트를 학습하는 방법을 소개한다.

스토캐스틱 그래디언트 하강 기법에서는 한 번에 샘플 데이터 하나씩만 가지고 모델을 순차적으로 업데이트해서 그래디언트 하강을 진행한다. 전체 학습 데이터세트를 한 번에 사용하지 않고 말이다. 여기서 온라인 러닝 기법을 이용해서 스토캐스틱 그래디언트 하강 기법을 더 향상시킬 수 있다. 오프라인 러닝 환경에서 전체를 한 번에 사용하는 것과는 달리 온라인 러닝에서는 학습을 위한 새 데이터가 순서대로 또는 실시간으로 사용될 수 있다. 따라서 각 학습 단계에서 상대적으로 작은 크기의 데이터 청크를 불러들여서 전처리 작업을 수행할 수 있고 이를 통해 대규모 데이터세트 전체를 메모리 상에 유지하지 않아도 된다. 계산 비용면에서도 효율적이다. 또 새 데이터가 실시간으로 생성되는 경우, 모델을 개선해야 할 경우에도 온라인 러닝이 사용된다. 예를 들어 주가 예측 모델 업데이트를 할 때 해당 시점의 적절한 시장 데이터와 온라인 러닝 기법을 이용할 수 있다. 클릭스루 예측 모델에서도 사용자의 가장 최근 행동과 취향이 반영된 최신 데이터를 사용할 필요가 있을 수 있다. 스팸 메일 탐지 모델도 새로운 피처가 끊임없이 생성되는 점을 고려해서 계속 변화하는 스팸 메일 발송업자에게 대응할 수 있어야 한다. 온라인 러닝에서는 이전 데이터세트를 가지고 학습한 기존 모델은 최신 데이터세트만 가지고 업데이트가 이뤄진다. 반면 오프라인 러닝에서는 이전 데이터세트와 최신 데이터세트를 모두 합해서 모델을 다시 만들어야 한다.

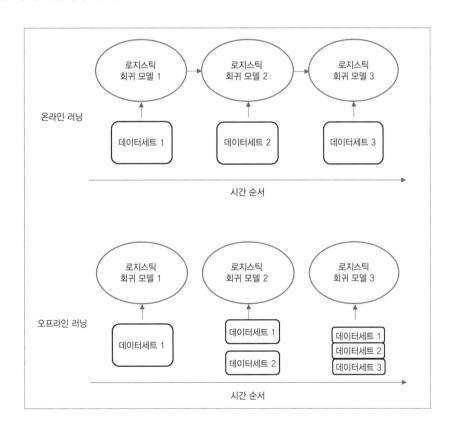

사이킷런의 SGDClassifier는 partial_fit 함수를 이용해서 온라인 러닝을 구현해 놓았다(우리가 봐왔던 오프라인 러닝에서는 fit 함수를 이용한다). 온라인 러닝을 가지고 100만 개의 샘플을 대상으로 모델을 학습시킨다.

```
>>> sgd_lr = SGDClassifier(loss='log', penalty=None,
                           fit_intercept=True, n_iter=1,
                           learning_rate='constant',eta0=0.01)
>>> start_time = timeit.default_timer()
>>> for i in range(10):
...     X_dict_train, y_train_every_100k =
                        read_ad_click_data(100000, i * 100000)
...     X_train_every_100k =
                    dict_one_hot_encoder.transform(X_dict_train)
...     sgd_lr.partial_fit(X_train_every_100k, y_train_every_100k,
                                            classes=[0, 1])
```

다음으로 10,000개의 샘플을 대상으로 테스트를 수행한다.

```
>>> X_dict_test, y_test_next_10k =
                        read_ad_click_data(10000, (i + 1) * 100000)
>>> X_test_next10k = dict_one_hot_encoder.transform(X_dict_test)
>>> predictions = sgd_lr.predict_proba(X_test_next10k)[:, 1]
>>> print('The ROC AUC on testing set is:
      {0:.3f}'.format(roc_auc_score(y_test_next10k, predictions)))
The ROC AUC on testing set is: 0.756
>>> print("--- %0.3fs seconds ---" %
                    (timeit.default_timer() - start_time))
--- 107.030s seconds ---
```

온라인 러닝을 이용해서 전체 100만 건을 대상으로 한 학습 결과는 계산상으로도 효과적임을 알 수 있다.

다중클래스 분류 처리

끝으로 중요한 사항 중 하나는 로지스틱 회귀 알고리즘이 어떻게 다중 클래스 분류를 처리하느냐다. 이진 케이스에서와 마찬가지로 다중 클래스에 대해서도 사이킷런 분류기를 이용하면 되긴 한다. 하지만 다중 클래스에 대해 로지스틱 회귀가 어떻게 동작하는지 이해해 두는 것이 좋을 것 같다.

2개 이상의 클래스에 대한 로지스틱 회귀를 **다중 로지스틱 회귀**multinomial logistic regression라고 하며 최근에는 **소프트맥스 회귀**softmax regression로 더 잘 알려져 있다. 앞에서 배운 이진 케이스를 생각해보면 모델을 가중치 벡터 w로 표현했으며, 분류 결과가 '1'이거나 양성 클래스가 될 확률을 다음과 같이 표현했다.

$$\hat{y} = P(y = 1|\boldsymbol{x}) = \frac{1}{1+\exp(-\boldsymbol{w}^T\boldsymbol{x})}$$

K 클래스의 경우에 있어서 모델은 K개의 가중치 벡터 $w_1, w_2, \cdots, w_K$와 분류 대상이 k번째 클래스에 속할 확률을 다음과 같이 표현한다.

$$\widehat{y_k} = P(y = k|\boldsymbol{x}) = \frac{\exp(\boldsymbol{w}_k^T\boldsymbol{x})}{\sum_{j=1}^{K}\exp(\boldsymbol{w}_j^T\boldsymbol{x})}$$

여기서 $\sum_{j=1}^{K}\exp(\boldsymbol{w}_j^T\boldsymbol{x})$는 확률 $\widehat{y_k}$(k는 1부터 K까지)을 정규화하기 위한 것으로 전체 합이 1이 되게 한다. 이진 케이스의 비용 함수는 다음과 같이 표현할 수 있다.

$$J(\boldsymbol{w}) = \frac{1}{m}\sum_{i=1}^{m}-[y^{(i)}\log(\hat{y}(\boldsymbol{x}^{(i)})) + (1 - y^{(i)})\log(1 - \hat{y}(\boldsymbol{x}^{(i)}))]$$

마찬가지로 비용 함수는 다음과 같이 된다.

$$J(\boldsymbol{w}) = \frac{1}{m}\sum_{i=1}^{m}-[\sum_{j=1}^{K}1\{y^{(i)} = j\}\log(\widehat{y_k}(\boldsymbol{x}^{(i)}))]$$

여기서 $y^{(i)}=j$일 경우에만 함수 $1\{y^{(i)}=j\}$는 1이 되고 이 외의 경우에는 함수의 값은 0이 된다.

이진 케이스에서 Δw를 유도했던 것처럼 j번째 가중치 벡터에 Δw_j를 앞에서 정의한 비용 함수를 가지고 계산한다.

$$\Delta \boldsymbol{w_j} = \frac{1}{m}\sum_{i=1}^{m}(-1\{y^{(i)}=j\}+\widehat{y_k}(\boldsymbol{x}^{(i)}))\boldsymbol{x}^{(i)}$$

같은 방식으로, 모든 K 가중치 벡터를 매번 반복 실행 때마다 업데이트한다. 충분히 반복 실행을 한 후 학습된 가중치 벡터 $\boldsymbol{w}_1, \boldsymbol{w}_2, \cdots, \boldsymbol{w}_K$는 새로운 데이터 샘플 $\boldsymbol{x}'$을 분류하는 데 다음과 같이 사용된다.

$$y' = arg\max_{k}\widehat{y_k} = arg\max_{k}P(y=k|\boldsymbol{x}')$$

이해를 돕기 위해 4장에서 다뤘던 뉴스 토픽 데이터세트를 가지고 실험을 해보자(여기에 사용된 함수들은 4장에서 이미 정의했던 것들이다).

```
>>> data_train = fetch_20newsgroups(subset='train',
                                categories=None, random_state=42)
>>> data_test = fetch_20newsgroups(subset='test', categories=None,
                                random_state=42)
>>> cleaned_train = clean_text(data_train.data)
>>> label_train = data_train.target
>>> cleaned_test = clean_text(data_test.data)
>>> label_test = data_test.target
>>> tfidf_vectorizer = TfidfVectorizer(sublinear_tf=Ture,
            max_df=0.5, stop_words='english', max_features=40000)
>>> term_docs_train =
            tfidf_vectorizer.fit_transform(cleaned_train)
>>> term_docs_test = tfidf_vectorizer.fit_transform(cleaned_test)
```

최적의 다중 클래스 로지스틱 회귀 모델을 찾는데 그리드 검색을 적용한다.

```
>>> from sklearn.model_selection import GridSearchCV
>>> parameters = {'penalty': ['l2', None],
...               'alpha': [1e-07, 1e-06, 1e-05, 1e-04],
...               'eta0': [0.01, 0.1, 1, 10]}
>>> sgd_lr = SGDClassifier(loss='log', learning_rate='constant',
                           eta0=0.01, fit_intercept=True, n_iter=10)
>>> grid_search = GridSearchCV(sgd_lr, parameters,
                               n_jobs=-1, cv=3)
>>> grid_search.fit(term_docs_train, label_train)
>>> print(grid_search.best_params_)
{'penalty': 'l2', 'alpha': 1e-07, 'eta0': 10}
```

다음 코드를 이용해서 최적의 모델을 가지고 예측을 수행한다.

```
>>> sgd_lr_best = grid_search.best_estimator_
>>> accuracy = sgd_lr_best.score(term_docs_test, label_test)
>>> print('The accuracy on testing set is:
                         {0:.1f}%'.format(accuracy*100))
The accuracy on testing set is: 79.7%
```

▌ 피처 셀렉션과 랜덤 포레스트 비교

앞에서 L1 정규화 기법이 반영된 로지스틱 회귀를 가지고 어떻게 피처 셀렉션을 하는지 살펴봤다. 그 결과 광고 클릭 피처 총 2820개 중 중요하다고 판단된 574개를 추출했다. L1 정규화 기법을 이용했기 때문에 중요도가 낮은 가중치는 0 또는 0에 가까운 값을 나타낸다. L1 정규화 기법을 반영한 로지스틱 회귀 외에도 랜덤 포레스트를 이용해서 피처 셀렉션을 할 수도 있다.

앞에서 설명한 것처럼 랜덤 포레스트는 여러 의사결정 트리를 하나로 모든 배깅 알고리즘이다. 각 노드에서 가장 분할을 잘할 수 있는 포인트를 찾을 때 이들 트리는 피처의 랜덤 서브세트를 고려한다. 의사결정 트리 알고리즘의 핵심 아이디어와 같이, (트리를 분할하는 값을 지닌) 가장 중요한 피처만 트리를 구성하는 데 사용한다. 전체 포레스트 관점에서는 트리 노드에 사용된 피처의 출현 빈도가 높을수록 중요도도 더 높아진다. 다시 말하면 전체 트리에 포함돼 있는 노드 내에서 얼마나 나타났는지를 가지고 피처의 중요도를 평가할 수 있고 이들 중 가장 중요한 몇몇 피처만 선택할 수 있다는 얘기다.

학습 과정을 거친 사이킷런의 RandomForestClassifier에는 피처의 중요도를 나타내는 feature_importance_ 어트리뷰트가 있다. 이는 트리 노드에서 얼마나 많이 나타났는지 비율을 계산한 값이다. 1만 건의 광고 클릭 샘플 데이터세트에 랜덤 포레스트를 이용한 피처 셀렉션을 다시 검토해보자.

```
>>> from sklearn.ensemble import RandomForestClassifier
>>> random_forest = RandomForestClassifier(n_estimators=100,
...              criterion='gini', min_samples_split=30, n_jobs=-1)
>>> random_forest.fit(X_train_10k, y_train_10k)
```

랜덤 포레스트 모델을 학습시킨 후 가장 아래쪽 10개 피처의 영향도와 관련 피처들을 추출한다.

```
>>> print(np.sort(random_forest.feature_importances_)[:10])
[ 0.  0.  0.  0.  0.  0.  0.  0.  0.  0.]
>>> print(np.argsort(random_forest.feature_importances_)[:10])
[1359 2198 2475 2378 1980  516 2369 1380  157 2625]
```

마찬가지로 랜덤 포레스트 모델을 학습시킨 후 가장 위쪽 10개 피처의 영향도와 그에 관련된 중요한 피처들을 추출한다.

```
>>> print(np.sort(random_forest.feature_importances_)[:10])
[ 0.0072243    0.00757724   0.00811834   0.00847693   0.00856942
  0.00889287   0.00930343   0.01081189   0.013195     0.01567019]
>>> print(np.argsort(random_forest.feature_importances_)[:10])
[ 549 1284 2265 1540 1085 1923 1503 2761  554  393]
```

2761번째 피처 ('site_id=d9750ee7')는 L1 정규화 기법이 반영된 로지스틱 회귀와 랜덤 포레스트 양쪽 모두에서 상위 10개의 리스트에 포함됐다. 가장 중요도가 높은 피처를 찾아보면 다음과 같다.

```
>>> dict_one_hot_encoder.feature_names_[393]
'C18=2'
```

더 나아가 상위 500개 피처를 다음 코드를 이용해서 선택할 수도 있다.

```
>>> top500_feature = np.argsort(random_forest.feature_importances_)[-500:]
>>> X_train_10k_selected = X_train_10k[:, top500_feature]
>>> print(X_train_10k_selected.shape)
(10000, 500)
```

▌ 요약

이 장에서는 앞 장에 이어 온라인 광고 클릭스루 예측 프로젝트를 다뤘다. 원 핫 인코딩 기술을 가지고 범주형 피처의 어려운 점을 극복했다. 그런 다음 대규모 데이터세트의 확장성을 높이기 위해 새로운 분류 알고리즘인 로지스틱 회귀에 대해 알아봤다. 기본적인 로지스틱 함수의 개념을 이해한 후 로지스틱 회귀 알고리즘을 깊이 있게 살펴봤다. 이를 통해 동작 원리를 익힐 수 있었다. 이를 바탕으로 그래디언트 하강 기법을 통해 로지스틱 회귀를 어떻게 학습시키는지 알 수 있었다. 광고 클릭스루 데이터세트를 대상으로 직접 손으로 작성한 로지스틱 회귀 분류기를 구현하고 이를 테스트 해봄으로써 스토캐스틱 그래디언트 하강 기법을 이용해 로지스틱 회귀 모델을 어떻게 학습시키는지 배웠다. 또 이를 통해 기존의 알고리즘에 조정 작업을 할 수 있었다. 아울러 사이킷런에 있는 SGD 기반의 로지스틱 회귀 분류기를 어떻게 활용하면 되는지, 그리고 이것을 프로젝트에 어떻게 적용하는지도 배웠다. 로지스틱 회귀를 이용해서 앞에서 다뤘던 문제의 해결 방안을 알아내기 위해 노력했다. L1 정규화, L2 정규화 등을 이용해서 오버피팅 문제를 어떻게 해결할 수 있는지 알아봤다. 또 대규모 데이터세트 학습과 다중 클래스 처리를 위한 온라인 러닝 기법도 살펴봤다. 끝으로 피처 셀렉션에 L1 정규화 기법을 반영한 로지스틱 회귀의 대안으로서 랜덤 포레스트를 적용해보기도 했다.

앞 장에서 CriteoLabs(https://www.kaggle.com/c/criteo-display-ad-challenge)의 Display Advertising Challenge를 소개했다. 이 장에서 배운 확장성 높은 로지스틱 회귀 분류기를 이용해서 대규모 클릭 데이터세트를 다루기에 아주 좋으니 꼭 테스트해보기 바란다.

07

회귀 알고리즘을
이용한 주가 예측

이 장에서는 모든 사람들이 흥미를 보일만한 문제인 유가 증권 시장의 주가 예측을 다뤄
보려고 한다. 똑똑한 투자를 통해 부를 이루는 것, 그 누가 그렇게 하고 싶지 않겠나(모두가
바라는 일일 것이다)! 실제로 주식 시장의 움직임과 주가 예측은 수많은 금융 기관, 증권 회
사, 심지어 기술 기반 기업 등에 의해 활발하게 연구되어 왔다. 이를 통해 머신 러닝 기술
을 이용해 주가를 예측하는 다양한 기법이 개발되어 왔다. 여기서는 널리 사용되고 있는
회귀 알고리즘인 선형 회귀, 회귀 트리, 회귀 포레스트, 서포트 벡터 회귀^{SVR} 등에 대해 집
중적으로 알아본다. 아울러 수십억(수조) 달러 짜리 문제를 해결하는 데 이들을 어떻게 활
용하는지도 함께 살펴보기로 한다(단위가 확실히 크긴 크다).

7장에서 다루는 내용은 다음과 같다.

- 유가 증권 시장, 그리고 주가
- 회귀의 기본 개념
- 피처 엔지니어링
- 유가 증권 데이터 확보와 예측 피처 생성
- 선형 회귀란?
- 선형 회귀의 동작 원리
- 선형 회귀 구현
- 의사결정 회귀decision tree regression란?
- 회귀 트리regression tree의 동작 원리
- 회귀 트리 구현
- 회귀 트리, 회귀 포레스트
- 서포트 벡터 회귀SVR, support vector regression란?
- SVR의 동작 원리
- SVR의 구현
- 회귀 알고리즘의 성능 평가
- 회귀 알고리즘을 이용한 주가 예측

▌ 유가 증권 시장과 주가

기업의 (보통 주식이라고도 하는) 유가 증권은 회사의 소유권을 상징한다고 볼 수 있다. 주식의 단일 지분은 전체 자산에 대한 지분 청구 권리를 의미하며 동시에 전체 주식 수에 비례해서 기업의 이익을 나타내기도 한다. 예를 들어 어떤 투자자가 A라는 회사의 50주 만큼 소유하고 있고, 이 회사의 총 주식 발행 수가 1000일이라고 가정하자. 이때 이 투자자는 A 회사의 자산과 이익에 5%의 권리를 갖는다.

기업의 주식 거래는 증권 거래소 같은 조직을 통해 주주와 다른 당사자들 사이에서 이뤄진다. 우리가 잘 알려진 주요 증권 거래소로 뉴욕 증권 거래소NYSE, New York Stock Exchange, 나스닥NASDAQ, 런던 증권 거래소 그룹London Stock Exchange Group, 상하이 증권 거래소Shanghai Stock Exchange, 홍콩 증권 거래소Hong Kong Stock Exchange 등이 있다. 주식 거래가 일어나면 수요와 공급의 법칙에 따라 가격이 출렁이게 된다. 여기서 '공급supply'은 어느 특정 시점에 공공 투자자들이 들고 있는 주식의 수를 의미한다. 마찬가지로 '수요demand'는 투자자들이 매수하고자 하는 주식의 수를 의미한다. 주식의 가격은 소위 '평형상태equilibrium'를 유지하기 위해 오르기도 하고 내리기도 한다.

일반적으로 투자자는 주식을 낮은 가격에 매수해서 높은 가격에 매도하고 싶어한다. 이건 얼핏 생각해도 충분히 납득이 가는 얘기다. 하지만 주식의 가격이 오를지 내릴지는 거의 예측불가라서 구현하기에 매우 어려울 수 있다. 주가가 변화하는 데 어떤 요인과 조건들이 영향을 주는지 파악하고, 가능하면 앞날의 주가를 예측하는 데 있어 두 가지 주요 연구가 있다. 바로 **펀더멘털 분석**fundamental analysis과 **기술적 분석**technical analysis이다.

- 펀더멘털 분석은 거시적 측면에서전반적인 경제 및 산업 조건 외에도 미시적 관점에서 회사의 재무 상태 및 관리, 경쟁사에 이르기까지 회사의 가치와 비즈니스에 영향을 미치는 근본적인 요소들을 집중적으로 다룬다.
- 반면 기술적 분석은 주가의 움직임, 거래량volume 및 유가 증권 시장 데이터 외에도 과거 거래 이력에 대한 통계적 연구를 통해 미래의 주가 움직임을 예측한다. 머신 러닝 기술을 통해 주가를 예측하는 것은 오늘날 기술적 분석에서 중요한 토픽 중 하나다. 많은 퀀트 트레이딩 회사는 머신 러닝을 기반으로 자동화된 알고리즘 트레이딩에 힘을 실어 왔다. 이 장에서는 우리가 몇 가지 일반적인 머신 러닝 알고리즘을 사용해서 주가를 예측하는 방법을 찾아내는 퀀트 분석가 내지는 연구원이라고 생각하고 자세히 알아본다.

▌ 회귀의 기본 개념

회귀는 머신 러닝 분야의 지도 학습의 또 다른 주요 기법 중 하나다. 관측값(입력)과 그에 관련된 연속형 결과값이 포함된 학습 데이터세트가 주어졌다고 가정하자. 여기서 회귀의 목표는 관측값(피처)과 대상 간의 연관성을 찾아내는 것이다. 또 새로운 샘플에 대한 입력 피처를 바탕으로 연속형 결과값을 반환한다.

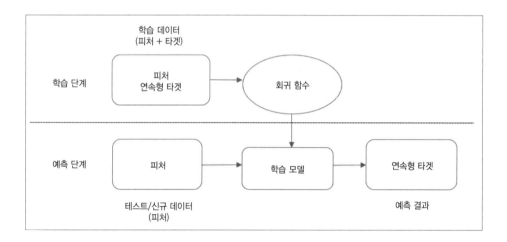

회귀의 결과는 연속형인 반면 분류의 결과는 이산형이라는 점에서 큰 차이가 있다. 이는 이들 두 가지 지도 학습 기법의 응용 분야가 다르다는 것을 의미한다. 분류는 기본적으로 앞에서 본 것처럼 예상되는 클래스와 특징을 결정하는 데 쓰인다. 예를 들면 스팸 메일 여부, 뉴스 토픽 분류, 광고 클릭스루 여부 등이 해당된다. 반면 회귀는 주로 결과에 대한 평가 내지는 응답을 예측하는 데 많이 사용된다.

머신 러닝에서 회귀를 사용하는 주요 사례는 다음과 같다.

- 주택 가격 예측(지리적 위치, 평방 미터, 침실 개수, 욕실 개수 등을 고려)
- 시스템의 프로세스와 메모리 정보를 바탕으로 한 전력 사용량 평가

- 소매업 재고 예측
- 당연히 주가 예측도 해당된다

█ 회귀 알고리즘을 이용한 주가 예측

이론상으로 보면, 특정 주식의 주가를 예측할 때 회귀 기법을 적용할 수 있다. 하지만 우리가 선택한 주식이 학습 목적에 충분히 적합하다고 보장하기엔 무리가 있다. 주가는 학습이 가능한 패턴을 따라야 하며 전례 없는 사건이나 불규칙적인 이벤트에 영향을 받지 않아야 한다. 따라서 여기서는 주가에 대한 회귀 접근 방법을 더욱 이해하기 쉽게 설명하고 일반화할 수 있도록 가장 인기 있는 주가 지수^{stock index} 중 하나에 집중하기로 한다.

우선 주가 지수가 무엇인지부터 알아보자. **주가 지수**란 전체 주식 시장의 일부 가치에 대한 통계적 척도라고 할 수 있다. 주가 지수는 전체 시장의 한 부분을 충분히 대표할 수 있을 정도로 다양한 종목의 주식을 포함한다. 그리고 주가 지수의 가격은 일반적으로 선택된 주식 가격의 가중 평균으로 계산한다.

다운 존스 산업 평균 지수^{DJIA, Down Jones Industrial Average}는 세계에서 가장 오래되고 가장 공통적으로 관망하는 주가 지수 중 하나다. 마이크로소프트^{Microsoft}, 애플^{Apple}, 제너럴 일렉트릭^{GE}, 월트 디즈니 컴퍼니^{Walt Disney Company}처럼 미국에서 가장 중요한 30개 종목으로 구성돼 있으며 전체 미국 주식 시장 가치의 약 4분의 1을 차지한다. 야후 파이넨스^{Yahoo Finance} 웹사이트에서 일일 주가와 실적을 확인할 수 있다(https://finance.yahoo.com/quote/%5EDJI/history?p=%5EDJI).

Time Period: Dec 21, 2016 - Feb 21, 2017 ⌄		Show: Historical Prices ⌄		Frequency: Daily ⌄		Apply

Currency in USD ⬇ Download Data

Date	Open	High	Low	Close	Adj Close*	Volume
Feb 21, 2017	20,663.43	20,757.64	20,663.37	20,743.00	20,743.00	336,880,000
Feb 17, 2017	20,564.13	20,624.05	20,532.61	20,624.05	20,624.05	340,620,000
Feb 16, 2017	20,627.31	20,639.87	20,556.83	20,619.77	20,619.77	354,120,000
Feb 15, 2017	20,504.27	20,620.45	20,496.03	20,611.86	20,611.86	384,380,000
Feb 14, 2017	20,374.22	20,504.41	20,374.02	20,504.41	20,504.41	356,580,000
Feb 13, 2017	20,338.54	20,441.48	20,322.95	20,412.16	20,412.16	314,620,000
Feb 10, 2017	20,211.23	20,298.21	20,204.76	20,269.37	20,269.37	312,230,000
Feb 09, 2017	20,061.73	20,206.36	20,061.73	20,172.40	20,172.40	325,310,000
Feb 08, 2017	20,049.29	20,068.28	20,015.33	20,054.34	20,054.34	280,410,000
Feb 07, 2017	20,107.62	20,155.35	20,068.68	20,090.29	20,090.29	279,670,000
Feb 06, 2017	20,025.61	20,094.95	20,002.81	20,052.42	20,052.42	281,720,000
Feb 03, 2017	19,964.21	20,081.48	19,964.21	20,071.46	20,071.46	344,220,000

거래일마다 주가 변동을 실시간으로 기록한다. (1일, 1주, 1개월 같은) 시간 단위에 걸쳐 주가 변동을 나타내는 다섯 가지 값들이 있다. 이들을 핵심 거래 지표라고 하며 요약하면 다음과 같다.

- **시가**Open: 거래일 기준 최초 주가
- **종가**Close: 거래일 기준 마지막 주가
- **고가**High: 거래일을 기준으로 가장 높게 거래됐을 때의 주가
- **저가**Low: 거래일을 기준으로 가장 낮게 거래됐을 때의 주가
- **거래량**Volume: 주식 시장이 마감될 때까지 하루 동안 거래된 총 주식 수

DJIA 외에도 다음과 같은 주요 시장 지표가 있다.

- Standard & Poor's 500(보통 S&P 500이라고 함)은 미국 주식 시장에서 가장 일반적으로 거래되는 500개의 종목으로 구성된다. 이들은 전체 미국 주식 시장의 80%를 커버한다.

https://finance.yahoo.com/quote/%5EGSPC/history?p=%5EGSPC

- NASDAQ 종합 주가 지수는 NASDAQ에서 거래되는 모든 주식 종목으로 구성된다.

  https://finance.yahoo.com/quote/%5EIXIC/history?p=%5EIXIC

- Russell 2000은 미국에서 공개적으로 거래되고 있는 가장 큰 3000개의 기업 중 상위 1000개를 제외한 나머지 2000개 종목을 모아서 계산한 시장 지표다.

  https://finance.yahoo.com/quote/%5ERUT/history?p=%5ERUT

- 런던 FTSE-100은 런던 증권 거래소에서 정리한 시장 자본 기준 상위 100대 회사로 만든 시장 지표다.

여기서는 DJIA에 집중하기로 한다. 아울러 향후 주가를 예측하기 위해 주가 이력과 실적 performance을 이용하기로 한다. 이제 주가 예측 모델(구체적으로 말하면 회귀 모델)을 어떻게 만드는지 알아보자. 또 여기에 어떤 피처가 쓰이는지도 함께 살펴보자.

피처 엔지니어링

머신 러닝 알고리즘에 관해서 가장 먼저 알아볼 사항은 보통 사용 가능한 피처가 무엇인지, 예측 변수는 무엇인지 등이다. 다우존스 산업 평균 지수DJIA의 향후 주가를 예측하는 데 사용된 주요 요소와 **종가**에는 과거와 현재의 **시가** 외에도 과거의 실적(고가, 저가, 거래량) 등이 포함돼 있다. 주의할 점은 현재 또는 당일의 실적(높음, 낮음, 거래량)이 포함되지는 않는다. 왜냐하면 거래된 주식에 대한 최고가와 최저가를 예측할 수 없기 때문이다. 게다가 시장이 마감되기 전에 얼마나 많은 양의 주식이 거래됐는지도 예측할 수 없기 때문이다.

앞에서 얘기한 4개의 피처만 가지고 종가를 예측하는 것은 그리 좋아 보이진 않는다. 왜냐하면 언더피팅을 유발할 수 있기 때문이다. 따라서 피처와 예측 성능을 더 추가하는 방안을 생각해 볼 필요가 있다. 머신 러닝에서 피처 엔지니어링은 머신 러닝 알고리즘의 성능을 향상시키기 위해 기존의 피처를 가지고 도메인에 특화된 피처를 만들어내는 과정이라고 할 수 있다. **피처 엔지니어링**에는 충분한 도메인 지식이 필요하며 매우 어렵고 시간이 많이 소요되는 작업이다. 실제로도, 머신 러닝 문제를 푸는 데 사용된 피처는 바로 사용할 수 없는 상태이거나 특별한 설계를 필요로 한다. 예를 들어 스팸 메일 탐지, 뉴스 분류 같은 문제에서 사용됐던 용어 출현 빈도^{TF} 또는 TF-IDF 피처처럼 말이다. 따라서 피처 엔지니어링은 머신 러닝에 있어 필수적이므로, 실제 문제를 해결하는 데 있어 이 부분에 많은 노력을 쏟아야 한다.

투자 결정을 내릴 때, 보통 투자자들은 바로 전날 주가만 보는 게 아니라 특정 기간 동안 주가가 어떻게 바뀌었는지를 본다. 따라서 이 장에서 다루는 주가 예측에서도 과거 1주(5거래일), 1개월, 1년에 대한 평균 종가를 계산해서 3개의 새로운 피처로 사용한다. 또 타임 윈도우를 원하는 크기로 조정할 수도 있다. 예를 들면 과거 1분기, 또는 과거 6개월 식으로 말이다. 이렇게 만든 3가지 평균 주가 피처를 바탕으로 이들 중 2개씩 조합한 비율을 각각 계산해서 주가 흐름에 관련된 새로운 피처를 만들어낼 수 있다. 이를테면 과거 1주의 평균 주가와 과거 1년 동안의 평균 주가의 비율을 생각해볼 수 있다. 주가 외에도 거래량 역시 투자자가 분석해야 하는 중요한 요소 중 하나다. 마찬가지로 거래량을 기준으로 한 새로운 피처를 생성할 수도 있다. 다양한 기간을 기준으로 잡고 평균 거래량을 계산한 다음 이들 간의 조합에 비율을 계산하면 된다.

타임 윈도우 기간 동안 평균 값 외에도, 투자자들은 주식의 변동성^{volatility}을 대단히 중요하게 생각해야 한다. 변동성은 일정 기간 동안 주어진 주식 또는 지수의 가격 변동의 정도를 나타낸다. 통계적 용어로 설명하면, 종가의 표준 편차다. 거래량의 표준 편차 뿐만 아니라 특정 기간 동안 종가의 표준 편차를 계산해서 새로운 피처 세트를 쉽게 생성 할 수 있다. 비슷한 방식으로 표준 편차 값의 각 쌍 사이의 비율을 우리가 만든 엔지니어링 피처 풀에 포함시킬 수 있다.

끝으로, 수익률은 투자자가 주의 깊게 지켜봐야 하는 중요한 금융 측정 기준이다. 수익률은 마감일을 기준으로 한 특정 기간의 주가/지수의 손익 비율을 말한다. 예를 들어, 일일 수익률과 연간 수익률 등이 대표적이다. 수익률 계산식은 다음과 같다.

$$\text{return}_{i:i-1} = \frac{price_i - price_{i-1}}{price_{i-1}}$$

$$\text{return}_{i:i-365} = \frac{price_i - price_{i-365}}{price_{i-365}}$$

여기서 $price_i$는 i^{th} 일자의 주가를 의미한다. $price_{i-1}$은 전날 주가를 말한다. 주간 수익률과 월간 수익률 역시 동일한 방식으로 계산할 수 있다. 일일 수익률을 바탕으로 특정 일수 만큼의 기간 동안 이동 평균을 만들어낼 수 있다. 예를 들어 과거 1주일의 수익률이 $return_{i,i-1}$, $return_{i-1,i-2}$, $return_{i-2,i-3}$, $return_{i-3,i-4}$, $return_{i-4,i-5}$로 주어졌을 때, 주간 이동 평균은 다음 수식을 통해 계산할 수 있다.

$$\text{MovingAvg}_{i\_5}$$
$$= \frac{(\text{return}_{i:i-1} + \text{return}_{i-1:i-2} + \text{return}_{i-2:i-3} + \text{return}_{i-3:i-4} + \text{return}_{i-4:i-5})}{5}$$

요약하면, 피처 엔지니어링 기법을 적용해서 다음과 같은 예측 변수를 만들어낼 수 있다.

- 과거 5일 동안의 평균 종가 $AvgPrice_5$
- 과거 1개월 동안의 평균 종가 $AvgPrice_{30}$
- 과거 1년 동안의 평균 종가 $AvgPrice_{365}$
- 과거 1주 동안의 평균 주가와 과거 1개월 동안의 평균 주가 사이의 비율 $\frac{AvgPrice_5}{AvgPrice_{30}}$
- 과거 1주 동안의 평균 주가와 과거 1년 동안의 평균 주가 사이의 비율 $\frac{AvgPrice_5}{AvgPrice_{365}}$

- 과거 1개월 동안의 평균 주가와 과거 1년 동안의 평균 주가 사이의 비율 $\dfrac{AvgPrice_{30}}{AvgPrice_{365}}$

- 과거 5일 동안의 평균 거래량 $AvgVolume_5$

- 과거 1개월 동안의 평균 거래량 $AvgVolume_{30}$

- 과거 1년 동안의 평균 거래량 $AvgVolume_{365}$

- 과거 1주 동안의 평균 거래량과 과거 1개월 동안의 평균 거래량 사이의 비율 $\dfrac{AvgVolume_5}{AvgVolume_{30}}$

- 과거 1주 동안의 평균 거래량과 과거 1년 동안의 평균 거래량 사이의 비율 $\dfrac{AvgVolume_5}{AvgVolume_{365}}$

- 과거 1개월 동안의 평균 거래량과 과거 1년 동안의 평균 거래량 사이의 비율 $\dfrac{AvgVolume_{30}}{AvgVolume_{365}}$

- 과거 5일 동안 평균 종가의 표준 편차 $StdPrice_5$

- 과거 1개월 동안 평균 종가의 표준 편차 $StdPrice_{30}$

- 과거 1년 동안 평균 종가의 표준 편차 $StdPrice_{365}$

- 과거 1주 동안 주가의 표준 편차와 과거 1개월 동안 주가의 표준 편차 사이의 비율 $\dfrac{StdPrice_5}{StdPrice_{30}}$

- 과거 1주 동안 주가의 표준 편차와 과거 1년 동안 주가의 표준 편차 사이의 비율 $\dfrac{StdPrice_5}{StdPrice_{365}}$

- 과거 1개월 동안 주가의 표준 편차와 과거 1년 동의 주가의 표준 편차 사이의 비율 $\dfrac{StdPrice_{30}}{StdPrice_{365}}$

- 과거 5일 동안 평균 거래량의 표준 편차 $StdVolume_5$

- 과거 1개월 동안 평균 거래량의 표준 편차 $StdVolume_{30}$

- 과거 1년 동안 평균 거래량의 표준 편차 $StdVolume_{365}$

- 과거 1주 동안 거래량의 표준 편차와 과거 1개월 동안 거래량의 표준 편차 사이의 비율 $\dfrac{StdVolume_5}{StdVolume_{30}}$

- 과거 1주 동안 거래량의 표준 편차와 과거 1년 동안 거래량의 표준 편차 사이의 비율 $\frac{StdVolume_5}{StdVolume_{365}}$
- 과거 1개월 동안 거래량의 표준 편차와 과거 1년 동의 거래량의 표준 편차 사이의 비율 $\frac{StdVolume_{30}}{StdVolume_{365}}$
- 전날 일일 수익률 $return_{i,i-1}$
- 1주 전 주간 수익률 $return_{i,i-5}$
- 1개월 전 월간 수익률 $return_{i,i-30}$
- 과거 1년 기준 연간 수익률 $return_{i,i-365}$
- 과거 1주 동안 일일 수익률의 이동 평균 $MovingAvg_{i\_5}$
- 과거 1개월 동안 일일 수익률의 이동 평균 $MovingAvg_{i\_30}$
- 과거 1년 동안 일일 수익률의 이동 평균 $MovingAvg_{i\_365}$

최종적으로 6개의 기존 피처를 이용해서 31개의 피처 세트 생성이 가능하다.

- 시가 $OpenPrice_i$
- 전일 시가 $OpenPrice_{i-1}$
- 전일 종가 $ClosePrice_{i-1}$
- 전일 고가 $HighPrice_{i-1}$
- 전일 저가 $LowPrice_{i-1}$
- 전일 거래량 $Volume_{i-1}$

데이터 확보와 피처 생성

조금 더 쉽게 참고할 수 있도록, 뒤에서 하지 말고 여기서 피처를 생성하는 코드를 구현해 보자. 프로젝트에 필요한 데이터 세트를 얻는 것부터 한다.

프로젝트 전반에 걸쳐 필요한 주식 인덱스 가격과 실적 데이터를 퀀들 파이썬^{Quandl Python} API를 이용해서 확보한다(https://www.quandl.com/tools/python). 퀀들(www.quandl.com)에서는 금융, 경제, 주식 시장 데이터를 일부 무료로 제공한다. 파이썬 패키지는 무료이며 pip install quandl 명령어를 터미널이나 셀에서 실행시키면 다운받아서 설치할 수 있다. 설치 완료 후 다음 명령어를 이용해서 퀀들 패키지를 불러들인다.

```
>>> import quandl
```

주식종목/인덱스 기호와 기간을 get 함수에 반영해서 실행시키면 특정 종목의 주가와 실적을 메모리에 올릴 수 있다. 다음 코드를 보자.

```
>>> mydata = quandl.get("YAHOO/INDEX_DJI", start_date="2005-12-01",
...    end_date="2005-12-05")
>>> mydata
                   Open          High           Low         Close
Date
2005-12-01  10806.030273  10934.900391  10806.030273  10912.570312
2005-12-02  10912.009766  10921.370117  10861.660156  10877.509766
2005-12-05  10876.950195  10876.950195  10810.669922  10835.009766
2005-12-06  10835.410156  10936.200195  10835.410156  10856.860352
2005-12-07  10856.860352  10868.059570  10764.009766  10810.910156
2005-12-08  10808.429688  10847.250000  10729.669922  10755.120117
2005-12-09  10751.759766  10805.950195  10729.910156  10778.580078


                   Volume  Adjusted Close
Date
2005-12-01  256980000.0    10912.570312
2005-12-02  214900000.0    10877.509766
2005-12-05  237340000.0    10835.009766
2005-12-06  264630000.0    10856.860352
2005-12-07  243490000.0    10810.910156
2005-12-08  253290000.0    10755.120117
2005-12-09  238930000.0    10778.580078
```

결과 타입이 판다스 데이터 프레임 객체라는 점에 주목하기 바란다. Date 칼럼은 ID에 해당하는 컬럼이고 나머지 컬럼은 관련 금융 변수들이다. 판다스(http://pandas.pydata.org/)는 관계형 데이터 내지는 테이블 형태의 데이터 분석을 쉽게 할 수 있도록 설계된 파이썬 패키지다. 터미널에서 pip install pandas 명령어를 이용해서 판다스 패키지를 설치하기 바란다.

피처 생성을 하기 전에 해둬야 할 것 이 있는데 퀸들 무료 계정을 등록하고 데이터 쿼리에 인증 토큰을 포함시킨다(계정에 토큰이 포함돼 있다). 이렇게 해놓지 않으면 데이터 요청을 하루에 50회 이상 할 수가 없게 된다. 퀸들에서 데이터를 확보하는 함수는 다음 코드를 참고한다.

authtoken 부분에 여러분의 토큰값을 반영한다.

```
>>> authtoken = '여기에 토큰값을 직접입력할 것'
>>> def get_data_quandl(symbol, start_date, end_date):
...     data = quandl.get(symbol, start_date= start_date,
...                       end_date=end_date, authtoken=authtoken)
...     return data
```

이제 피처 생성을 위한 함수를 만들자(당연한 얘기지만 중간에 줄바꿈과 들여쓰기에 주의한다).

```
>>> def generate_features(df):
...     """ 주가 이력과 실적을 바탕으로 stock/index의 피처를 생성한다.
...     Args:
...         df (칼럼으로 구성된 데이터프레임 "Open", "Close", "High",
...             "Low", "Volume", "Adjusted Close")
...     Returns:
...         dataframe, 새로운 피처로 구성된 데이터세트
...     """
...     #
...     df_new = pd.DataFrame()
...     #
...     # 6개의 원본 피처
```

```
...      df_new['open'] = df['Open']
...      df_new['open_1'] = df['Open'].shift(1)
...      #
...      # 이전 날짜의 값을 취하도록 인덱스를 하나씩 옮긴다.
...      # 예를 들면 [1, 3, 4, 2] -> [N/A, 1, 3, 4]
...      #
...      df_new['close_1'] = df['Close'].shift(1)
...      df_new['high_1'] = df['High'].shift(1)
...      df_new['low_1'] = df['Low'].shift(1)
...      df_new['volume_1'] = df['Volume'].shift(1)
...      #
...      # 31 원본 피처
...      # 평균 주가
...      df_new['avg_price_5'] = \
...          pd.rolling_mean(df['Close'], window=5).shift(1)
...      #
...      # rolling_mean은 주어진 윈도우를 가지고 이동 평균을 계산한다.
...      # 예를 들면 [1, 2, 1, 4, 3, 2, 1, 4]
...      # -> [N/A, N/A, N/A, N/A, 2.2, 2.4, 2.2, 2.8]
...      df_new['avg_price_30'] = \
...          pd.rolling_mean(df['Close'], window=21).shift(1)
...      df_new['avg_price_365'] = \
...          pd.rolling_mean(df['Close'], window=252).shift(1)
...      df_new['ratio_avg_price_5_30'] = \
...          df_new['avg_price_5'] / df_new['avg_price_30']
...      df_new['ratio_avg_price_5_365'] = \
...          df_new['avg_price_5'] / df_new['avg_price_365']
...      df_new['ratio_avg_price_30_365'] = \
...          df_new['avg_price_30'] / df_new['avg_price_365']
...      #
...      # 평균 거래량
...      df_new['ratio_avg_volume_5'] = \
...          pd.rolling_mean(df['Volume'], window=5).shift(1)
...      df_new['ratio_avg_volume_30'] = \
...          pd.rolling_mean(df['Volume'], window=21).shift(1)
...      df_new['ratio_avg_volume_365'] = \
...          pd.rolling_mean(df['Volume'], window=252).shift(1)
...      df_new['ratio_avg_volume_5_30'] = \
...          df_new['avg_volume_5'] / df_new['avg_volume_30']
```

```python
... df_new['ratio_avg_volume_5_365'] = \
...         df_new['avg_volume_5'] / df_new['avg_volume_365']
... df_new['ratio_avg_volume_30_365'] = \
...         df_new['avg_volume_30'] / df_new['avg_volume_365']
...     #
...     # 주가의 표준 편차
... df_new['std_price_5'] = \
...         pd.rolling_std(df['Close'], window=5).shift(1)
...     #
...     # rolling_mean이 주어진 윈도우를 가지고 이동 표준 편차를 계산한다.
... df_new['std_price_30'] = \
...         pd.rolling_std(df['Close'], window=21).shift(1)
... df_new['std_price_365'] = \
...         pd.rolling_std(df['Close'], window=252).shift(1)
... df_new['ratio_std_price_5_30'] = \
...         df_new['std_price_5'] / df_new['std_price_30']
... df_new['ratio_std_price_5_365'] = \
...         df_new['std_price_5'] / df_new['std_price_365']
... df_new['ratio_std_price_30_365'] = \
...         df_new['std_price_30'] / df_new['std_price_365']
...     #
...     # 거래량의 표준 편차
... df_new['std_volume_5'] = \
...         pd.rolling_std(df['Volume'], window=5).shift(1)
... df_new['std_volume_30'] = \
...         pd.rolling_std(df['Volume'], window=21).shift(1)
... df_new['std_volume_365'] = \
...         pd.rolling_std(df['Volume'], window=252).shift(1)
... df_new['ratio_std_volume_5_30'] = \
...         df_new['std_volume_5'] / df_new['std_volume_30']
... df_new['ratio_std_volume_5_365'] = \
...         df_new['std_volume_5'] / df_new['std_volume_365']
... df_new['ratio_std_volume_30_365'] = \
...         df_new['std_volume_30'] / df_new['std_volume_365']
...     #
...     # 결과값
... df_new['return_1'] = ((df['Close'] - df['Close'].shift(1)) \
...         / df['Close'].shift(1)).shift(1)
... df_new['return_5'] = ((df['Close'] - df['Close'].shift(5)) \
```

```
...           / df['Close'].shift(5)).shift(1)
...       df_new['return_30'] = ((df['Close'] - df['Close'].shift(21)) \
...           / df['Close'].shift(21)).shift(1)
...       df_new['return_365'] = ((df['Close'] - df['Close'].shift(252)) \
...           / df['Close'].shift(252)).shift(1)
...       df_new['moving_avg_5'] = \
...           pd.rolling_mean(df_new['return_1'], window=5)
...       df_new['moving_avg_30'] = \
...           pd.rolling_mean(df_new['return_1'], window=21)
...       df_new['moving_avg_365'] = \
...           pd.rolling_mean(df_new['return_1'], window=252)
...       #
...       # 타겟 클래스
...       df_new['close'] = df['Close']
...       df_new = df_new.dropna(axis=0)
...       #
...       # 여기서 N/A를 갖는 모든 데이터들을 버린다.
...       # ( 이동 평균/표준 편차를 계산하는 과정에서 생긴 필요 없는 부산물이다)
...       return df_new
...
```

여기서 한 가지 주의할 점이 있다. 주간, 월간, 연간 윈도우의 크기를 7, 30, 365가 아니라 5, 21, 252로 잡았는데 이렇게 한 이유는 거래일이 1년 기준으로는 252일, 한 달 기준으로는 21일, 1주일 기준으로는 5일(평일)이기 때문이다.

2001년부터 2014년까지의 다우존스 산업평균 지수^{DJIA} 데이터에 피처 엔지니어링 방법을 적용해보자.

```
>>> symbol = 'YAHOO/INDEX_DJI'
>>> start = '2001-01-01'
>>> end = '2014-12-31'
>>> data_raw = get_data_quandl(symbol, start, end)
>>> data = generate_features(data_raw)
```

새로운 피처를 포함한 데이터의 모습은 다음과 같다.

```
>>> data.round(decimals=3).head(3)
                open      open_1     close_1    high_1     low_1      volume_1 \
Date
2002-01-09   10153.18   10195.76   10150.55   10211.23   10121.35   193640000.0
2002-01-10   10092.50   10153.18   10094.09   10270.88   10069.45   247850000.0
2002-01-11   10069.52   10092.50   10067.86   10101.77   10032.23   199300000.0
             avg_price_5   avg_price_30   avg_price_365   ratio_avg_price_5_30
Date
2002-01-09    10170.576     10027.585       10206.367             1.014
2002-01-10    10174.714     10029.710       10202.987             1.014
2002-01-11    10153.858     10036.682       10199.636             1.012
             ...      ratio_std_volume_5_365   ratio_std_volume_30_365 \
Date         ...
2002-01-09   ...              0.471                    0.968
2002-01-10   ...              0.446                    0.988
2002-01-11   ...              0.361                    0.995
             return_1   return_5   return_30   return_365   moving_avg_5 \
Date
2002-01-09    -0.005      0.013       0.005      -0.047         0.003
2002-01-10    -0.006      0.002       0.004      -0.078         0.000
2002-01-11    -0.003     -0.010       0.015      -0.077        -0.002
             moving_avg_30    moving_avg_365     close
Date
2002-01-09       0.000            -0.0        10094.09
2002-01-10       0.000            -0.0        10067.86
2002-01-11       0.001            -0.0         9987.53

[3 rows x 38 columns]
```

선형 회귀

피처와 유도한 요소들 모두 사용할 수 있는 상태이므로, 예측 피처를 통해 연속성 타겟 변수를 추정하는 회귀 알고리즘을 집중적으로 다뤄보자.

우선 선형 회귀부터 알아보자. 관측값과 타겟 사이의 선형 관계를 탐색하고 이 관계는 선형 방정식 또는 가중치 합의 함수 형태로 표현된다. 예를 들어 n개의 피처 $x_1, x_2, \cdots, x_n$로 구성된 데이터 샘플 x(피처 벡터는 $x=(x_1, x_2, \cdots, x_n)$로 표현)와, $w=(w_1, w_2, \cdots, w_n)$로 표현하는 선형 회귀 모델의 가중치 벡터 w가 주어졌을 때 타겟 y는 다음과 같이 표현한다.

$$y = w_1 x_1 + w_2 x_2 + \cdots + w_n x_n = w^T x$$

종종 선형 회귀 모델에 절편 (또는 바이어스) w_0가 포함될 경우, 이 선형 관계는 다음과 같은 모양을 띤다.

$$y = w_0 + w_1 x_1 + w_2 x_2 + \cdots + w_n x_n = \boldsymbol{w}^T \boldsymbol{x}$$

어디서 많이 봤던 것 같지 않은가? 바로 6장에서 배웠던 로지스틱 회귀 알고리즘이다. 말하자면 로지스틱 회귀 알고리즘은 가중치 합을 0(음성) 또는 1(양성) 클래스에 매핑시키도록 선형 회귀에 로지스틱 변환을 추가한 것이다.

마찬가지로 선형 회귀 모델, 다시 말해서 가중치 벡터 w는 학습 데이터를 이용해서 학습이 이뤄진다. 여기서 말하는 학습은 실제값과 예측값 간의 차이를 제곱한 값들의 평균을 계산한 MSE$^{\text{mean squared error}}$로 정의한 추정치를 최소화하는 것으로 목표로 한다. m개의 학습 샘플 $(\boldsymbol{x}^{(1)}, y^{(1)}), (\boldsymbol{x}^{(1)}, y^{(1)}), ..., (\boldsymbol{x}^{(i)}, y^{(i)}), ..., (\boldsymbol{x}^{(m)}, y^{(m)})$이 주어졌다고 가정해보자. 이에 대해 가중치를 최적화하기 위한 비용 함수 $J(w)$는 다음과 같이 표현할 수 있다.

$$J(\boldsymbol{w}) = \frac{1}{m} \sum_{i=1}^{m} \frac{1}{2} (\hat{y}(\boldsymbol{x}^{(i)}) - y^{(i)})^2$$

여기서 $\hat{y}(\boldsymbol{x}^{(i)}) = \boldsymbol{w}^T \boldsymbol{x}^{(i)}$ 이다.

다시 그래디언트 하강 기법을 통해서 $J(w)$의 값이 최소가 되도록 하는 w의 최적치를 구할 수 있다. 1차 미분을 한 결과인 Δw는 다음과 같이 유도할 수 있다.

$$\Delta w = \frac{1}{m} \sum_{i=1}^{m} \left(-y^{(i)} + \hat{y}\left(x^{(i)}\right) \right) x^{(i)}$$

그래디언트와 학습율 η를 조합해서 가중치 벡터 w를 다음 수식처럼 매 단계에서 업데이할 수 있다.

$$w := w + \eta \frac{1}{m} \sum_{i=1}^{m} \left(y^{(i)} - \hat{y}\left(x^{(i)}\right) \right) x^{(i)}$$

몇 차례 반복 수행 후 학습이 이뤄진 w는 다음과 같이 새로운 샘플 x'을 예측하는 데 사용할 수 있다.

$$y' = w^T x'$$

그래디언트 하강 기법이 반영된 선형 회귀에 대해 충분히 이해 했으리라 믿고, 직접 코드를 작성해보자.

```
>>> def compute_prediction(X, weights):
...         """ 현재 가중치를 이용해 예측값 y_hat을 계산한다.
...         Args:
...             X (numpy.ndarray)
...             weights (numpy.ndarray)
...         Returns:
...             numpy.ndarray, y_hat of X under weights
...         """
...         predictions = np.dot(X, weights)
...         return predictions
...
```

계속해서 그래디언트 하강 기법으로 매 단계에서 가중치 벡터 w를 업데이트하는 함수를
작성한다.

```python
>>> def update_weights_gd(X_train, y_train, weights, learning_rate):
...     """ 매 단계에서 가중치를 업데이트한다.
...     Args:
...         X_train, y_train (numpy.ndarray, training data set)
...         weights (numpy.ndarray)
...         learning_rate (float)
...     Returns:
...         numpy.ndarray, updated weights
...     """
...     predictions = compute_prediction(X_train, weights)
...     weights_delta = np.dot(X_train.T, y_train - predictions)
...     m = y_train.shape[0]
...     weights += learning_rate / float(m) * weights_delta
...     return weights
...
```

비용 함수 $J(w)$를 계산하는 함수도 작성한다.

```python
>>> def compute_cost(X, y, weights):
...     """ 비용 함수 J(w) 가중치를 업데이트한다.
...     Args:
...         X, y (numpy.ndarray, data set)
...         weights (numpy.ndarray)
...     Returns:
...         float
...     """
...     predictions = compute_prediction(X, weights)
...     cost = np.mean((predictions - y) ** 2 /2.0)
...     return cost
...
```

이제 모델 학습 함수에서 앞에서 만든 함수들을 모두 연결시켜 보자. 매 반복 시행 때 가중치 벡터를 업데이트한다. 또 제대로 진행되고 있는지 확인하고 비용이 예상대로 감소하고 있는지 확인할 수 있도록 시행 횟수 100번마다 화면에 현재 비용 계산 결과를 출력한다.

```
>>> def train_linear_regression(X_train, y_train, max_iter,
                                 learning_rate,fit_intercept=False):
...     """ 반복 시행 횟수 100번(예를 들어서)마다 현재 비용 함수의 결과를 화면에 출력한다.
...     Args:
...         X_train, y_train (numpy.ndarray, training data set)
...         max_iter (int, number of iterations)
...         learning_rate (float)
...         fit_intercept (bool, with an intercept w0 or not)
...     Returns:
...         numpy.ndarray, learned weights
...     """
...     if fit_intercept:
...         intercept = np.ones((X_train.shape[0], 1))
...         X_train = np.hstack((intercept, X_train))
...     weights = np.zeros(X_train.shape[1])
...     for iteration in range(max_iter):
...         weights = update_weights_gd(X_train, y_train,
                                        weights, learning_rate)
...         # 100회마다(예를 들어) 비용 함수 결과를 체크한다.
...         if iteration % 100 == 0:
...             print(compute_cost(X_train, y_train, weights))
...     return weights
...
```

마지막으로 학습 모델을 이용해서 새로운 입력 결과를 예측하는 함수를 작성한다.

```
>>> def predict(X, weights):
...     if X.shape[1] == weights.shape[0] - 1
...         intercept = np.ones((X.shape[0], 1))
...         X = np.hstack((intercept, X))
...     return compute_prediction(X, weights)
...
```

선형 회귀 구현 결과는 앞에서 본 로지스틱 회귀와 매우 비슷하다. 간단한 예제를 이용해서 테스트해보자.

```
>>> X_train = np.array([[6], [2], [3], [4], [1],
...                     [5], [2], [6], [4], [7]])
>>> y_train = np.array([5.5, 1.6, 2.2, 3.7, 0.8,
...                     5.2, 1.5, 5.3, 4.4, 6.8])
```

반복 수행 횟수 100번, 학습률 0.01, 절편을 입력 인자로 해서 선형 회귀 모델을 학습시킨다.

```
>>> weights = train_linear_regression(X_train, y_train,
...             max_iter=100, learning_rate=0.01, fit_intercept=True)
```

새로운 샘플 데이터의 모델 성능을 확인한다.

```
>>> X_test = np.array([[1.3], [3.5], [5.2], [2.8]])
>>> predictions = predict(X_test, weights)
>>> import matplotlib.pyplot as plt
>>> plt.scatter(X_train[:, 0], y_train, marker='o', c='b')
>>> plt.scatter(X_test[:, 0], predictions, marker='*', c='k')
>>> plt.xlabel('x')
>>> plt.ylabel('y')
>>> plt.show()
```

코드를 실행한 결과는 다음과 같다.

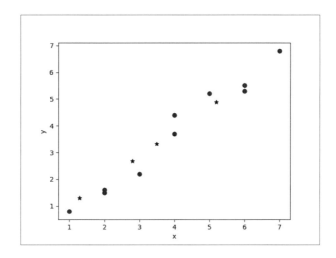

학습을 통해 만들어진 모델이 새로운 샘플에 대해서도 (*로 표시) 제대로 예측하고 있음을 알 수 있다.

이제 다른 데이터세트로도 테스트해보자. 사이킷런에 있는 당뇨 질환diabetes 데이터세트를 이용한다.

```
>>> from sklearn import datasets
>>> diabetes = datasets.load_diabetes()
>>> print(diabetes.data.shape)
(442, 10)
>>> num_test = 30  # the last 30 samples as testing set
>>> x_train = diabetes.data[:-num_test, :]
>>> y_train = diabetes.target[:-num_test]
```

반복 수행 횟수 5000번, 학습률 1, 그리고 절편값이 포함된 입력 인자를 가지고 선형 회귀 모델을 학습시킨다(500번 수행됐을 때마다 비용 계산 결과를 출력한다).

```
>>> weights = train_linear_regression(X_train, y_train,
...              max_iter=5000, learning_rate=1, fit_intercept=True)
2960.1229915
1539.55080927
1487.02495658
1480.27644342
1479.01567047
1478.57496091
1478.29639883
1478.06282572
1477.84756968
1477.64304737
>>> X_test = diabetes.data[-num_test:, :]
>>> y_test = diabetes.target[-num_test:]
>>> predictions = predict(X_test, weights)
>>> print(predictions)
[ 232.22305668  123.87481969  166.12805033  170.23901231
  228.12868839  154.95746522  101.09058779   87.33631249
  143.68332296  190.29353122  198.00676871  149.63039042
  169.56066651  109.01983998  161.98477191  133.00870377
  260.1831988   101.52551082  115.76677836  120.7338523
  219.62602446   62.21227353  136.29989073  122.27908721
   55.14492975  191.50339388  105.685612    126.25915035
  208.99755875   47.66517424]
>>> print(y_test)
[ 261.  113.  131.  174.  257.   55.   84.   42.  146.  212.  233.
   91.  111.  152.  120.   67.  310.   94.  183.   66.  173.   72.
   49.   64.   48.  178.  104.  132.  220.   57.]
```

추정치 결과가 실제값과 거의 비슷함을 알 수 있다.

지금까지는 가중치를 최적화는 데에 그래디언트 하강 기법을 사용했다. 이제부터는 로지스틱 회귀에서 했던 것처럼 선형 회귀에도 스토캐스틱 그래디언트 하강 기법을 적용해보자. 어렵지 않게 할 수 있다. 코드에 있는 update_weights_gd 함수를 6장에서 만든 update_weights_sgd 함수로 바꾸기만 하면 된다.

사이킷런에 있는 SGD 기반 회귀 알고리즘인 SGDRregressor를 직접 적용해도 된다.

```
>>> from sklearn.linear_model import SGDRegressor
>>> regressor = SGDRegressor(loss='squared_loss', penalty='l2',
        alpha=0.0001, learning_rate='constant', eta0=0.01, n_iter=1000)
```

여기서 손실^{loss} 파라미터에 'squared_loss'라고 설정한 것은 비용 함수로 제곱 에러를 사용한다는 의미다. 또 penalty는 정규화 파라미터이며 none, L1, L2 중 하나를 선택할 수 있다. 6장의 SGDClassifier와 비슷하니 참고하기 바란다. n_iter는 반복 횟수를 설정하는 입력 파라미터다. 나머지 2개의 파라미터의 경우 학습률은 0.01이며 학습 과정에서 해당 학습률을 그대로 유지하도록 설정했다. 모델을 학습시키고, 이를 바탕으로 테스트 데이터세트의 예측 결과를 확인해보자.

```
>>> regressor.fit(X_train, y_train)
>>> predictions = regressor.predict(X_test)
>>> print(predictions)
[ 231.03333725  124.94418254  168.20510142  170.7056729
  226.52019503  154.85011364  103.82492496   89.376184
  145.69862538  190.89270871  197.0996725   151.46200981
  170.12673917  108.50103463  164.35815989  134.10002755
  259.29203744  103.09764563  117.6254098   122.24330421
  219.0996765    65.40121381  137.46448687  123.25363156
   57.34965405  191.0600674   109.21594994  128.29546226
  207.09606669   51.10475455]
```

의사결정 트리 회귀

선형 회귀에 이어서 **회귀 트리**regression tree라고도 부르는 **의사결정 트리 회귀**에 대해 함께 알아보자.

분류에서, 의사결정 트리는 각 노드에 왼쪽 자식 노드와 오른쪽 자식 노드로 반복적으로 분할하고 확장시켜서 만들어진다. 각 파티션 단계에서, 최적의 분할 지점이라고 판단되는 피처의 가장 주요한 조합을 탐욕적 탐색 방식으로 찾아간다. 분할이 잘 이뤄졌는지 측정하는 것도 중요하다. 이는 지니 계수 또는 정보 이득 기법 등을 통해 2개로 나뉜 자식 노드의 클래스 레이블에 대한 가중치 순도로 계산한다. 회귀에서 트리 생성 과정은 분류에서 했던 것과 동일하다. 단지 타겟이 연속성 변수라는 점만 다르다.

- 두 자식 노드의 MSE를 계산해서 분할 포인트의 성능을 측정한다. 자식 노드의 MSE는 타겟 값 전체의 분산과 동일하다. 가중치가 반영된 MSE가 작을수록 분할이 더 잘 이뤄졌음을 의미한다.
- 터미널 노드에 있는 타겟의 평균값은 분류 트리에서는 최종 클래스 레이블이었지만 회귀 트리에서는 리프 노드값이 된다.

회귀 트리를 잘 이해했는지 확인하는 차원에서 주택 가격을 추정하는 예제를 가지고 직접 테스트해보자.

Type	Number of bedrooms	Price (thousand)
Semi	3	600
Detached	2	700
Detached	3	800
Semi	2	400
Semi	4	700

우선 계산 작업에 사용할 MSE와 가중치를 반영하는 MSE를 계산하는 함수를 다음과 같이 정의한다.

```
>>> def mse(targets):
...     # 데이터세트가 비어있는 경우
...     if targets.size == 0:
...         return 0
...     return np.var(targets)
>>> def weighted_mse(groups)
...     """ 노드 분할 후 자식 노드에 대해, 가중치를 반영하는 MSE를 계산한다.
...     Args:
...      groups (자식 노드 리스트, 여기서 자식 노드는 타깃의 리스트로 구성됨)
...     Returns:
...      float, weighted impurity
...     """
...     total = sum(len(group) for group in groups)
...     weighted_sum = 0.0
...     for group in groups:
...         weighted_sum += len(group) / float(total) * mse(group)
...     return weighted_sum
```

테스트 결과를 화면에 출력해보자.

```
>>> print('{0:.4f}'.format(mse(np.array([1, 2, 3]))))
0.6667
>>> print('{0:.4f}'.format(weighted_mse([np.array([1, 2, 3]),
        np.array([1, 2])])))
0.5000
```

주택 가격에 대한 회귀 트리를 만들자. 이를 위해 우선 피처와 값에 대해 가능한 모든 조합을 조사하고 각각에 대한 MSE를 계산한다.

- MSE(type, semi) = weighted_mse([[600, 400, 700], [700, 800]]) = 10333
- MSE(bedroom, 2) = weighted_mse([[700, 400], [600, 800, 700]]) = 13000
- MSE(bedroom, 3) = weighted_mse([[600, 800], [700, 400, 700]]) = 16000
- MSE(bedroom, 4) = weighted_mse([[700], [600, 700, 800, 400]]) = 17500

가장 작은 MSE를 보인 조합의 결과는 type-semi이다. 따라서 이를 이용해서 다음과 같이 루트 노드에서 분할 포인트를 만든다.

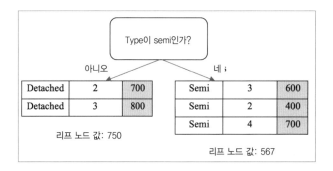

깊이가 1인 회귀 트리로도 충분하다고 판단되면, 여기서 트리 분할을 중단한다. 그리고 샘플 데이터의 타겟 평균을 의미하는 값을 이용해서 분할된 트리의 리프 노드에 이들을 할당한다. 만약 트리 분할을 더 진행하는 것이 좋다고 생각되면 오른쪽 자식 노드를 다음과 같은 방법으로 계산한다.

- MSE(bedroom, 2) = weighted_mse([[ ], [600, 400, 700]]) = 15556
- MSE(bedroom, 3) = weighted_mse([[400], [600, 700]]) = 1667
- MSE(bedroom, 4) = weighted_mse([[400, 600], [700]]) = 6667

가장 낮은 MSE를 보인 bedroom 3을 기준으로 트리를 분할한다. 결과는 다음과 같다.

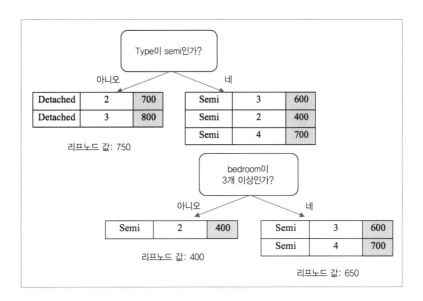

분할된 자식 노드 양쪽에 대해 리프 노드 값을 할당하고 트리 분할 작업을 마친다. 이제 앞에서 본 회귀 트리 생성 과정을 코드로 작성해보기로 한다. 노드 분할 함수는 5장에서 만들었던 것과 동일하다 피처와 밸류의 조합을 이용해서 왼쪽, 오른쪽 브랜치로 노드를 분리시킨다.

```
>>> def split_node(X, y, index, value):
...     """ 피처와 밸류를 가지고 X, y 데이터세트를 분할한다.
...     Args:
...         X, y (numpy.ndarray, data set)
...         index (int, 분할 시 사용될 피처 인덱스)
...         value (분할 시 사용될 피처의 밸류)
...     Returns:
...         list, list: 왼쪽 자식 노드, 오른쪽 자식 노드.
...         자식 노드는 [X, y] 포맷으로 만들어진다.
...     """
...     x_index = X[:, index]
...     # 피처가 숫자형이면
```

```
...     if type(X[0, index]) in [int, float]:
...         mask = x_index >= value
...     # 피처가 범주형이면
...     else:
...         mask = x_index == value
...     # 왼쪽 자식 노드와 오른쪽 자식 노드로 분할한다.
...     left = [X[~mask, :], y[~mask]]
...     right = [X[mask, :], y[mask]]
...     return left, right
```

다음으로 트리 분할에 대해 모든 가능한 경우를 테스트하고 가장 작은 가중치 MSE를 결과로 리턴하는 탐욕적 탐색 방식의 함수를 다음과 같이 정의한다.

```
>>> def get_best_split(X, y):
...     """ 데이터세트 X, y에 대해 최적의 분할 지점과
...         이를 통한 자식 노드 세트를 만들어낸다.
...     Args:
...         X, y (numpy.ndarray, data set)
...         criterion (gini or entropy)
...     Returns:
...         dict {index: 피처의 인덱스, value: 피처 밸류,
...             children: 왼쪽 자식 노드, 오른쪽 자식 노드}
...     """
...     best_index, best_value, best_score, children = \
...     None, None, 1e10, None
...     for index in range(len(X[0])):
...         for value in np.sort(np.unique(X[:, index])):
...             groups = split_node(X, y, index, value)
...             impurity = weighted_mse([groups[0][1], groups[1][1]])
...             if impurity < best_score:
...                 best_index, best_value, best_score, children = \
...                 index, value, impurity, groups
...     return {'index': best_index, 'value': best_value,\
...             'children': children}
```

앞에서 설명한 선택과 분할 과정은 자식 노드에 재귀적 방식으로 일어난다. 트리 분할 중단 조건을 만나면, 이 과정을 더 이상 진행하지 않고 샘플 타겟의 평균값을 터미널 노드에 할당한다. 이를 코드로 구현하면 다음과 같다.

```python
>>> def get_leaf(targets):
...     # 타겟의 평균으로 리프 노드 결과를 리턴한다.
...     return np.mean(targets)
```

마지막으로 트리 분할 중단 조건에 해당되는지 확인하는 기능, 중단해도 될 경우 리프 노드를 할당하는 기능, 그렇지 않을 경우 트리 분할을 계속 진행하는 기능들을 전부 합쳐서 split 함수를 다음과 같이 구현한다.

```python
>>> >>> def split(node, max_depth, min_size, depth):
...     """ 신규 노드를 생성하거나 리프 노드로 만들도록
...     """ 현재 노드의 자식 노드를 분할한다.
...     Args:
...         node (dict, 자식 노드 정보가 포함되어 있음)
...         max_depth (int, 트리의 최대 깊이)
...         min_size (int, 자식 노드를 추가 분할하는 데 필요한 최소한의 샘플 개수)
...         depth (int, 노드의 현재 깊이)
...     """
...     left, right = node['children']
...     del (node['children'])
...     if left[1].size == 0:
...         node['right'] = get_leaf(right[1])
...         return
...     if right[1].size == 0:
...         node['left'] = get_leaf(left[1])
...         return
...     # 현재 깊이가 트리의 최대 깊이를 넘지 않는지 체크
...     if depth >= max_depth:
...         node['left'], node['right'] = \
...         get_leaf(left[1]),    get_leaf(right[1])
...         return
```

```
...         # 왼쪽 자식 노드에 샘플 데이터가 많은지 체크한다.
...         if left[1].size <= min_size:
...             node['left'] = get_leaf(left[1])
...         else:
...             # 샘플 데이터가 많은 경우 추가 분할을 수행한다.
...             result = get_best_split(left[0], left[1])
...             result_left, result_right = result['children']
...             if result_left[1].size == 0:
...                 node['left'] = get_leaf(result_right[1])
...             elif result_right[1].size == 0:
...                 node['left'] = get_leaf(result_left[1])
...             else:
...                 node['left'] = result
...                 split(node['left'], max_depth, min_size, depth + 1)
...         # 오른쪽 자식 노드에 샘플 데이터가 많은지 체크한다.
...         if right[1].size <= min_size:
...             node['right'] = get_leaf(right[1])
...         else:
...             # 샘플 데이터가 많으면 추가 분할을 수행한다.
...             result = get_best_split(right[0], right[1])
...             result_left, result_right = result['children']
...             if result_left[1].size == 0:
...                 node['right'] = get_leaf(result_right[1])
...             elif result_right[1].size == 0:
...                 node['right'] = get_leaf(result_left[1])
...             else:
...                 node['right'] = result
...                 split(node['right'], max_depth, min_size, depth + 1)
```

추가로 회귀 트리를 생성하는 함수를 구현한다.

```
>>> def train_tree(X_train, y_train, max_depth, min_size):
...     """ 트리 생성을 시작한다.
...     Args:
...         X_train,  y_train (list, list, training data)
...         max_depth (int, maximal depth of the tree)
...         min_size (int, minimal samples required to
```

```
...                    further split a child)
...        """
...        root = get_best_split(X_train, y_train)
...        split(root, max_depth, min_size, 1)
...        return root
```

이제 앞에서 손으로 계산한 예제를 가지고 테스트해보자.

```
>>> X_train = np.array([['semi', 3],
...                     ['detached', 2],
...                     ['detached', 3],
...                     ['semi', 2],
...                     ['semi', 4]], dtype=object)
>>> y_train = np.array([600, 700, 800, 400, 700])
>>> tree = train_tree(X_train, y_train, 2, 2)
```

학습된 트리가 손으로 만든 결과와 똑같은지 확인하기 위해 트리를 화면에 출력하는 함수
를 다음과 같이 작성하고 실행해보자.

```
>>> CONDITION = {'numerical': {'yes': '>=', 'no': '<'},
...              'categorical': {'yes': 'is', 'no': 'is not'}}
>>> def visualize_tree(node, depth=0):
...     if isinstance(node, dict):
...         if type(node['value']) in [int, float]:
...             condition = CONDITION['numerical']
...         else:
...             condition = CONDITION['categorical']
...         print('{}|- X{} {} {}'.format(depth * '  ', \
...             node['index'] + 1, condition['no'], node['value']))
...         if 'left' in node:
...             visualize_tree(node['left'], depth + 1)
...         print('{}|- X{} {} {}'.format(depth * '  ', \
...             node['index'] + 1, condition['yes'], node['value']))
...         if 'right' in node:
...             visualize_tree(node['right'], depth + 1)
```

```
...         else:
...             print('{}[{}]'.format(depth * '  ', node))
>>> visualize_tree(tree)
|- X1 is not detached
  |- X2 < 3
    [400.0]
  |- X2 >= 3
    [650.0]
|- X1 is detached
  [750.0]
```

직접 코드를 작성하고 테스트하면서 회귀 트리를 확실히 이해했으리라 생각한다. 이제 사이킷런의 DecisionTreeRegressor 패키지를 써보자. 이번에는 보스턴 주택 가격을 예측하는 예제를 이용한다.

```
>>> from sklearn import datasets
>>> boston = datasets.load_boston()
>>> num_test = 10     # the last 10 samples as testing set
>>> X_train = boston.data[:-num_test, :]
>>> y_train = boston.target[:-num_test]
>>> X_test = boston.data[-num_test:, :]
>>> y_test = boston.target[-num_test:]
>>> from sklearn.tree import DecisionTreeRegressor
>>> regressor = DecisionTreeRegressor(max_depth=10, min_samples_split=3)
>>> regressor.fit(X_train, y_train)
DecisionTreeRegressor(criterion='mse', max_depth=10, max_features=None,
          max_leaf_nodes=None, min_impurity_split=1e-07,
          min_samples_leaf=1, min_samples_split=3,
          min_weight_fraction_leaf=0.0, presort=False, random_state=None,
          splitter='best')
>>> predictions = regressor.predict(X_test)
>>> print(predictions)
[ 18.92727273  20.9          20.9          18.92727273  20.9          26.6
  20.73076923  24.3          26.6          20.73076923]
```

실제값과 예측값을 비교해보자.

```
>>> print(y_test)
[ 19.7  18.3  21.2  17.5  16.8  22.4  20.6  23.9  22.    11.9]
```

5장에서 랜덤 포레스트를 소개했다. 기억하겠지만 랜덤 포레스트는 따로따로 학습된 여러 개의 의사결정 트리들을 하나로 합쳐 놓고 각 노드에서 학습 피처를 무작위로 샘플링하는 일종의 앙상블 학습 기법이라고 할 수 있다. 분류classification에서 랜덤 포레스트는 모든 의사결정 트리 중 대다수가 나타내는 결과를 바탕으로 최종 결과를 만든다. 회귀의 경우, **랜덤 포레스트 회귀 모델**(회귀 포레스트라고도 함)은 모든 의사결정 트리로부터 얻은 회귀 결과의 평균을 최종 결과로 만든다.

사이킷런에 있는 RandomForestRegressor 패키지를 이용해서 앞에서 다룬 보스턴 주택 가격 예측 예제를 다시 테스트해보자.

```
>>> from sklearn.ensemble import RandomForestRegressor
>>> regressor = RandomForestRegressor(n_estimators=100, max_depth=10,
min_samples_split=3)
>>> regressor.fit(X_train, y_train)
RandomForestRegressor(bootstrap=True, criterion='mse', max_depth=10,
          max_features='auto', max_leaf_nodes=None,
          min_impurity_split=1e-07, min_samples_leaf=1,
          min_samples_split=3, min_weight_fraction_leaf=0.0,
          n_estimators=100, n_jobs=1, oob_score=False, random_state=None,
          verbose=0, warm_start=False)
>>> predictions = regressor.predict(X_test)
>>> print(predictions)
[ 19.38406078  20.66524935  21.6130844   20.23018059  20.87736528
  25.38326057  22.0502661   28.91725     27.68186429  21.35707687]
```

서포트 벡터 회귀

세 번째 회귀 알고리즘으로 **서포트 벡터 회귀**^{SVR}에 대해 함께 알아보자. 이름에서 대략 짐작했겠지만 SVR은 서포트 벡터 계열 중 하나이며 4장에서 배운 **서포트 벡터 분류**^{SVC}와 거의 같다고 보면 된다.

잠시 복습을 해보자. SVC는 입력 데이터를 서로 다른 클래스로 가장 잘 나눌 수 있는 최적의 하이퍼플레인을 찾는 것을 목표로 한다. 하이퍼플레인이 기울기 벡터^{slope vector} w와 절편^{interception} b로 결정된다고 가정해보자. 이때 하이퍼플레인으로 분리된 공간 각각에서 하이퍼플레인과 가장 가까운 데이터 포인트와 하이퍼플레인 사이의 거리 $\frac{1}{\|w\|}$들이 최대가 되게 하는 하이퍼플레인을 찾으면 된다. 이와 관련된 w와 b의 최적값을 학습을 통해 구할 수 있고, 다음과 같은 최적화 문제의 해결을 통해 찾을 수 있다.

- $\|w\|$를 최소화한다.
- 학습 데이터세트 $(x^{(1)}, y^{(1)})$, $(x^{(2)}, y^{(2)})$, ..., $(x^{(i)}, y^{(i)})$, ..., $(x^{(m)}, y^{(m)})$에 대해 $y^{(i)} = 1$이면 $wx^{(i)} + b \geq 1$이고 $y^{(i)} = -1$이면 $wx^{(i)} + b < 1$를 만족한다.

SVR에서도 기울기 벡터^{slope vector} w와 절편^{interception} b로 정의된 하이퍼플레인을 찾는 것을 목표로 한다. 조금 더 구체적으로 설명하면 $wx + b = -\varepsilon$, $wx + b = \varepsilon$ 2개의 하이퍼플레인이며 여기서 ε는 학습 데이터 대부분을 포함할 수 있는 거리를 의미한다. 바꿔 말하면 대부분의 데이터 포인트가 최적의 하이퍼플레인의 경계선인 ε의 범위 내에 있다는 뜻이다. 동시에 최적의 하이퍼플레인은 가능한 한 평면에 가까워야 하므로 $\|w\|$가 최대한 작아야 한다. 다음 그림을 통해 SVR의 속성을 잘 이해하기 바란다.

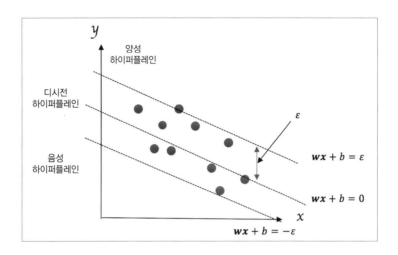

앞에서 설명한 내용을 다음과 같은 최적화 문제를 풀어서 w와 b의 최적값을 유도하는 것으로 변환할 수 있다.

- $\|w\|$를 최소화한다.
- 학습 데이터세트 $(x^{(1)}, y^{(1)})$, $(x^{(2)}, y^{(2)})$, ..., $(x^{(i)}, y^{(i)})$, ..., $(x^{(m)}, y^{(m)})$에 대해 $|y^{(i)} - (wx^{(i)} + b)| \leq \varepsilon$ 을 만족한다.

앞에서 정리한 최적화 문제를 해결하려면 QP$^{Quadratic\ Programming}$ 기술을 이용해야 한다. QP에 관해서는 이 책의 범위 밖이므로 자세한 내용은 다루지 않는다. 대신 사이킷런에 있는 SVR 패키지를 이용해서 회귀 알고리즘을 구현해보자.

바이어스와 분산 간의 트레이드 오프 페널티라든지, 선형적으로 분리하기 어려운 경우 이용하는 커널 함수 등 SVC에 있는 중요한 기술들을 SVR에도 그대로 적용할 수 있다. 사이킷런의 SVR 패키지도 이런 기술을 지원한다.

자, SVR을 이용해서 앞에서 했던 보스턴 주택 가격 예측 문제를 해결해보자.

```
>>> from sklearn.svm import SVR
>>> regressor = SVR(C=0.1, epsilon=0.02, kernel='linear')
>>> regressor.fit(X_train, y_train)
SVR(C=0.1, cache_size=200, coef0=0.0, degree=3, epsilon=0.02,
gamma='auto', kernel='linear', max_iter=-1, shrinking=True, tol=0.001,
verbose=False)
>>> predictions = regressor.predict(X_test)
>>> print(predictions)
[ 14.59908201  19.32323741  21.16739294  18.53822876  20.1960847
  23.74076575  22.65713954  26.98366295  25.75795682  22.69805145]
```

회귀 성능 평가

이렇게 해서 가장 널리 사용되는 회귀 알고리즘 몇 개를 자세히 살펴보고 기존의 라이브러리를 이용해서 구현도 해봤다. 이제는 예측 결과를 화면에 출력해서 테스트 데이터세트에 대해 모델이 잘 동작하는지 판단하는 대신 조금 더 나은 인사이트를 얻을 수 있도록 여러 가지 측정 기준을 이용해서 성능을 평가할 필요가 있겠다.

앞에서 설명한 MSE는 기대값과 관련된 제곱 손실값을 측정한다. 때때로 MSE에 제곱근을 사용하기도 하는데 이는 타겟 변수의 추정치에 대한 원래 값의 크기로 바꾸기 위해서 그런 것이다. 이렇게 하는 방법을 RMSE$^{root\ mean\ squared\ error}$라고 한다.

반면 MAE$^{mean\ absolute\ error}$는 손실에 대한 절대값을 측정한다. 이를 이용하면 타겟 변수의 원래 크기를 이용할 수 있을 뿐만 아니라 실제값에 얼마나 근접했는지도 알 수 있다.

MSE, MAE 모두 값이 작을수록 회귀 모델이 잘 학습됐음을 나타낸다.

R^2(r-squared라고 부른다) 회귀 모델이 데이터에 얼마나 잘 맞춰졌는지를 나타내는 지표다. 결과는 0에서 1사이로 나오는데, 전혀 맞지 않을 경우 0이고 값이 높을수록 잘 맞춰졌음을 의미한다. 1이면 완벽하게 예측할 수 있다는 얘기다.

이제 사이킷런의 관련 함수들을 이용해서 선형 회귀 모델의 앞에서 설명한 3가지 측정 지표를 계산해보자. 앞에서 다뤘던 당뇨 데이터세트를 여기서 다시 이용한다. 그리고 그리드 탐색 기술을 통해 선형 회귀 모델의 파라미터를 튜닝한다.

```
>>> diabetes = datasets.load_diabetes()
>>> num_test = 30     # the last 30 samples as testing set
>>> X_train = diabetes.data[:-num_test, :]
>>> y_train = diabetes.target[:-num_test]
>>> X_test = diabetes.data[-num_test:, :]
>>> y_test = diabetes.target[-num_test:]
>>> param_grid = {
...     "alpha": [1e-07, 1e-06, 1e-05],
...     "penalty": [None, "l2"],
...     "eta0": [0.001, 0.005, 0.01],
...     "n_iter": [300, 1000, 3000]
... }
>>> from sklearn.linear_model import SGDRegressor
>>> from sklearn.model_selection import GridSearchCV
>>> regressor = SGDRegressor(loss='squared_loss',
learning_rate='constant')
>>> grid_search = GridSearchCV(regressor, param_grid, cv=3)
```

다음으로 최적의 파라미터세트를 구해보자.

```
>>> grid_search.fit(X_train, y_train)
GridSearchCV(cv=3, error_score='raise',
      estimator=SGDRegressor(alpha=0.0001, average=False, epsilon=0.1,
      eta0=0.01, fit_intercept=True, l1_ratio=0.15,
      learning_rate='constant', loss='squared_loss', n_iter=5,
      penalty='l2', power_t=0.25, random_state=None, shuffle=True,
      verbose=0, warm_start=False),
      fit_params={}, iid=True, n_jobs=1,
      param_grid={'penalty': [None, 'l2'], 'alpha': [1e-07, 1e-06,
      1e-05], 'eta0': [0.001, 0.005, 0.01], 'n_iter': [300, 1000, 3000]},
      pre_dispatch='2*n_jobs', refit=True, return_train_score=True,
```

```
      scoring=None, verbose=0)
>>> print(grid_search.best_params_)
{'penalty': None, 'alpha': 1e-06, 'eta0': 0.01, 'n_iter': 300}
>>> regressor_best = grid_search.best_estimator_
```

최적의 모델을 이용해서 테스트 데이터세트를 예측해보자.

```
>>> predictions = regressor_best.predict(X_test)
```

MSE, MAE, R^2로 테스트 데이터세트의 성능을 평가해보자.

```
>>> from sklearn.metrics import mean_squared_error,
mean_absolute_error, r2_score
>>> mean_squared_error(y_test, predictions)
1921.768949906867
>>> mean_absolute_error(y_test, predictions)
35.015871072799733
>>> r2_score(y_test, predictions)
0.62700104423017167
```

회귀 알고리즘을 이용한 주가 예측

앞에서 가장 폭넓게 사용되고 있는 강력한 회귀 알고리즘도 이해했고 성능 평가용 측정 지표도 배웠으니 계속해서 주가 예측 문제를 해결하는 데 이들을 이용해보기로 하자.

우선 피처를 생성해야 한다. 1988년부터 2014년까지의 데이터를 가지고 학습 데이터세트를 생성한다.

```
>>> import datetime
>>> start_train = datetime.datetime(1988, 1, 1, 0, 0)
>>> end_train = datetime.datetime(2014, 12, 31, 0, 0)
>>> data_train = data.ix[start_train:end_train]
```

'close'를 제외한 데이터프레임 data에 있는 모든 필드는 피처 칼럼이다. 'close'는 타겟 칼럼이다.

```
>>> X_columns = list(data.drop(['close'], axis=1).columns)
>>> y_column = 'close'
>>> X_train = data_train[X_columns]
>>> y_train = data_train[y_column]
```

학습 샘플 데이터는 총 6553개이며 각 샘플의 피처(차원)는 37개다.

```
>>> X_train.shape
(6553, 37)
>>> y_train.shape
(6553,)
```

마찬가지로 테스트 데이터세트로 2015년도 샘플 데이터를 이용한다.

```
>>> start_test = datetime.datetime(2015, 1, 1, 0, 0)
>>> end_test = datetime.datetime(2015, 12, 31, 0, 0)
>>> data_test = data.ix[start_test:end_test]
>>> X_test = data_test[X_columns]
>>> y_test = data_test[y_columns]
```

252개의 테스트 샘플을 확보했다.

```
>>> X_test.shape
(252, 37)
```

우선 SGD 기반의 선형 회귀를 가지고 실험을 해보자. 모델을 학습시키기에 앞서 주의할 점이 있다. 바로 SGD 기반 알고리즘들은 대체로 서로 다른 단위를 지닌 피처들로 구성된 데이터에 왜곡이 일어날 수 있다는 점이다. 우리가 사용하는 데이터를 예로 들면 피처

'open'은 대략 값이 8856 정도 되는데 반해 피처 'moving_avg_365'는 값이 0.00037 정도 된다. 따라서 똑같거나 비교하는 데 문제가 없도록 조정을 해야 한다. 보통 다음 수식을 이용한다.

$$x^{(i)}{}_{scaled} = \frac{x^{(i)} - \bar{x}}{\sigma(x)}$$

여기서 $\boldsymbol{x}^{(i)}$는 샘플 데이터 $\boldsymbol{x}^{(i)}$의 피처를 나타낸다. $\bar{x}$는 전체 샘플을 대상으로 해당 피처의 평균을 의미한다. $\sigma(x)$는 전체 샘플을 대상으로 해당 피처의 표준 편차를 나타낸다. $\boldsymbol{x}^{(i)}$ $scaled$는 $\boldsymbol{x}^{(i)}$의 리스케일 피처를 의미한다. 이제 사이킷런에 있는 StandardScaler 패키지를 이용해서 피저 표준화 작업을 하자.

```
>>> from sklearn.preprocessing import StandardScaler
>>> scaler = StandardScaler()
```

학습 데이터를 이용해서 scaler에 맞추는 작업을 수행한다.

```
>>> scaler.fit(X_train)
```

학습 과정을 거친 scaler을 이용해서 2개의 데이터세트를 모두 재조정한다.

```
>>> X_scaled_train = scaler.transform(X_train)
>>> X_scaled_test = scaler.transform(X_test)
```

이제 최적의 파라미터 세트를 이용해서 SGD 기반의 선형 회귀를 탐색해보자. 입력 파라미터로 L2 정규화, 반복 횟수값은 1000, 그리고 정규화 파라미터의 크기를 조정하는 alpha와 초기 학습률 eta0를 다음과 같이 조정한다.

```
>>> param_grid = {
...     "alpha": [1e-5, 3e-5, 1e-4],
...     "eta0": [0.01, 0.03, 0.1],
... }
>>> lr = SGDRegressor(penalty='l2', n_iter=1000)
>>> grid_search = GridSearchCV(lr, param_grid, cv=5,
                     scoring='neg_mean_absolute_error')
>>> grid_search.fit(X_scaled_train, y_train)
```

가장 좋은 선형 회귀 모델을 선택하고 테스트 샘플의 예측 결과를 만든다.

```
>>> print(grid_search.best_params_)
{'alpha': 3e-05, 'eta0': 0.03}
>>> lr_best = grid_search.best_estimator_
>>> predictions = lr_best.predict(X_scaled_test)
```

MSE, MAE, R^2로 예측 성능을 평가한다.

```
>>> print('MSE: {0:.3f}'.format(mean_squared_error(y_test, predictions))
MSE: 28600.696
>>> print('MAE: {0:.3f}'.format(mean_absolute_error(y_test, predictions))
MAE: 125.777
>>> print('MSE: {0:.3f}'.format(r2_score(y_test, predictions))
R^2: 0.907
```

앞에서 했던 것처럼 랜덤 포레스트를 이용해서도 테스트를 해보자. 앙상블에 필요한 트리의 개수는 1000으로 설정하고, 트리의 최대 깊이를 나타내는 max_depth 값을 조정한다. 또 노드를 분할하는 데 필요한 샘플의 최소 개수를 의미하는 min_samples_split도 조정한다.

```
>>> param_grid = {
...     "max_depth": [30, 50],
...     "min_samples_split": [5, 10, 20],
```

```
... }
>>> rf = RandomForestRegressor(n_estimators=1000)
>>> grid_search = GridSearchCV(rf, param_grid, cv=5,
...                 scoring='neg_mean_absolute_error')
>>> grid_search.fit(X_train, y_train)
```

가장 좋은 회귀 포레스트 모델을 선택하고 테스트 샘플의 예측 결과를 만든다.

```
>>> print(grid_search.best_params_)
{'min_samples_split': 10, 'max_depth': 50}
>>> rf_best = grid_search.best_estimator_
>>> predictions = rf_best.predict(X_test)
```

예측 성능을 평가한다.

```
>>> print('MSE: {0:.3f}'.format(mean_squared_error(y_test, predictions))
MSE: 36437.311
>>> print('MAE: {0:.3f}'.format(mean_absolute_error(y_test, predictions))
MAE: 147.052
>>> print('MSE: {0:.3f}'.format(r2_score(y_test, predictions))
R^2: 0.881
```

마지막으로 선형 커널을 기반으로 한 SVR을 가지고 테스트해보자. 파인 튜닝을 위한 용도인 페널티 파라미터 C와 ε는 그대로 둔다. SGD 기반의 알고리즘처럼 SVR도 피처의 스케일이 서로 다른 데이터에 대해 제대로 동작하지 않는다. 따라서 SVR 모델을 학습을 하기 전에 데이터 스케일을 재조정한다.

```
>>> param_grid = {
...             "C": [1000, 3000, 10000],
...             "epsilon": [0.00001, 0.00003, 0.0001],
...             }
>>> from sklearn.svm import SVR
>>> svr = SVR(kernel='linear')
```

```
>>> grid_search = GridSearchCV(svr, param_grid, cv=5,
...                 scoring='neg_mean_absolute_error')
>>> grid_search.fit(X_scaled_train, y_train)
>>> print(grid_search.best_params_)
{'epsilon': 0.0001, 'C': 10000}
>>> svr_best = grid_search.best_estimator_
>>> predictions = svr_best.predict(X_scaled_test)
>>> print('MSE: {0:.3f}'.format(mean_squared_error(y_test, predictions)))
MSE: 27099.227
>>> print('MAE: {0:.3f}'.format(mean_absolute_error(y_test, predictions)))
MAE: 123.781
>>> print('R^2: {0:.3f}'.format(r2_score(y_test, predictions)))
R^2: 0.912
```

SVR을 이용한 결과, 테스트 데이터세트에 대해 R^2에서 0.912라는 결과를 얻었다. 3개의 알고리즘을 통해 얻은 예측치와 실제 데이터값을 함께 그래프로 그리면 다음과 같을 것이다.

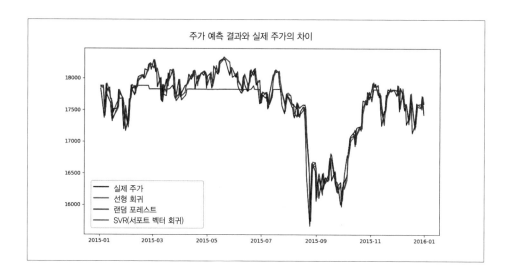

▌요약

이 장에서 우리는 이 책의 마지막 프로젝트인 머신 러닝 회귀 기술을 이용한 주가 예측에 대해 자세히 살펴봤다. 주식 시장과 매매 가격에 영향을 주는 주요 요소들에 대해 우선 알아봤다. 수십 억 달러의 문제를 다루기 위해 머신 러닝 회귀가 무엇인지 배웠다. 머신 러닝 회귀는 타겟 변수가 연속적이며, 이는 결과가 이산형인 분류와 반대인 특징이라 하겠다. 이어서 가장 많이 사용되는 회귀 알고리즘인 선형 회귀, 회귀 트리, 회귀 포레스트를 집중적으로 학습했다. 이 외에 서포트 벡터 회귀^{SVR}도 살펴봤다. 기본 개념과 동작 원리, 코드 구현, 관련 라이브러리 패키지 등을 통해서 말이다. 뿐만 아니라 회귀 모델의 성능을 어떻게 평가하는지도 배웠다. 이 모든 것을 바탕으로 주가 예측 문제를 어떻게 해결하는지 익힐 수 있었다.

마지막으로 앞에서 설명했던 다우존스 산업 평균 지수에 대해 얘기해보자. 가격 추이와 주요 지수의 퍼포먼스를 고려해서 앞에서 개발한 다우존스 산업 평균 지수 주가 예측 모델을 더 개선할 수 있을까? 당연히 가능하다! 기본 아이디어는 이렇다. 모든 주식 종목과 지수는 서로 연계돼 있다. 즉 제각각 움직이지 않는다. 또 증권 시장과 다른 금융 시간 간에는 다양한 영향을 서로 주고 받는다. 이런 것들을 자세히 들여다보면 상당히 흥미로울 것이다.

08

모범 사례

앞에서 우리는 다양한 프로젝트를 통해서 머신 러닝의 중요한 개념, 기술, 폭넓게 사용되는 알고리즘들을 배웠다. 이를 통해 머신 러닝 에코시스템의 큰 그림을 그릴 수 있게 됐고, 머신 러닝 알고리즘과 파이썬을 이용해서 실제 문제를 다룰 수 있는 좋은 경험을 쌓았다. 그럼에도 뭔가 실제 업무에서 프로젝트를 시작하기엔 문제가 있다. 이 장에서는 이런 부분에 대한 준비 차원에서 머신 러닝 솔루션 워크플로우 전반에 걸쳐 따라야 할 모범 사례들을 함께 알아본다.

8장에서 다루는 내용은 다음과 같다.

- 머신 러닝 솔루션 워크플로우
- 데이터 준비 단계에서 해야 할 작업

- 학습 데이터세트 생성 단계에서 해야 할 작업
- 알고리즘 학습, 평가, 선정 단계에서 해야 할 작업
- 시스템 배포와 모니터링 단계에서 해야 할 작업
- 데이터 준비 단계에서 참고할 모범 사례
- 학습 데이터세트 생성 단계에서 참고할 모범 사례
- 알고리즘 학습, 평가, 선정 단계에서 참고할 모범 사례
- 시스템 배포와 모니터링 단계에서 참고할 모범 사례

▌ 머신 러닝 워크플로우

일반저으로 머신 러닝 문제를 해결할 때 다음과 같은 4가지 영역으로 요약할 수 있다.

- 데이터 준비
- 학습 데이터세트 생성
- 알고리즘 학습, 평가, 선정
- 배포 및 모니터링

데이터 소스에서부터 머신 러닝 시스템에 이르기까지, 머신 러닝 솔루션은 기본적으로 다음과 같은 패러다임을 따른다.

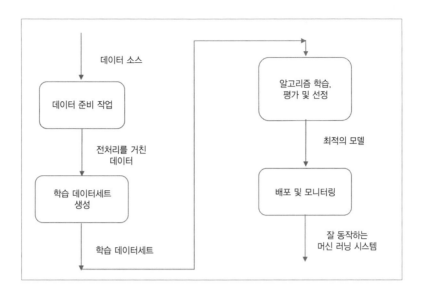

뒤에서 통상 해야 할 일들과, 공통적으로 나타나는 어려운 점들, 그리고 4가지 단계 각각의 모범 사례들을 차례대로 알아보자.

▌ 데이터 준비 단계에서 참고할 모범 사례

당연하겠지만 머신 러닝 시스템은 데이터 없이 만들어질 수 없다. 따라서 우리는 가장 먼저 데이터 수집에 집중할 필요가 있다.

모범 사례 1: 프로젝트의 목표를 완전히 이해할 것

데이터를 수집하기 전에 프로젝트의 목표, 비즈니스 문제가 무엇인지 확실히 이해해 둬야한다. 들여다 볼 데이터 소스가 무엇인지, 그리고 충분한 도메인 지식과 전문성이 요구되는지 같은 것에 대한 답을 얻을 수 있을 것이다. 예를 들어 앞 장에서 우리가 목표로 했던것은 다우존스 산업 평균 지수의 향후 주가를 예측하는 것이었다. 따라서 이에 맞춰 과거의 실적을 데이터로 수집했다. 쓸데없이 유럽 주식 시장의 과거 실적 데이터를 수집하지 않고 말이다. 마찬가지로 5장, 6장에서 우리는 클릭스루 비율을 측정해서 광고 타겟팅을 최적화하는 비즈니스 문제를 다뤘다. 이를 위해 어느 웹 페이지에서 어떤 사람이 광고를 클릭했는지 안했는지에 대한 클릭 스트림 데이터를 수집했다. 단순히 웹 페이지에 무슨 광고가 실렸었는지에 대한 데이터가 아니라 말이다.

모범 사례 2: 관련된 모든 필드를 수집할 것

목표를 달성하기 위해 잠재적인 데이터 소스를 조사했다. 여기서 다음과 같은 질문을 생각해보자. 데이터 소스에서 사용 가능한 모든 필드의 데이터를 수집해야 하나, 아니면 어트리뷰트의 서브세트 정도면 충분한가? 어떤 어트리뷰트가 핵심 지표 또는 핵심 예측 요소인지 미리 알 수 있다면 아무 걱정이 없을 것이다. 그러나 도메인 전문가가 직접 선택한 어트리뷰트가 가장 좋은 예측 결과를 가져다 줄 것이라 확신하는 것은 매우 어렵다. 따라서 각 데이터 소스에 대해 프로젝트와 관련된 모든 필드를 수집하는 것이 좋다. 데이터를 수집하는 데 오랜 시간이 걸릴 수도 있고 심지어 수집이 불가능할 수도 있는 경우를 생각해서 말이다. 예를 들어 주가 예측 예제에서 **시가, 고가, 저가, 거래량**뿐만 아니라 모든 필드의 데이터를 수집했다. 처음에는 **고가**와 **저가**가 얼마나 쓸모가 있을지 확신이 없었지만 말이다. 하지만 API를 통해 주식 데이터를 쉽고 빠르게 검색할 수 있다.

한편 또 다른 예로 뉴스 토픽 분류를 위해 온라인 기사를 긁어서 스스로 데이터를 수집하려는 경우 가능한 한 많은 정보를 저장해야 한다. 그렇지 않을 경우 기사의 하이퍼링크처럼 정보의 일부가 수집되지 못했지만 나중에 값을 제공하는 것으로 밝혀졌을 때 해당 기사는 이미 웹 페이지에서 없어졌을 수도 있기 때문이다. 또 여전히 정보가 존재할 경우 해당 페이지를 다시 스크랩하면 많은 비용이 든다. 우리가 쓸모 있다고 생각하는 데이터세트를 수집한 후에는 일관성과 완전성을 검사해서 데이터의 퀄리티를 보장할 필요가 있다.

모범 사례 3: 필드 값에 대한 일관성을 유지할 것

기존에 갖고 있는 데이터세트 또는 긁어 모아서 만든 데이터세트를 보면 똑같은 의미인데도 다르게 표현된 값들을 많이 보게 된다. 예를 들면 Country 필드에서 American, US, U.S.A로 되어 있다든지 Gender(성별) 필드에서 male, M으로 되어 있는 식이다. 이런 값들은 하나로 통일시켜야 한다. 앞에서 설명한 Gender 필드를 예로 들면 M과 F 형태만 유지하고 나머지는 다 여기에 맞춰서 바꿀 수 있을 것이다. 만약 이 작업을 하지 않으면 뒤에서 알고리즘이 엉망이 된다. 피처값이 다르면 같은 의미를 표현하는 것이더라도 모두 다르게 취급돼 버리기 때문이다. 필드의 기본값에 매핑시킬 값을 일정하게 유지하는 것도 매우 중요하다.

또 동일한 필드 내에 있는 값의 포맷도 일관성을 지니고 있어야 한다. 예를 들어 Age 필드에서 21, 35 같은 값은 정상적인 값이지만 연도를 나타내는 1990, 1978 같은 값은 완전히 잘못된 값이다. 또 Rating 필드에서 1, 2, 3처럼 숫자로 표현될 수도 있고 one, two, three처럼 영어로 표현될 수도 있다. 변환 작업, 리포맷팅 작업 모두 데이터의 일관성을 보장하기 위해 꼭 필요하다.

모범 사례 4: 결측 데이터 처리

여러 가지 이유에서, 실제 데이터의 거의 대부분 정리도 안 되어 있고 중간에 데이터가 빠져 있거나 값이 잘못돼 있다. 이런 경우 빈 칸으로 두거나 Null, -1, 999999, unknown 형태로 채워놓은 것을 많이 봤을 것이다. 결측값을 지닌 데이터 샘플은 불완전한 예측 정보를 제공할 뿐만 아니라 머신 러닝 모델 자체에 혼란을 야기할 수도 있다. 왜냐하면 -1이나 unknown이라는 값에 어떤 의미가 있을지 없을지 아무도 모르기 때문이다. 이것은 대단히 중요한 사안이며 이후 단계에서 모델의 성능에 치명적일 수 있는 부분을 미연에 방지하려면 결측 데이터를 잘 처리해 둬야 한다.

결측 데이터 문제를 해결하기 위해 보통 다음과 같은 세 가지 방법을 쓸 수 있다.

- 결측값이 포함된 데이터 샘플을 다 버린다.
- 데이터 샘플에서 결측값이 포함된 필드만 버린다.

이 두 가지는 구현하기는 쉽지만 데이터를 버렸을 때 손해를 감수해야 한다. 특히 원본 데이터가 많지 않을 경우 더 그렇다. 세 번째는 데이터를 버리는 대신 빈 칸에 어떤 값을 채워넣는 방법이 있다.

- 어트리뷰트에서 이미 있는 값들을 바탕으로 결측값을 추정한다. 이것을 **결측 데이터 대체**imputation라고 한다. 대체 기법을 보면 보통 결측값을 해당 필드의 평균값 또는 중앙값으로 대체하기도 하고, 범주형 데이터의 경우는 가장 많이 나타난 값으로 대체하기도 한다.

예제를 통해 어떻게 하는 것인지 구체적으로 알아보자. (age, income)이라는 필드로 구성된 6개의 데이터 샘플이 (30, 100), (20, 50), (35, unknown), (25, 80), (30, 70), (40, 60)과 같이 있다고 가정해보자. 이 데이터에 첫 번째 방법을 적용하면 결과는 (30, 100), (20, 50), (25, 80), (30, 70), (40, 60)이 될 것이다. 두 번째 방법을 적용하면 (30), (20), (35), (25), (30), (40)이 된다. 즉 결측값이 포함된 필드를 버렸기 때문에 첫 번째 필드만 남은 것이다. 만약 이렇게 버리는 대신 unknown이라는 값을 보완하기로 했다고 가정해보자. 이때 (35, unknown) 데이터 샘플에서 두 번째 필드의 평균값을 적용하면 변환 결과는 (35, 72)가 될 것이다. 마찬가지로 평균값 대신 중앙값을 적용하면 결과는 (35, 70)이 될 것이다.

사이킷런에서 Imputer 클래스는 뛰어난 결측값 대체 변환 기능을 제공하고 있다. 앞의 예제에 이 클래스를 적용해보자.

```
>>> import numpy as np
>>> from sklearn.preprocessing import Imputer
```

```
>>> # 넘파이의 np.nan을 이용해서 모르는 값을 표시한다.
>>> data_origin = [[30, 100],
...                [20, 50],
...                [35, np.nan],
...                [25, 80],
...                [30, 70],
...                [40, 60]]
```

평균값을 이용하는 결측값 대체 변환 함수를 초기화한 다음 데이터 원본에서 해당 정보를 얻어낸다.

```
>>> # 결측값을 평균값으로 대체한다.
>>> imp_mean = Imputer(missing_values='NaN', strategy='mean')
>>> imp_mean.fit(data_origin)
```

결측값을 보완한다.

```
>>> data_mean_imp = imp_mean.transform(data_origin)
>>> print(data_mean_imp)
[[30. 100.],
 [20.  50.],
 [35.  72.],
 [25.  80.],
 [30.  70.],
 [40.  60.]]
```

앞에서 했던 것처럼 중앙값을 이용하는 결측값 대체 변환 함수를 초기화한다.

```
>>> # 중앙값으로 결측값을 대체한다.
>>> imp_median = Imputer(missing_values='NaN', strategy='median')
>>> imp_median.fit(data_origin)
>>> data_median_imp = imp_median.transform(data_origin)
>>> print(data_median_imp)
[[30. 100.],
```

```
   [20.  50.],
   [35.  70.],
   [25.  80.],
   [30.  70.],
   [40.  60.]]
```

평균값을 이용해서 학습이 이뤄진 변환 함수를 사용해서 새로운 데이터 샘플이 주어졌을 때 결측값을 다음과 같이 처리할 수도 있다.

```
>>> # 신규 샘플 데이터
>>> new = [[20, np.nan],
...        [30, np.nan],
...        [np.nan, 70],
...        [np.nan, np.nan]]
>>> new_mean_imp = imp_mean.transform(new)
>>> print(new_mean_imp)
[[20.  72.],
 [30.  72.],
 [30.  70.],
 [30.  72.]]
```

여기서 age 필드의 30이라는 값은 원본 데이터에 있는 6개 데이터 샘플의 평균값이라는 점에 주의하기 바란다. 지금까지 어떻게 결측값을 대체하는지 코드를 통해 확인했다. 이 제는 결측값을 대체하는 방법과 결측값이 포함된 데이터를 버리는 방법이 실제 예측 결과에 어떤 영향을 미치는지 예제를 통해 살펴보기로 한다. 우선 다음 코드를 이용해서 당뇨 데이터를 불러들이고 결측값이 포함된 불완전한 데이터세트를 테스트한다.

```
>>> # 결측값을 버렸을 경우, 대체할 경우의 결과를 확인
>>> from sklearn import datasets
>>> dataset = datasets.load_diabetes()
>>> X_full, y = dataset.data, dataset.target
>>> # 25%의 결측값을 추가해서 '망가진' 데이터세트를 대상으로 실험을 한다.
>>> m, n = X_full.shape
```

```
>>> m_missing = int(m * 0.25)
>>> print(m, m_missing)
442 110
>>> # m_missing개의 샘플 데이터를 무작위로 선택한다.
>>> np.random.seed(42)
>>> missing_samples = np.array([True] * m_missing +
[False] * (m - m_missing))
>>> np.random.shuffle(missing_samples)
>>> # 결측 데이터 각각에 대해, n개 피처 중 1개를 무작위로 선택한다.
>>> missing_features = np.random.randint(low=0, high=n, size=m_missing)
>>> # nan으로 결측값을 표시한다.
>>> X_missing = X_full.copy()
>>> X_missing[np.where(missing_samples)[0], missing_features] = np.nan
```

다음으로 결측값이 포함된 데이터 샘플을 제외시키는 방법을 써서 불완전한 데이터세트를 처리한다.

```
>>> # 결측값이 포함된 샘플을 제외시킨다.
>>> X_rm_missing = X_missing[~missing_samples, :]
>>> y_rm_missing = y[~missing_samples]
```

앞에서 처리한 데이터에 대해 이 방법을 이용했을 때 효과를 측정한다. 교차 검증 방식으로 회귀 포레스트 모델을 가지고 평균 회귀 스코어인 R^2의 추정치를 계산한다.

```
>>> # 결측값을 제거한 데이터세트의 R^2 추정치를 계산한다.
>>> from sklearn.ensemble import RandomForestRegressor
>>> from sklearn.model_selection import cross_val_score
>>> regressor = RandomForestRegressor(random_state=42, max_depth=10,
n_estimators=100)
>>> score_rm_missing = cross_val_score(regressor, X_rm_missing,
y_rm_missing).mean()
>>> print('Score with the data set with missing samples removed:
{0:.2f}'.format(score_rm_missing))
Score with the data set with missing samples removed: 0.39
```

자, 앞의 방법에 이어서 이제 원본 데이터세트에 평균값으로 결측값을 대체하는 방법도 적용해보자.

```
>>> # 결측값을 평균값으로 대체한다.
>>> imp_mean = Imputer(missing_values='NaN', strategy='mean')
>>> X_mean_imp = imp_mean.fit_transform(X_missing)
```

앞에서 했던 것처럼 수정된 데이터에 이 방법을 이용했을 때의 효과를 측정한다. 마찬가지로 R^2의 평균 추정치를 계산한다.

```
>>> # 결측값을 제거한 데이터세트를 대상으로 R^2를 계산한다.
>>> regressor = RandomForestRegressor(random_state=42, max_depth=10,
n_estimators=100)
>>> score_mean_imp = cross_val_score(regressor, X_mean_imp, y).mean()
>>> print('Score with the data set with missing values replaced by mean:
{0:.2f}'.format(score_mean_imp))
Score with the data set with missing values replaced by mean: 0.42
```

앞의 결과를 보면 이 예제에서는 데이터를 버렸을 때보다 대체하는 방법의 성능이 더 좋음을 알 수 있다. 그러면 원본 데이터세트 대비 결측 데이터의 대체 방법이 얼마나 효과를 얻을 것일까? 원본 데이터세트의 회귀 스코어 평균값 추정치를 계산해서 확인해보자.

```
>>> # 전체 데이터세트의 R^2를 계산한다.
>>> regressor = RandomForestRegressor(random_state=42,
max_depth=10, n_estimators=500)
>>> score_full = cross_val_score(regressor, X_full, y).mean()
>>> print('Score with the full data set: {0:.2f}'.format(score_full))
Score with the full data set: 0.44
```

전체 데이터세트 중에서 딱히 정보라고 볼만한 것이 없다는 것을 알게 됐다. 하지만 결측값 대체 방법이 항상 더 좋은 성능을 나타내는 것은 아니며 결측값을 버리는 것이 훨씬 더 효과적인 경우도 있으니 주의하기 바란다. 따라서 앞에서 연습했던 것처럼 교차 검증을 통해서 다양한 방법을 적용했을 때 성능을 비교하는 것이 가장 좋다.

▌ 학습 데이터세트 생성 단계에서 참고할 모범 사례

데이터를 잘 준비했다면, 학습 데이터 생성 단계로 문제없이 넘어간다. 보통 이 단계에서 해야 할 작업은 크게 두 가지로 요약할 수 있다. 바로 **데이터 전처리**와 **피처 엔지니어링**이다.

보통 데이터 전처리에는 범주형 피처 인코딩, 피처 스케일링, 피처 셀렉션, 차원 축소화 등이 포함된다.

모범 사례 5: 수치형 값을 지닌 범주형 피처 판단

일반적으로 범주형 피처는 위험 수준, 직업 및 관심 사항 같은 정성적 정보를 전달하기 때문에 쉽게 발견할 수 있다. 그러나 만약 피처가 이산형이면서 셀 수 있는 숫자값을 갖게 되면 애매해진다. 이를테면 1년 12개월을 1부터 12로 표현한다든지, 1과 0이 true 및 false 를 나타내는 식이다. 이런 피처가 범주형인지 수치형인지 여부를 구분하는 핵심 기준은 이 피처의 값이 수학적 의미를 제공하는지 여부다. 만약 수학적인 의미를 제공한다면 제품 등급을 1에서 5까지 매기는 것처럼 수치형 피처라고 볼 수 있다. 반대로 그렇지 않을 경우 월, 또는 요일 같은 범주형 피처로 보면 된다.

모범 사례 6: 범주형 피처로 인코딩 여부 결정

피처가 범주형이면 인코딩을 할지 말지를 결정해야 한다. 이는 다음 단계에서 어떤 예측 알고리즘을 사용할지에 달려 있다. 나이브 베이즈 알고리즘과 트리 기반 알고리즘은 범주형 피처를 가지고 바로 동작할 수 있다. 반면 다른 알고리즘들은 불가능해서 인코딩이 꼭 필요하다.

피처 생성 단계의 결과는 알고리즘 학습 단계의 입력이 된다. 피처 생성 단계에서 거치는 과정은 예측 알고리즘에서 하는 것과 비슷하다. 따라서 피처 생성과 피처 예측 알고리즘 학습이라는 2단계를 따로 볼 게 아니라 크게 하나로 보아야 한다. 뒤에서 이에 관한 두 가지 팁을 소개하겠다.

모범 사례 7: 피처 선택 여부를 결정하고 선택할 경우 어떻게 할지도 결정한다

6장에서 L1 정규화가 반영된 로지스틱 회귀와 랜덤 포레스트를 이용해서 피처를 어떻게 선정하는지 살펴봤다. 피처 셀렉션은 다음과 같은 장점을 지니고 있다.

- 불필요한 피처를 제거해주기 때문에 예측 모델의 학습 시간을 줄여준다.
- 같은 이유로 오버피팅 문제도 줄여준다.
- 중요도가 높은 피처를 지닌 데이터를 가지고 예측 모델의 학습이 진행될수록 성능이 점점 좋아진다.

주의할 점은 피처 셀렉션이 예측 정확도를 높일 것이라고 절대 확신해서는 안 된다. 따라서 교차 검증 같은 기법을 통해서 피처 셀렉션을 적용했을 때와 안 했을 때의 성능을 비교하는 방법이 아주 좋다. 예를 들면 다음에 소개하는 코드를 이용해서 교차 검증 기법을 통해 SVC 모델을 이용한 분류 정확도의 평균을 추정하는 방식으로 피처 셀렉션의 효과를 측정해보는 것이다.

우선 사이킷런에 있는 손으로 쓴 숫자 데이터세트를 읽어들인다.

```
>>> from sklearn.datasets import load_digits
>>> dataset = load_digits()
>>> X, y = dataset.data, dataset.target
>>> print(X.shape)
(1797, 64)
```

64차원의 원본 데이터세트의 정확도를 계산한다.

```
>>> from sklearn.svm import SVC
>>> from sklearn.model_selection import cross_val_score
>>> classifier = SVC(gamma=0.005)
>>> score = cross_val_score(classifier, X, y).mean()
>>> print('Score with the original data set: {0:.2f}'.format(score))
Score with the original data set: 0.88
```

랜덤 포레스를 이용해서 피처 셀렉션을 수행한 다음 중요도 스코어를 기준으로 피처를 정렬한다.

```
>>> from sklearn.ensemble import RandomForestClassifier
>>> random_forest = RandomForestClassifier(n_estimators=100,
criterion='gini', n_jobs=-1)
>>> random_forest.fit(X, y)
>>> feature_sorted = np.argsort(random_forest.feature_importances_)
```

이제 새 데이터세트를 만들기 위해 가장 중요한 피처를 몇 개 사용할지 여러 가지 값을 설정해놓고 각각을 기준으로 데이터세트의 정확도를 측정해본다.

```
>>> K = [10, 15, 25, 35, 45]
>>> for k in K:
...     top_K_features = feature_sorted[-k:]
...     X_k_selected = X[:, top_K_features]
...     # k개 만큼 선택된 피처로 데이터세트의 정확도를 추정한다.
...     classifier = SVC(gamma=0.005)
...     score_k_features = cross_val_score(classifier,\
...     X_k_selected, y).mean()
...     print('Score with the data set of top {0} features:\
...     {1:.2f}'.format(k, score_k_features))
...
Score with the data set of top 10 features: 0.88
Score with the data set of top 15 features: 0.93
```

```
Score with the data set of top 25 features: 0.94
Score with the data set of top 35 features: 0.92
Score with the data set of top 45 features: 0.88
```

모범 사례 8: 차원 축소화 여부를 결정하고 선택할 경우 어떻게 할지도 결정한다

차원 축소화는 피처 셀렉션처럼 많은 장점을 지니고 있다.

- 불필요한 피처와 상관 관계가 있는 피처를 하나로 합치기 때문에 예측 모델의 학습 시간을 줄여준다.
- 같은 이유로 오버피팅 문제도 술여준다.
- 덜 중복되어 있거나 상관관계가 낮은 피처들을 지닌 데이터를 가지고 예측 모델의 학습을 진행할수록 성능이 점점 향상된다.

다시 한 번 강조하지만 차원 축소화가 예측 성능을 높인다고 확신하지 말기 바란다. 이에 관한 효과를 점검하기 위해서는 모델의 학습 단계에서 차원 축소화를 통합시키는 것이 좋다. 앞에서 사용한 손으로 쓴 숫자 데이터세트를 이용해서 PCA 기반의 차원 축소화 적용 효과를 측정해보자. 마찬가지로 새로운 데이터세트에 적용할 주요 피처의 개수를 다르게 설정해놓고 각각의 정확도를 계산한다.

```
>>> from sklearn.decomposition import PCA
>>> # 주성분 개수를 다양하게 설정한다.
>>> N = [10, 15, 25, 35, 45]
>>> for n in N:
...     pca = PCA(n_components=n)
...     X_n_kept = pca.fit_transform(X)
...     # Estimate accuracy on the data set with top n components
...     classifier = SVC(gamma=0.005)
...     score_n_components = cross_val_score(classifier, X_n_kept,\
...     y).mean()
...     print('Score with the data set of top {0} components:\
```

```
...         {1:.2f}'.format(n, score_n_components))
...
Score with the data set of top 10 features: 0.95
Score with the data set of top 15 features: 0.95
Score with the data set of top 25 features: 0.91
Score with the data set of top 35 features: 0.89
Score with the data set of top 45 features: 0.88
```

모범 사례 9: 피처 스케일링 여부 결정

7장에서 우리는 SGD 기반의 선형 회귀 모델과 SVR 모델에 표준화된 피처가 필요하다는 것을 배웠다. 여기서 말하는 표준화는 평균을 제거하고 분산을 유닛화하기 위해 리스케일 링하는 작업을 의미하며, 보통 표준 정규분포를 따르는 형태로 데이터가 변환된다. 그러면 언제 피처 스케일링이 필요하고 언제 필요하지 않을까?

일반적으로 나이브 베이즈 알고리즘과 트리 기반 알고리즘은 서로 다른 스케일의 피처에 영향을 덜 받는다. 왜냐하면 피처들 각각이 서로 독립적이기 때문이다. 로지스틱 회귀나 선형 회귀의 경우 입력 피처에 대한 스케일에 영향을 받지는 않지만 딱 한 경우를 조심 해야 한다. 바로 가중치를 스토캐스틱 그래디언트 하강 기법을 통해 최적화하는 경우다.

대부분의 경우, SVC와 SVR처럼 학습 요소에서 샘플 간의 거리와 관련된 알고리즘은 스 케일링되어 있고 표준화된 입력 피처를 필요로 한다. 또 피처 스케일링은 최적화를 위해 SGD를 이용하는 알고리즘에 꼭 필요하다. 지금까지 데이터 전처리를 고려한 몇 가지 팁 을 소개했으니 이제 학습 데이터세트 생성 관점에서 피처 엔지니어링의 모범 사례를 알아 본다. 크게 두 가지 측면이 있다.

모범 사례 10: 도메인 전문성을 이용한 피처 엔지니어링 수행

다행히도 충분한 도메인 지식이 있을 경우 도메인에 특화된 피처를 만드는 데 이를 응용할 수 있다. 데이터에서 무엇을 식별해낼지, 그리고 데이터를 통해 예측할 대상과 관련된 것이 무엇인지를 만드는 데 비즈니스 경험과 비즈니스 인사이트를 활용한다. 예를 들어 7장에서 투자자들이 언제 투자를 할지 결정할 때 주요 요소들을 바탕으로 주가 예측을 위한 피처 세트를 설계하고 생성해냈다.

특정 도메인 지식이 필요하면서도 때때로 여기에 일반적인 팁을 적용할 수도 있다. 예를 들어 마케팅과 광고처럼 고객 분석에 관련된 필드에서는 특정 시간, 특정 요일, 특정 월 등이 중요한 신호가 될 수 있다. date 피처에 2017/02/05 값이 주어져 있고, time이라는 피처에 14:34:21라는 값이 주어져 있을 경우, 우리는 afternoon, Sunday, February가 포함된 새로운 피처를 만들어낼 수 있다. 소매업에서는 시간 정보는 좀 더 나은 인사이트를 제공하기 위해 보통 집계 작업을 거친다. 예를 들어 고객이 과거 3개월 동안 매장을 방문한 횟수, 1년 전 주간 단위로 구매한 상품의 평균 개수 등은 고객이 행동 패턴을 예측하는 좋은 단서가 될 수 있다.

모범 사례 11: 도메인 전문성 없이 피처 엔지니어링 수행

우리에게 도메인 지식이 거의 없을 경우, 피처를 어떻게 만들어낼 수 있을까? 걱정 마시라. 다음과 같이 해결 방안이 몇 가지 있다.

- **이진화**: 수치형 피처를 사전에 정한 임계치를 기준으로 둘 중 하나의 값으로 변환하는 과정이다. 스팸 메일 탐지 문제를 예로 들어 보자. prize라는 피처의 출현 빈도가 1보다 크면 1을, 아니면 0을 반환하는 새로운 피처 whether prize occurs를 만들 수 있다. 또 number of visits per week라는 피처는 값이 3 이상인지를 판단하는 새로운 피처인 is frequent visitor를 만들 때 사용될 수 있다. 사이킷런을 이용해서 다음과 같이 이진화 코드를 구현할 수 있다.

```
>>> from sklearn.preprocessing import Binarizer
>>> X = [[4], [1], [3], [0]]
>>> binarizer = Binarizer(threshold=2.9)
>>> X_new = binarizer.fit_transform(X)
>>> print(X_new)
[[1]
 [0]
 [1]
 [0]]
```

- **이산화**: 수치형 피처를 제한된 값을 지닌 범주형 피처로 변환하는 과정이다. 이진화는 이산화의 특정 케이스에 해당된다고 보면 된다. 예를 들어 age group이라는 피처를 age를 가지고 다음과 같이 만들 수 있다. 18세에서 24세 사이의 연령은 18-24로, 25세에서 34세 사이는 25-34로 말이다. 마찬가지로 34-54와 55+ 같은 피처도 만들 수 있다.

- **상호작용**: 합, 곱이 포함된 두 수치형 피처의 연산도 있고, 2개의 범주형 피처에 대한 결합 조건 등이 해당된다. 예를 들어 number of visits per week와 number of products per week는 number of purchased per visit를 계산하는데 사용될 수 있다. 또 sports와 engineer같은 interest와 occupation의 경우 engineer interested in sports처럼 occupation and interest를 만들어 낼 수 있다.

- **다항 변환**: 다항형 대화형 피처를 생성하는 과정이다. 임의의 피처 a와 b에 대해 a^2, ab, b^2 같은 2차원 다항 피처를 생성할 수 있다. 사이킷런에서는 다항 변환이 필요할 때 PolynomialFeatures 클래스를 사용하면 된다.

```
>>> from sklearn.preprocessing import PolynomialFeatures
>>> X = [[2, 4],
...      [1, 3],
...      [3, 2],
...      [0, 3]]
>>> poly = PolynomialFeatures(degree=2)
>>> X_new = poly.fit_transform(X)
>>> print(X_new)
```

```
[[ 1.  2.  4.  4.  8. 16.]
 [ 1.  1.  3.  1.  3.  9.]
 [ 1.  3.  2.  9.  6.  4.]
 [ 1.  0.  3.  0.  0.  9.]]
```

결과로 얻은 새로운 피처는 1, a, b, a^2, ab, b^2이다.

모범 사례 12: 각 피처가 생성 과정 문서화하기

이 절에서 우리는 도메인 지식에 대한 피처 엔지니어링 규칙을 다뤘다. 하지만 잊지 말아야 할 것이 하나 더 있다. 바로 각 피처를 어떻게 생성했는지 문서로 남기는 것이다. 이 작업은 그리 대단해 보이진 않는다. 하지만 피처를 어떻게 확보했는지, 생성했는지 잊어버리는 경우가 많다. 우리는 보통 모델 학습 단계에서 몇 차례 실패한 후에 이 단계로 돌아와서 성능을 향상시키기 위해 더 많은 피처를 만들려고 한다. 따라서 생성한 피처가 무엇인지, 이 피처를 어떻게 생성하는지 등을 명확하게 파악해야 한다. 제대로 구현되지 않은 피처는 제거하고 잠재성이 있는 피처는 추가하도록 말이다.

▌ 모델 학습, 평가, 선정 단계에서 참고할 모범 사례

머신 러닝 문제가 주어졌을 때 사람들은 대체로 이 질문을 가장 먼저 한다. 이 문제를 해결할 가장 좋은 분류 알고리즘, 회귀 알고리즘이 뭘까? 하지만 '공짜 점심은 없다'나 '모든 발에 맞는 신발은 없다'는 얘기처럼, 여러 가지 방법을 시도해보고 최적의 알고리즘을 얻기 위해 파인 튜닝을 하기 전까지는 어떤 알고리즘이 가장 좋을지 아무도 모른다. 이에 관한 모범 사례를 차근차근 알아보자.

모범 사례 13: 적절한 알고리즘 선택

알고리즘에 대해 튜닝이 필요한 파라미터가 있기 때문에, 모든 알고리즘을 다 테스트하고 각각에 대해 파인 튜닝 작업을 할 경우 어마어마한 시간과 계산 비용이 들 수 있다. 따라서 이렇게 하는 대신 다음에 소개하는 일반적인 가이드라인에 맞춰 1개 ~ 3개의 알고리즘만 시도해보기 바란다. 주의할 점은 여기서는 분류에만 초점을 맞추고 있다. 하지만 회귀에 대해서도 이론상으로는 동일하며 회귀에서 각각 대응되는 알고리즘이 있으니 참고하기 바란다.

가능한 몇 가지 알고리즘을 소개하기 전에 다음 사항들을 명확히 해두기 바란다.

- 학습 데이터세트의 크기
- 데이터세트의 차원(피처 개수)
- 데이터가 선형적으로 분리 가능한지 여부
- 피처들이 서로 관련이 없는지 여부(다중공선성 같은 문제가 일어날 수 있기 때문)
- 바이어스와 분산 간의 트레이드 오프
- 온라인 러닝이 필요한지 여부

나이브 베이즈

대단히 단순한 알고리즘이다. 상대적으로 작은 학습 데이터세트에 피처가 독립적이면 일반적으로 나이브 베이즈는 잘 동작한다. 대용량 데이터세트의 경우에도 나이브 베이즈는 여전히 잘 동작한다. 피처의 독립성을 가정할 수 있기 때문이다(실제로는 안 그럴 수도 있지만). 나이브 베이즈는 계산이 단순하기 때문에 대체로 다른 알고리즘보다 학습 속도가 빠르다. 하지만 높은 바이어스(또는 낮은 분산값)를 야기할 수 있다.

로지스틱 회귀

로지스틱 회귀가 바이어스가 낮고 분산값이 높은 알고리즘이긴 하지만 L1, L2, 또는 이 둘을 합친 정규화 항을 추가해서 오버피팅 문제를 해결할 수 있다.

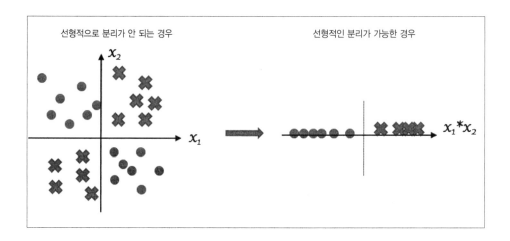

SVM

데이터를 선형적으로 분리할 수 있도록 다양한 기능을 제공하다. 분리 가능한 데이터세트에 대해, 선형 커널을 지닌 SVM은 로지스틱 회귀보다 뛰어난 성능을 발휘한다. 뿐만 아니라, SVM은 RBF 같은 비선형 커널 함수를 장착시키기만 하면 분리할 수 없을 것 같은 데이터세트에 대해서도 잘 동작한다. 고차원 데이터세트에 대해서도 로지스틱 회귀는 별로 좋지 않지만 SVM은 문제없이 잘 동작한다. 뉴스 데이터 분류 문제가 대표적인 예제인데 데이터세트의 피처가 수만 차원에 이르기 때문이다. 일반적으로 적절한 커널 함수와 파라미터로 구성된 SVM을 이용하면 매우 높은 정확도를 보일 수 있다. 하지만, 엄청난 계산량과 높은 메모리 소비량을 감수해야 할 수도 있다.

랜덤 포레스트(의사결정 트리)

데이터를 선형적으로 분리할 수 있다는 것은 이 알고리즘에서 별로 중요한 것은 아니다. 또 인코딩 작업 없이도 범주형 피처를 직접 사용할 수 있으므로 사용이 매우 편리하다. 뿐만 아니라, 학습 모델의 해석이 매우 쉽고 머신 러닝을 잘 모르는 사람에게도 손쉽게 설명할 수 있다. 이는 대부분의 다른 알고리즘에서는 거의 불가능한 부분이다. 한편 의사결정 트리에서 오버피팅 문제가 발생할 수 있는데, 랜덤 포레스트는 여러 의사결정 트리들을 하나로 모아서 의사결정 트리의 성능을 향상시켰다. 성능은 SVM과 비슷하지만 랜덤 포레스트 모델의 파인 튜닝 작업이 SVM 및 뉴럴 네트워크에 비해 훨씬 쉽다.

뉴럴 네트워크

딥러닝이 나오면서 정말 뛰어난 성능을 자랑한다. 하지만 우리가 원하는 답을 얻는데 딱 맞는 네트워크 토폴로지(레이어, 노드, 활성화 함수 등)를 찾는 것이 쉽지가 않다. 모델 학습과 튜닝 작업에 엄청난 시간이 드는 것은 말할 것도 없다. 따라서 처음 시작할 때는 이 알고리즘을 쓰지 않는 것이 좋다.

모범 사례 14: 오버피팅을 줄일 것

앞서 알고리즘의 장단점을 논할 때 오버피팅을 어떻게 피할지에 대해 알아봤다. 이를 정리하면 다음과 같다.

- **교차 검증**: 이 책의 전반에 걸쳐 계속 설명한 유익하고 좋은 습관이라 하겠다.
- **정규화**
- **단순화 작업**: 모델이 더 복잡할수록, 오버피팅의 가능성이 더 높아진다. (1) 깊이가 긴 트리 또는 포레스트, (2) 높은 차원의 다항 변환 함수로 만들어진 선형 회귀, (3) 복잡한 커널 함수로 만들어진 SVM 등이 복잡한 모델에 해당된다고 볼 수 있다.
- **앙상블 러닝**: 더욱 강력한 모델을 만들기 위해 약한 모델 여러 개를 하나로 모은 것이다.

모범 사례 15: 오버피팅과 언더피팅이 있는지 진단할 것

모델이 오버피팅 상태인지, 언더피팅 상태인지 어떻게 알 수 있을까? 모델의 바이어스와 분산을 평가하기 위해 학습 곡선을 사용한다. 학습 곡선은 다양한 학습 샘플을 대상으로 학습 스코어와 테스트 스코어를 교차 검증된 결과를 비교하는 그래프다.

학습 샘플에 잘 맞춰진 모델의 경우, 학습 샘플의 성능은 그래프상에서 예상했던 것보다 더 위쪽에 있다. 이상적으로는 학습 샘플의 개수가 증가할수록 테스트 샘플의 모델 성능 역시 점점 더 좋아진다. 결국에는 테스트 샘플의 성능이 학습 샘플에 가까워진다.

테스트 샘플의 성능이 학습 샘플의 성능과 한참 차이가 나는 값에 수렴할 때 이를 오버피팅이라고 볼 수 있다. 이 경우 새로운 데이터의 모델을 일반화시킬 수 없다. 심지어 학습 샘플에 잘 맞춰지지 않은 모델의 경우에는 언더피팅 현상이 쉽게 드러난다. 학습 샘플과 테스트 샘플의 성능 모두 학습 곡선에서 예상했던 것보다 아래쪽에 있다(다음에 소개된 그래프를 보자).

이상적인 경우 학습 곡선은 다음과 같다.

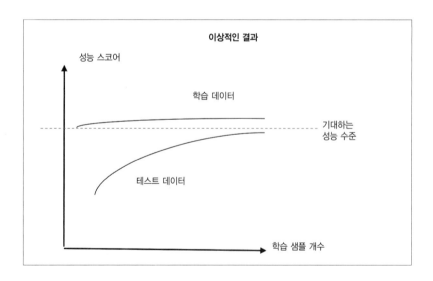

오버피팅 모델의 학습 곡선은 다음과 같다.

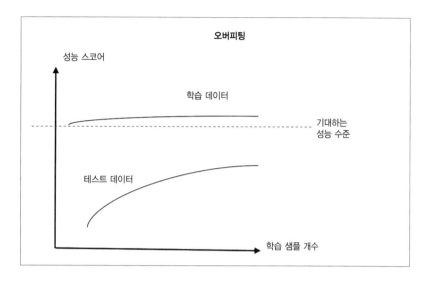

언더피팅 모델의 학습 곡선은 다음과 같다.

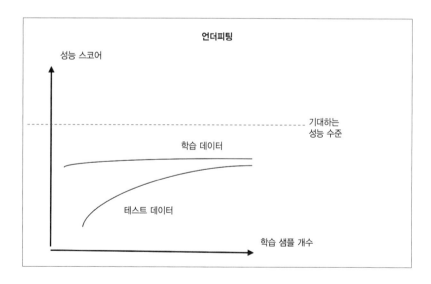

학습 곡선을 그려보고 싶다면, 사이킷런의 learning_curve 패키지와 다음 웹사이트에 있는 plot_learning_curve 함수를 이용한다.

http://scikit-learn.org/stable/auto_examples/model_selection/plot_learning_curve.html

▌ 모델 배포, 모니터링 단계에서 참고할 모범 사례

앞에서 본 세 단계를 모두 거치고 나면 잘 만들어진 데이터 전처리 파이프라인과 제대로 학습된 예측 모델을 결과로 얻는다. 머신 러닝 시스템의 마지막 단계는 이전 단계에서 만들어진 모델을 저장하고 새로운 데이터 모델을 배포하며, 성능을 모니터링하고, 정기적으로 예측 모델을 업데이트하는 것이다.

모범 사례 16: 모델 저장, 로딩, 재사용

머신 러닝을 배포할 때 새로운 데이터에도 (스케일링, 피처 엔지니어링, 피처 셀렉션, 차원 축소화 같은) 앞에서 했던 단계와 똑같은 과정을 통해 데이터 전처리를 해야 한다. 전처리 작업을 거친 데이터는 학습 모델에서 불러 들인다. 새로운 데이터가 들어올 때마다 전체 프로세스를 다시 실행하고 학습을 다시 진행할 수가 없다. 대신 관련 단계가 완료된 후 얻은 전처리 모델과 학습된 예측 모델을 저장한다. 배포 모드에서는 이런 모델을 미리 불러와서 새로운 데이터에 대한 예측 결과를 만드는 데 사용한다.

데이터 표준화와 SVR 모델의 활용에 대해 알아보기 위해 당뇨 데이터세트를 가지고 설명한다.

```
>>> from sklearn import datasets
>>> dataset = datasets.load_diabetes()
>>> X, y = dataset.data, dataset.target
```

```
>>> num_new = 30    # the last 30 samples as new data set
>>> X_train = X[:-num_new, :]
>>> y_train = y[:-num_new]
>>> X_new = X[-num_new:, :]
>>> y_new = y[-num_new:]
```

학습 데이터에 스케일링 전처리 작업을 수행한다.

```
>>> # 데이터 전처리
>>> from sklearn.preprocessing import StandardScaler
>>> scaler = StandardScaler()
>>> scaler.fit(X_train)
```

이제 앞에서 만든 표준화 결과와, pickle을 이용한 스케일링 객체를 저장한다.

```
>>> import pickle
>>> # 스케일링 객체 저장
>>> pickle.dump(scaler, open("scaler.p", "wb" ))
```

앞의 코드를 실행하면 scaler.p 파일이 만들어진다. 스케일 작업을 거친 데이터에 대해 학습된 SVR 모델을 옮긴다.

```
>>> X_scaled_train = scaler.transform(X_train)
>>> # 회귀 모델 학습
>>> from sklearn.svm import SVR
>>> regressor = SVR(C=20)
>>> regressor.fit(X_scaled_train, y_train)
```

학습을 거친 회귀 함수인 pickle로 만든 regressor 객체를 저장한다.

```
>>> # 회귀 함수 저장
>>> pickle.dump(regressor, open("regressor.p", "wb"))
```

앞의 코드를 실행시키고 나면 regressor.p 파일이 생성된다. 배포 단계에서는 우선 앞에서 만든 2개의 파일로부터 저장해 놓은 표준화된 결과와 회귀 함수를 불러들인다.

```
>>> # 배포
>>> my_scaler = pickle.load(open("scaler.p", "rb" ))
>>> my_regressor = pickle.load(open("regressor.p", "rb"))
```

표준화 결과를 이용해서 새로운 데이터를 전처리하고, 앞에서 불러들인 회귀 함수를 이용해서 예측을 수행한다.

```
>>> X_scaled_new = my_scaler.transform(X_new)
>>> predictions = my_regressor.predict(X_scaled_new)
```

모범 사례 17: 모델 성능 모니터링

머신 러닝 시스템이 이제 실행 가능한 상태가 됐다. 모든 것이 제대로 돌아가는지 확인하기 위해 정기적으로 성능 점검 결과를 모아둬야 한다. 이를 위해 실시간으로 예측을 수행하는 대신 실측 정보를 기록한다.

성능 점검 결과를 위해 당뇨 데이터를 가지고 계속 테스트를 해보자.

```
>>> # 모니터링
>>> from sklearn.metrics import r2_score
>>> print('Health check on the model, R^2: {0:.3f}'.format(r2_score(y_new,
predictions)))
```

성능에 대해 기록을 남기고 성능이 떨어지면 경고가 울리도록 한다.

모범 사례 18: 정기적으로 모델 업데이트

성능이 점점 안 좋아지면 데이터의 패턴을 바꿔야 할 때가 왔다는 의미다. 모델을 업데이트해서 이 문제를 해결할 수 있다. 온라인 러닝이 모델에 맞는지 여부에 따라 해당 모델을 새로운 데이터세트를 이용해서 업데이트할 수도 있다. 또는 가장 최신 데이터를 이용해서 모델을 완전히 재학습시킬 수도 있다.

▌ 요약

이 장의 목표는 실제 접할 수 있는 머신 러닝 문제에 대해 우리 스스로 준비해야 하는 것이다. 머신 러닝 솔루션이 준수해야 하는 일반적인 워크플로우인 데이터 준비, 학습 데이터세트 생성, 알고리즘 학습, 평가와 셀렉션, 그리고 최종적으로 만들어진 시스템의 배포와 모니터링 등을 소개했다. 그런 다음 이런 4단계 각각에 대해 일반적인 문제들, 어려운 점들, 모범 사례를 자세히 설명했다.

연습보다 더 훌륭한 선생님은 없다. 가장 중요한 모범 사례는 연습 그 자체라고 보면 된다. 실제 프로젝트를 대상으로 이해도를 높이고 이 책 전반에 걸쳐 배운 것들을 적극 활용해보기 바란다.

| 찾아보기 |

에이콘출판의 기틀을 마련하신 故 정완재 선생님 (1935-2004)

Python Machine Learning by Example

예제로 배우는 머신 러닝 알고리즘

발 행 | 2018년 9월 7일

지은이 | 요우시 리우
옮긴이 | 남궁영환

펴낸이 | 권 성 준
편집장 | 황 영 주
편 집 | 배 혜 진
디자인 | 박 주 란

에이콘출판주식회사
서울특별시 양천구 국회대로 287 (목동)
전화 02-2653-7600, 팩스 02-2653-0433
www.acornpub.co.kr / editor@acornpub.co.kr

한국어판 ⓒ 에이콘출판주식회사, 2018, Printed in Korea.
ISBN 979-11-6175-203-7
ISBN 978-89-6077-210-6 (세트)
http://www.acornpub.co.kr/book/python-ml-example

이 도서의 국립중앙도서관 출판시도서목록(CIP)은 서지정보유통지원시스템 홈페이지(http://seoji.nl.go.kr)와
국가자료공동목록시스템(http://www.nl.go.kr/kolisnet)에서 이용하실 수 있습니다.(CIP제어번호: CIP2018027899)

책값은 뒤표지에 있습니다.